Geburt eines Ozeans

UWE GEORGE

GEO

Herausgeber: Rolf Winter
Lektorat: Ortwin Fink
Gestaltung: Erwin Ehret
Bildredaktion: Ursula Carus/Venita Kaleps
Dokumentation: Professor Dr. Horst Böger

Produktion: Druckzentale G + J
Lithographie und Druck:
Brillant Offset GmbH & Co. Hamburg
© GEO im Verlag
Gruner + Jahr AG & Co. Hamburg

1. Auflage 1982
ISBN: 3-570-07030-1

Seite 5	**Der Puls der Erde**
Seite 67	**Ein Weltbild zerbricht**
Seite 119	**Ein Kontinent liegt in den Wehen**
Seite 159	**Planet der Spezialisten**
Seite 209	**Die Riesen vom Ruwenzori**
Seite 251	**Im Land der gläsernen Vulkane**
Seite 281	**Leben in tiefer Finsternis**
Seite 303	**Die verlorenen Platten des Pazifik**

Der Puls der Erde

*Vor viereinhalb Milliarden Jahren entstand die Erde. Es war eine
feurige Geburt. Noch heute sind mit glutflüssiger Lava gefüllte Vulkankrater
nicht nur Fenster zum Inneren der Erde, sondern auch in die allerfernste
Vergangenheit, als sich die Atmosphäre, die ersten Kontinente
und die Ozeane durch vulkanische Aktivitäten bildeten*

Ein mehr als tausend Grad heißer Magma-Ozean bedeckte am Anfang der Erdentwicklung die Oberfläche. Auf ihm schwammen erste Fragmente von Urkontinenten, die durch Abkühlung und chemische Differenzierung der glutflüssigen Gesteinsschmelze entstanden waren. Ganze Urkrustenblöcke müssen dabei wie schmelzende Eisberge gekentert sein, um einen neuen Schwerpunkt auszubalancieren

Während der Entstehung der Erde waren die vulkanischen Aktivitäten wesentlich intensiver als heute. Die Urkontinente waren kreuz und quer von tiefen Rissen durchzogen und von Vulkanen bedeckt. Aus diesen Überdruckventilen inneren Aufruhrs schwitzte die Erde ihre Atmosphäre aus. Bald war der ganze Planet so dicht von kochenden Gasen umhüllt, daß kein Sonnenstrahl mehr durchdrang. Die Szenerie jener Zeit vermittelt diese Eruption auf der isländischen Insel Surtsey 1965

Die glutflüssigen Gesteinsschmelzen, die sich aus unzähligen Vulkanen und Spalten — wie hier aus dem Kilauea auf Hawaii — mit heftigen Eruptionen an die Erdoberfläche ergossen, ließen die bereits erkalteten Urkrustenplatten unaufhörlich anwachsen

90 Prozent des vulkanischen Schweißes der Urerde bestanden aus Wasserdampf — wie er noch heute auch aus den feurigen Schründen auf Kamtschatka quillt. Erst als die Erde nach Jahrmillionen so weit abgekühlt war, daß er kondensieren konnte, fiel der erste Regen auf die noch dampfende Erde. Das Wasser sammelte sich in den großen Becken — die ersten Ozeane entstanden

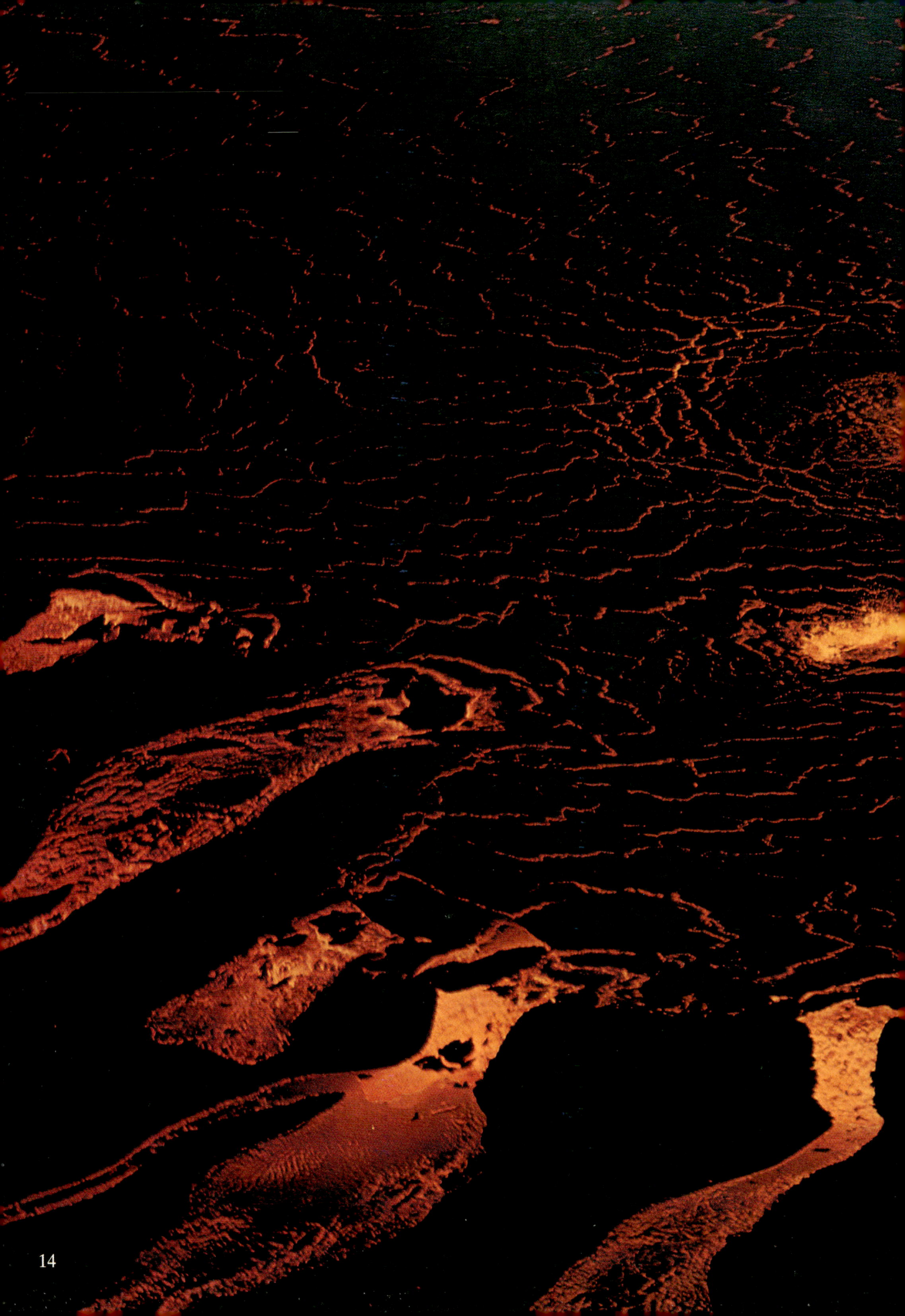

20 Meter hohe Lavafontänen schießen aus dem Krater Hale-Mau-Mau auf Hawaii. Wie dieser feurige Lavasee mit seinen Schollen und Rissen, muß die ganze Urerde vor mehr als vier Milliarden Jahren ausgesehen haben. Dann kühlte der Magma-Ozean langsam ab und die Oberfläche erstarrte

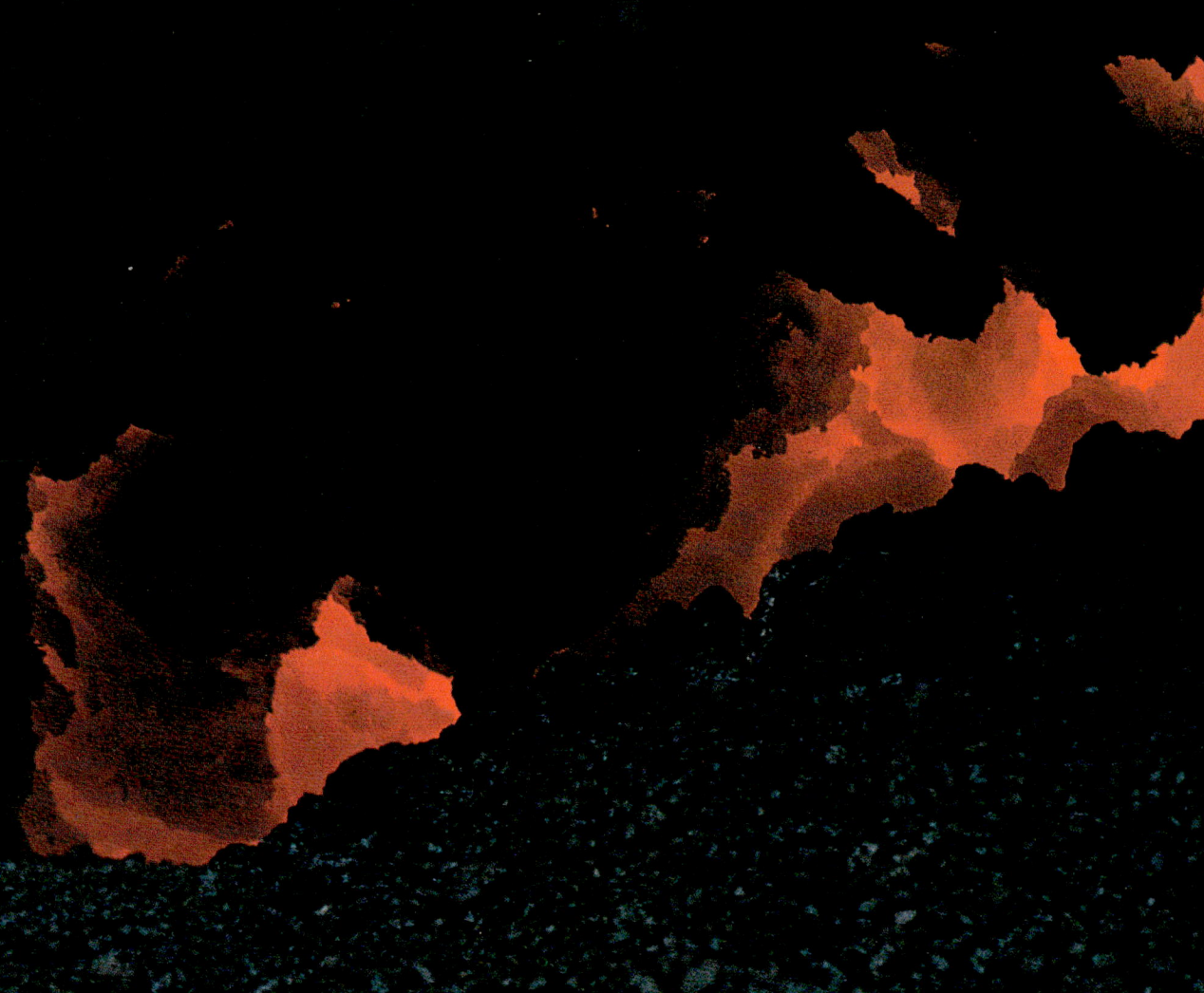

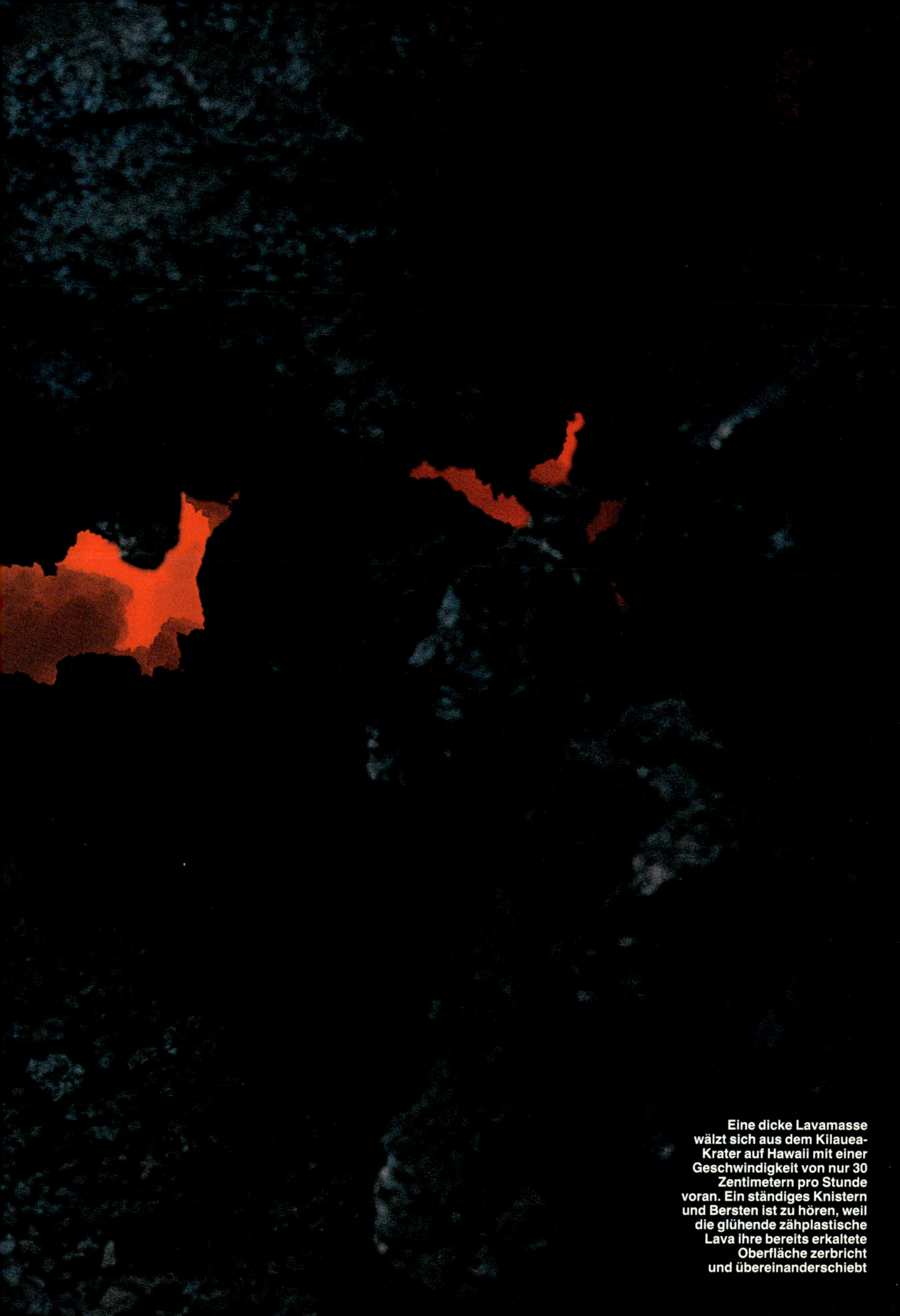

Eine dicke Lavamasse wälzt sich aus dem Kilauea-Krater auf Hawaii mit einer Geschwindigkeit von nur 30 Zentimetern pro Stunde voran. Ein ständiges Knistern und Bersten ist zu hören, weil die glühende zähplastische Lava ihre bereits erkaltete Oberfläche zerbricht und übereinanderschiebt

Eine Fontäne aus schwerer breiiger Lava baut im Krater des Vulkans Mauna Ulu auf Hawaii einen neuen, 25 Meter hohen Kegel auf

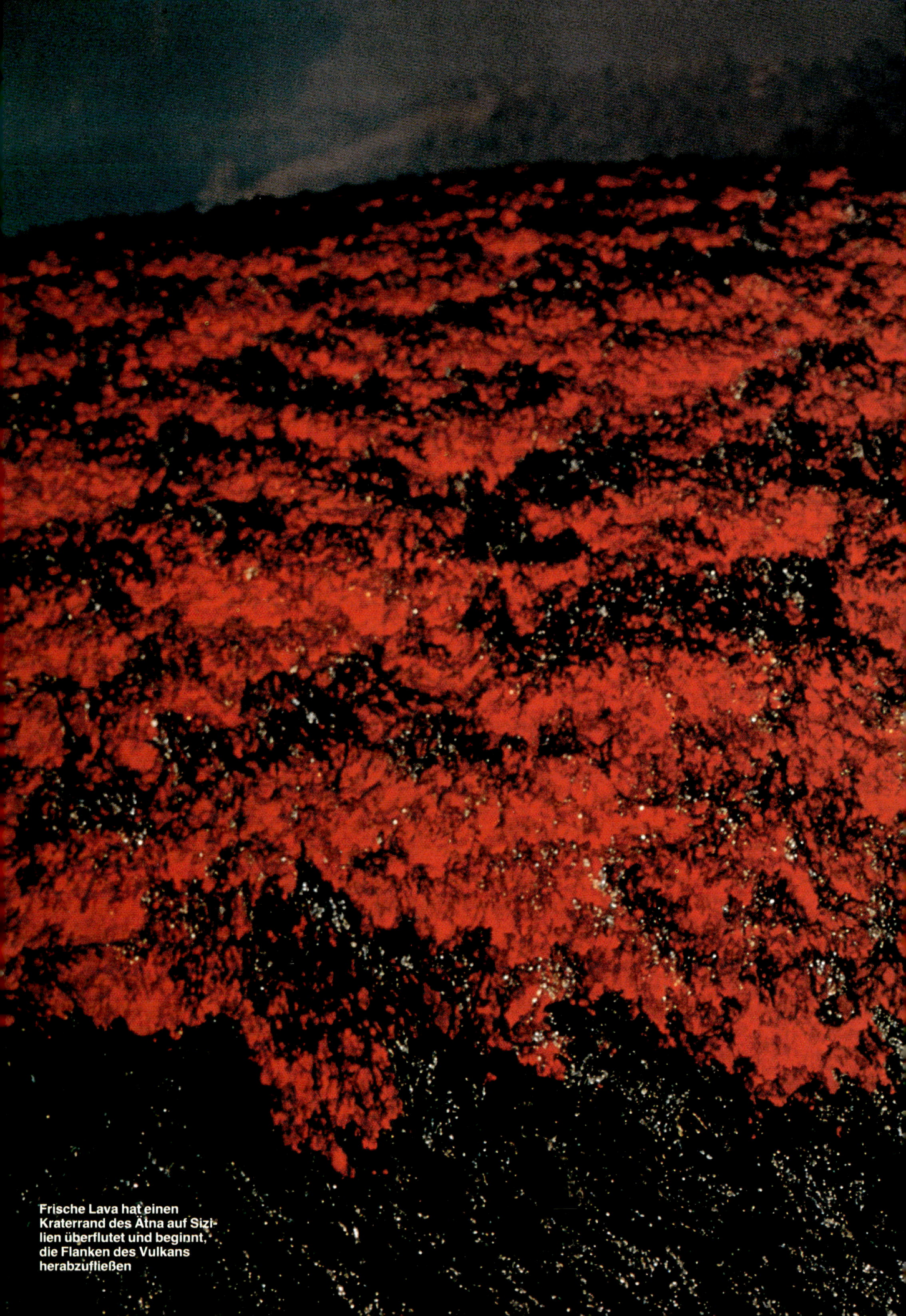
Frische Lava hat einen Kraterrand des Ätna auf Sizilien überflutet und beginnt, die Flanken des Vulkans herabzufließen

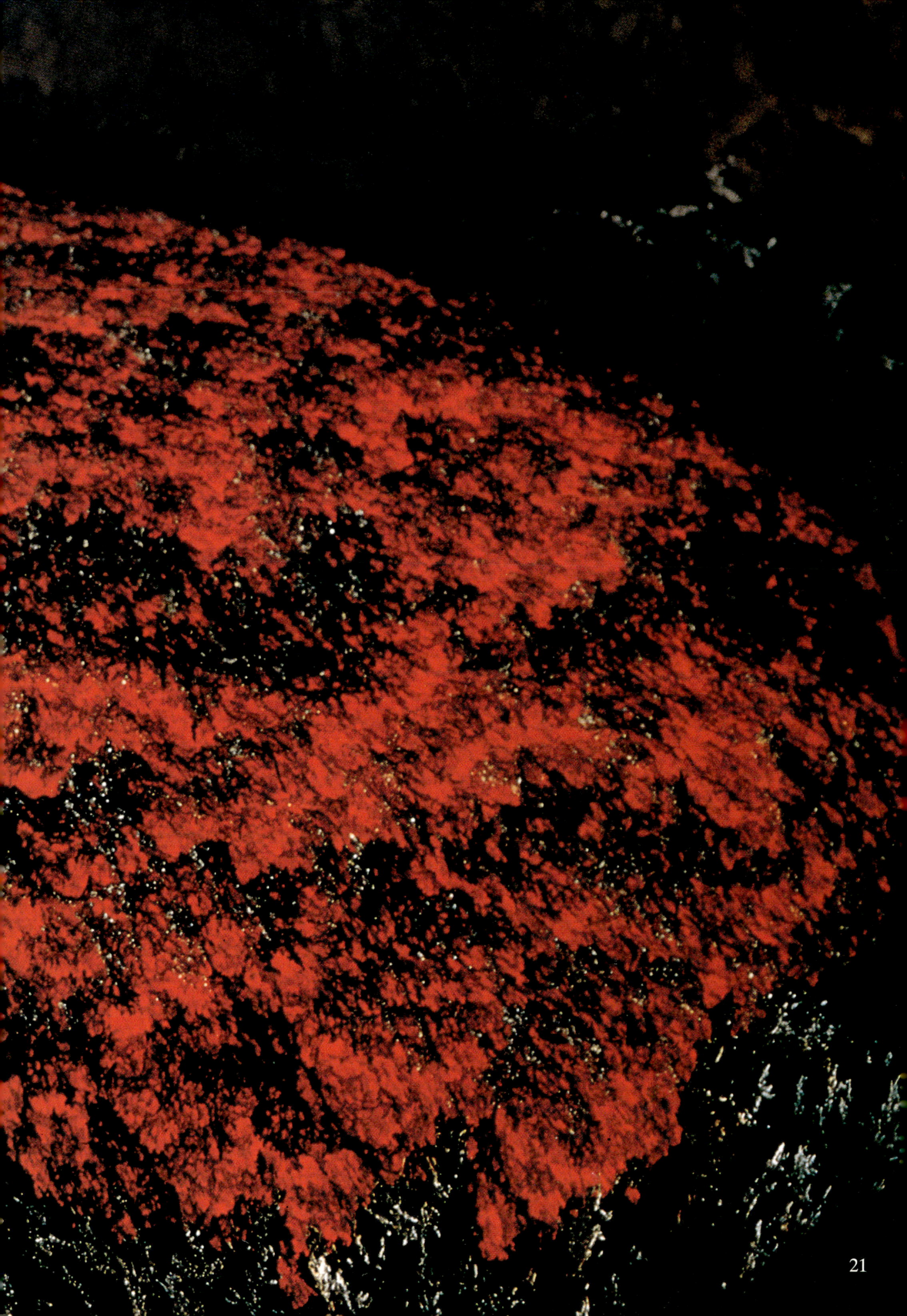

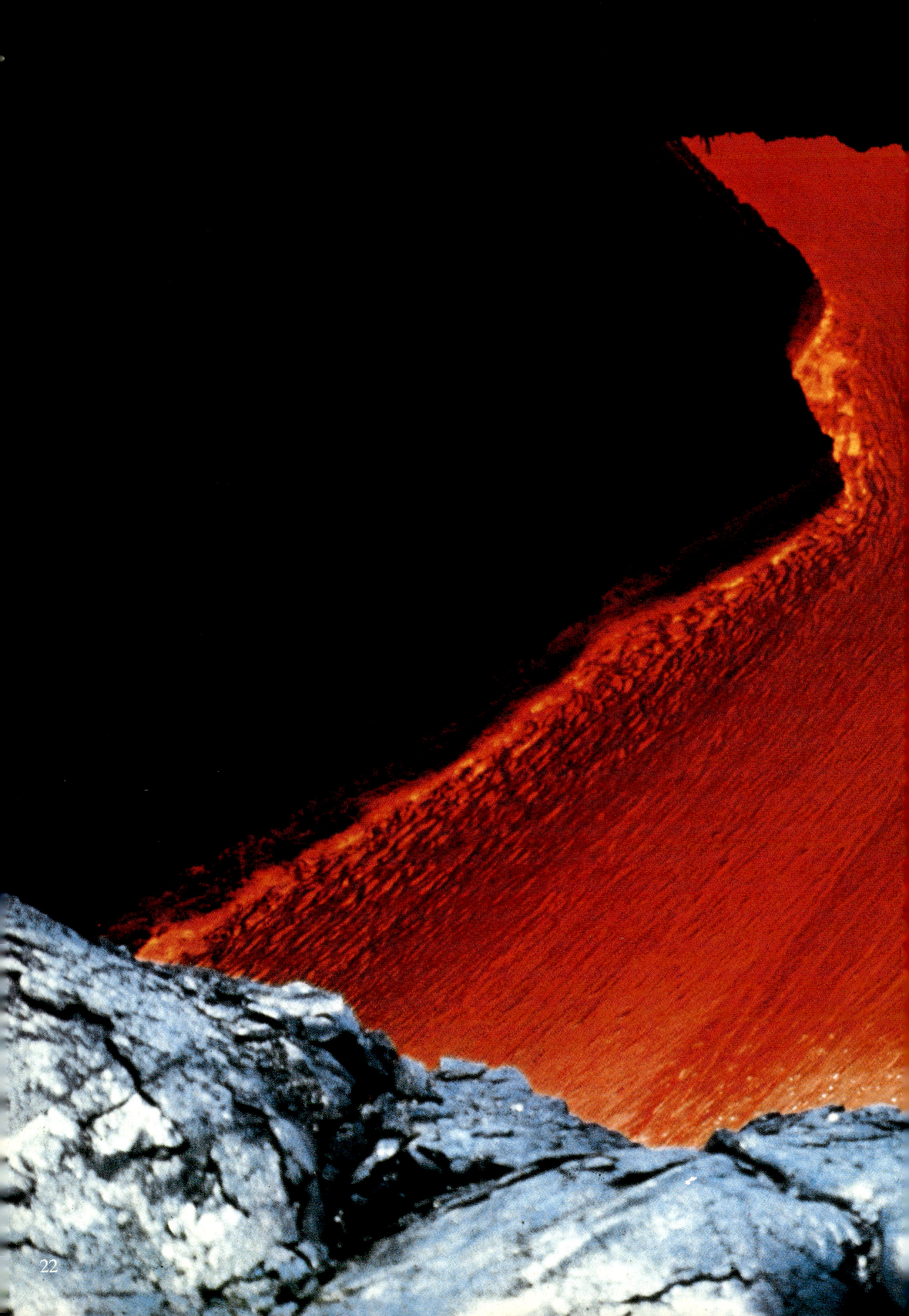

1973 brach der Vulkan Kilauea auf Hawaii abermals aus. Vier Monate lang floß dünne Lava mit hoher Geschwindigkeit unter einer alten, erkalteten Kruste ins Meer. Der zehn Kilometer lange Lavafluß war nur an wenigen Stellen sichtbar — dort, wo die Decke des Lavatunnels eingestürzt war

Heiße Hüte sind eine Besonderheit der Vulkane auf Hawaii. Nur, wenn die austretende Lava wenig Gase enthält, sie also nicht verspritzt, kann sie solche meterhohen feurigen Dome bilden, die — wie hier am Mauna Ulu — bis zu fünf Tage lang emporsprudeln

An den Flanken des Piton de la Fournaise auf der Vulkaninsel Réunion im Indischen Ozean kriecht ein Lavastrom herab. Während er langsam abkühlt, verstricken und verknoten sich die einzelnen Lavazungen

„Pahoehoe" — glatte Decke — nannten Hawaiis Ureinwohner diese auf der Insel häufige Lava mit der metallisch glänzenden Oberfläche. Entweichende Gase formen rote gläserne Blasen auf der noch weichen Masse

Wie eine riesige Amöbe kriecht der Strom der Pahoehoe-Lava voran. Unter dem Druck nachschiebender Lava bricht ein glühender „Zeh", wie Vulkanologen diese Fließgebilde nennen, nach dem anderen durch die bereits erstarrte Haut

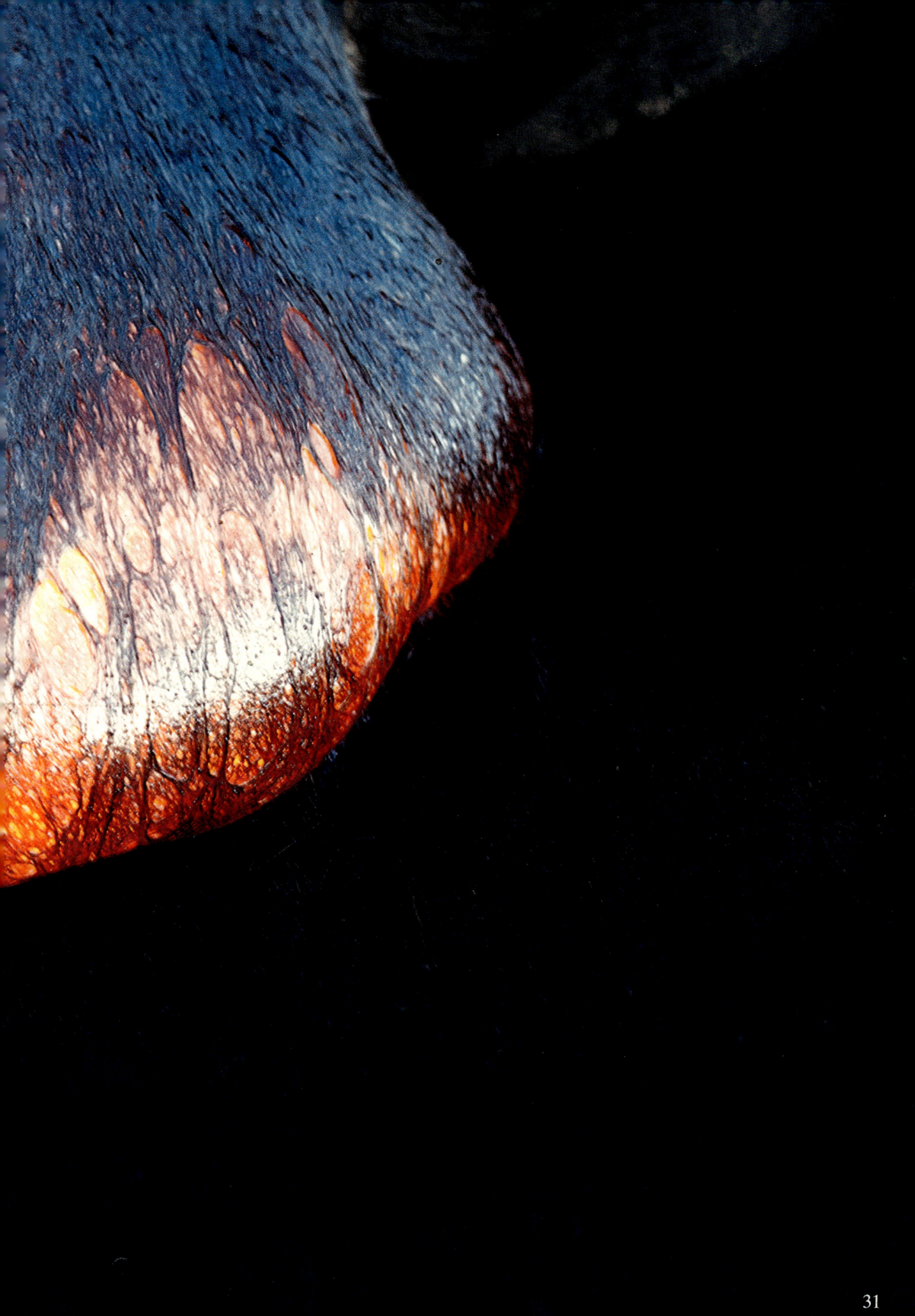

Die Lava verkrustet in einer unübersehbaren Vielfalt der Formen. Sie entstehen dadurch, daß sich der Glutstrom beim Abkühlen mit einer elastischen Haut überzieht, die im Weiterfließen faszinierende Muster bildet

Vor 700 000 Jahren tauchte die Insel Hawaii aus dem Pazifik auf. Heute erhebt sie sich mehr als 4000 Meter über das Meer und wächst noch immer durch Zufluß von Lava. Sie erstarrt beim Zusammentreffen mit dem Wasser. Darunter fließt sie weiter ins Meer

Im Januar 1982 brach ein Seitenkrater des Vulkans Nyamuragira im Osten von Zaïre aus. Der dichte Urwald an seinen Flanken wurde durch Flugasche verbrannt und zugedeckt

Während der Eruptionen des Rugarambiro, eines Flankenkraters des großen Vulkans Nyamuragira, tat sich in der Erdkruste ein Spalt von einem Meter Breite auf, der von Nord nach Süd verläuft. Schwefelhaltiger Aschenregen färbte die Landschaft

Die Ladefläche des Kleinstlastwagens war mit wenigstens vierzig Männern, Frauen und Kindern, mit unzähligen Säcken, Bündeln, Hühnern und Ziegen mehrfach überladen, und die Federung des Autos war durch das Übergewicht nahezu wirkungslos. Der Fahrer kontrollierte in regelmäßigen Abständen, ob die dicken Hartholzknüppel noch richtig saßen, die das Durchschlagen und Brechen der Blattfedern verhindern sollten. Mit einer Geschwindigkeit von etwa 20 Kilometern pro Stunde rumpelten wir so über eine automordende Piste, die durch querlaufende Gesteinsrippen eher einer aufwärtsführenden Treppe glich. Die dem Auto gerade noch mögliche Geschwindigkeit und die Beleuchtung entsprachen einander: Als einzige Lichtquelle für den Weg durch die Nacht gab es eine Standlichtbirne.

Auf einem mit Kaffeebohnen gefüllten Sack sitzend, gegen den Bauch einer gefesselten Ziege gelehnt und ein schlafendes Kind auf meinem Schoß, hatte ich noch einer der besseren Plätze erwischt. Für ihn hatte ich auf dem Markt der kleinen Stadt Goma am Ufer des Kivu-Sees im entlegenen Osten von Zaïre mehr als sechs nächtliche Stunden gewartet und gefeilscht. Bezahlen mußte ich in Dollar mit einer Summe, die wohl dem zehnfachen jenes Betrages entsprach, den Afrikaner für den Transport zu entrichten hatten.

Die Fahrpreise für die Einheimischen waren nach einer Methode der „freien Marktwirtschaft" ermittelt worden, wie ich sie rigoroser nie erlebt hatte. Auf der mit zehn Afrikanern und ihrem Hab und Gut gefüllten Ladefläche sitzend, hatte ich an mehr als 20 Rundfahrten durch das abendliche und dann nächtliche Goma teilgenommen. Gut ein Dutzend anderer Autos absolvierten die gleichen Rundfahrten. Es staubte entsetzlich. Die Fahrer der Autos, die aus allen Richtungen und allen Gassen kamen und immer wieder um den Marktplatz kreisten, schrien unablässig ihr Ziel und den Fahrpreis aus den Fenstern. Das führte dazu, daß ständig Menschen von einer Ladefläche auf eine andere sprangen, sobald sie nämlich einen günstigeren Preis hörten.

Es war ein Chaos mit System. Während die Preise immer tiefer sanken, füllten sich die Ladeflächen mit Menschen und Kleinvieh. Dann plötzlich, wie auf ein geheimes Zeichen, entschwanden die Autos mit ihrer Fracht in alle Richtungen.

Von meiner Lagerstatt aus versuchte ich das lebendige Dunkel der afrikanischen Nacht zu durchdringen. Die dichten grünen Wände des hohen Urwaldes, durch den die Piste wie ein Cañon verlief, waren mehr zu ahnen als zu sehen. Ab und zu hoben die schwachen Lichtsignale eines Leuchtkäfers ein paar Blätter aus der dunklen Wand des Waldes heraus. Der Schrei eines Nachtvogels war zu hören. Aus der Tiefe des Waldes drang das häßliche, hechelnde Gejaule von Hyänen, die irgendeine Kreatur jagten, von der ich hoffte, sie werde entkommen.

Es roch nach feuchter Erde, nach niedergebranntem Wald, nach Maisbrei; das von flackernden Kochfeuern erhellte Innere von Hütten tauchte auf. Das Auto stoppte, Bewegungen wühlten die Ruhe der zwischen Schlaf und Wachen verharrenden Menschenfracht auf, Kinder begannen zu schreien, Menschen stiegen vom Auto und verschwanden in Hütten. Das Auto fuhr weiter. Nach der nächsten Wegbiegung waren Gerüche und Feuerstellen wieder vom Wald verschluckt.

Mich fesselte ein riesiger, flackernder Feuerschein irgendwo hoch über dem Wald in den Wolken. Die Erscheinung war deutlicher geworden, je weiter wir nach Norden kamen. Die Afrikaner, die trotz der völligen Dunkelheit genau sahen, wohin ich blickte, wenn der Verlauf der Piste oder das Gelände es zuließen, begannen leise miteinander zu flüstern. Ich spürte deutlich die Angst, die in ihnen hochkroch. Während sich die horizontale Position des roten Fleckes nicht zu ändern schien, veränderte sich seine Höhe – ganz augenscheinlich in Abhängigkeit von der Höhe der Wolkendecke – ständig. Oft war der rote Widerschein völlig verschwunden. Dann mußte die feurige Quelle der Erscheinung von Wolkenmassen eingehüllt sein.

Es wurde hell, als ich mich mit meinem Gepäck in der Nähe eines kleinen Dorfes absetzen ließ. Der Ort mit seinen Maniok- und Bananenpflanzungen liegt am Fuße des Vulkanriesen Nyiragongo, inmitten des Tropischen Regenwaldes.

Ich entdeckte sehr schnell, daß es viel schwieriger als erwartet war, einen Führer und einen Träger für die Besteigung des Vulkans anzuwerben. Die Bewohner des Dorfes waren abweisend und ängstlich. Die Männer wichen mir aus, wenn ich versuchte, mit ihnen Verhandlungen anzufangen. Erst eine 50-Dollar-Note überwand die Angst von zwei jungen Burschen vor dem Feuerberg, allerdings mit der Einschränkung, daß sie mich nur bis an die Obergrenze des Bergwaldes in etwa 3000 Metern Höhe führen wollten. Von dort müßte ich dann die letzten 500 Meter bis zum Kraterrand allein zurücklegen. Der Aufstieg sollte am nächsten Morgen beginnen. Nach der nächtlichen Autofahrt war ich dankbar für den Ruhetag.

Als wir dann starteten, führte der Pfad durch einen von Morgennebel und tiefziehenden Wolken verhangenen dichten Urwald steil bergan. Eine Horde Colobusaffen floh lärmend durch die Kronen der hohen Bäume. Der starke Duft von Kardamom stieg mir in die Nase, ohne daß ich die roten Blüten am dunklen Grund des Waldes ausfindig machen konnte. Der Geruch rief in mir die Assoziation „Weihnachten" und „Gewürzkuchen" wach.

Plötzlich, wir waren schon einige Stunden unterwegs, blieb der Führer wie angewurzelt stehen und horchte in den Wald hinein. Ich hörte, was er hörte, und ich wußte, was es bedeutete. In schwer abschätzbarer Entfernung über uns war ein heftiges Krachen und Bersten zu hören: Elefanten! Es bedurfte gar nicht mehr des schrillen, warnenden Trompetenstoßes aus einem Rüssel, uns in die Flucht zu schlagen.

Um möglichst schnell Distanz zu den Vorfahrt erzwingenden Kolossen zu gewinnen, rannten und stolperten wir den nassen, schlüpfrigen Pfad etwa 100 Meter bergab und wollten dann seitwärts im Unterholz des Waldes verschwinden, aber das war leichter gedacht als getan. Lianen, riesige Moospolster, mächtige vermodernde Stämme umgestürzter Urwaldgiganten, in die man einbrach, wenn man sie zu überklettern versuchte, und die dichten Spaliere armdicker Bambushalme fingen mich auf, als wollte ich in ein elastisches Netz rennen.

Führer und Träger hieben schnell eine Art Tunnel in die grüne Masse – nur weg vom Pfad! Jedes Gefühl für die zurückgelegte Entfernung fehlte mir, als eine tiefe, pflanzenüberwucherte Klamm unserer Flucht jäh ein Ende bereitete. Wir warteten und horchten in die Richtung des Pfades. Inzwischen hatten am Hang emporziehende Wolken das Waldesinnere fast dunkel werden lassen. Was wir nun aus der Richtung des Pfades als dumpfe Geräusche wahrnahmen, mußte die bergab ziehende Elefantengruppe sein. Sie hatte ihr Ziel, nämlich die Räumung des Weges von den gefährlichen Menschen, erreicht.

Nach einer halben Stunde kehrten wir auf den Pfad zurück, der jetzt stellenweise von frischer Losung bedeckt war. Dieser Pfad, den wir emporstiegen, war nicht von Menschenhand angelegt, sondern war ein Wildwechsel von Elefanten und Büffeln, die an den Flanken der Vulkane und Hochgebirge Ostafrikas bis in Höhen von mehr als 4000 Metern emporsteigen.

Gegen Mittag des zweiten Tages erreichten wir in etwa 3000 Metern Höhe die Obergrenze der Vegetation. Führer und Träger machten mir unmißverständlich klar, daß sie über diese Linie nicht hinausgehen würden. Ich hatte zu diesem Zeitpunkt noch keine Erklärung für ihre Ängste, denn ich wußte, daß Eingeborene schon wissenschaftliche Expeditionen bis an den Kraterrand, ja selbst über den Rand hinaus, bis in den Krater hinein, begleitet hatten. Ich erklärte den beiden, daß ich beabsichtigte, die Nacht auf dem Kraterrand zu verbringen, um Beobachtungen anzustellen, und daß wir uns am nächsten Morgen treffen wollten, um gemeinsam die Flanke des Vulkans wieder hinabzusteigen.

Im Krater des Vulkans hoffte ich etwas über die Naturgesetze zu erfahren, die einst, in fernster Vergangenheit vor vier Milliarden Jahren, zur Entstehung der Kontinente und zur Geburt der Ozeane geführt hatten.

Durch eine steile windgepeitschte Geröllwüste, bewachsen nur von widerstandsfähigen Flechten und Moosen, mache ich mich auf den Weg zum 3469 Meter hoch gelegenen Kraterrand. Kalter Nebel, der an den Flanken emporquillt, nimmt mir oft jede Sicht. Dann wieder bricht die Sonne durch, und die aufgelösten Wolkenfelder geben den Blick ins weite Land frei. Wie Satelliten sitzen auf den Flanken des Nyiragongo, nahe seiner Basis, Dutzende kleiner Vulkankegel. Einige sind vom Grün des Waldes völlig überwuchert, andere sind schwarz und verbrannt. Aus den geborstenen Kratern herabströmende Lavazungen haben kilometerlange Schneisen in das Baumkronenmosaik des Urwaldes und in das Schachbrettmuster von Feldern und Plantagen gebrannt.

Im Osten liegen die durch atmosphärischen Dunst blau gefärbten, 4000 Meter hohen Vulkankegel von Mikeno, Karisimbi und Muhaura. Alle diese großen und kleinen Feuerberge werden unter dem Namen Virungavulkane zusammengefaßt. Dies ist das aktivste Vulkangebiet im Inneren eines Kontinents.

Je höher ich steige, je kleiner die Distanz wird, die mich vom glutflüssigen Inneren des Berges trennt, desto mehr spüre ich von seiner feurigen Lebensenergie. Sobald meine eigene Atemnot bei den zahlreichen Pausen, die ich in dieser Höhe einlegen muß, abklingt, ist mir, als könnte ich die vibrierende Spannung des Gesteins spüren, auf dem ich stehe. Ich presse mein Ohr gegen den kalten Fels und bin fast erschrocken, als ich ein pochendes Grollen tief aus dem Inneren des steinernen Thorax vernehme.

Die Ahnung einer Sensation treibt mich die letzten Meter zum Kraterrand hinauf. Gerade noch rechtzeitig, kurz vor der Schwelle zum Ziel, mahnt mich eine Sturmbö zur Vorsicht. Ich krieche an den Kraterrand. Die Dimensionen des Schachtkraters, in den ich blicke, sind nur schwer zu erfassen. Zu ungewöhnlich ist die Szenerie, als daß Augen und Gehirn irgendwelche maßstäblichen Erfahrungswerte aktivieren könnten. Aber wissenschaftliche Expeditionen haben bereits alles vermessen. Danach beträgt der Durchmesser des Kraters fast anderthalb Kilometer. Die Innenwände stürzen beinahe senkrecht 200 Meter zu einer ringförmigen Plattform ab, die durch eine wenige Meter hohe Kante von einer zweiten, tiefer gelegenen, konzentrischen Plattform getrennt ist.

Genau in der Mitte des zweiten Plattformringes liegt der zylinderförmige, bodenlose Feuerschlund. Er hat einen

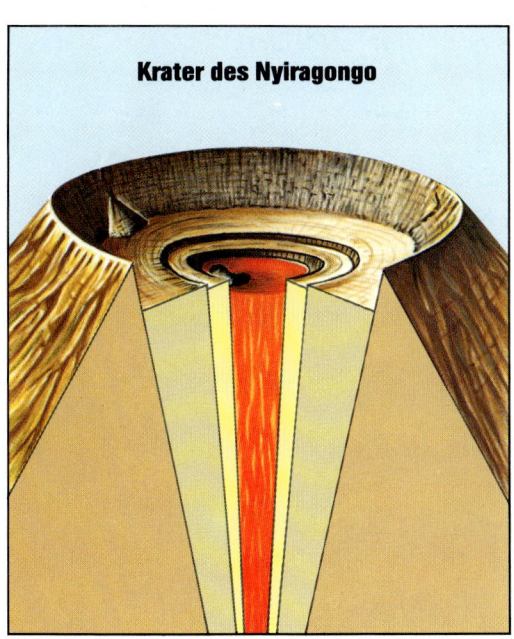

Krater des Nyiragongo

Das Innere des 900 Meter tiefen Schachtkraters des Vulkans Nyiragongo in Zaïre besteht, vergleichbar aufeinandergelegten Ofenringen, aus mehreren Terrassen. Genau in der Mitte des zweiten Ringes liegt der Feuerschlund, in dem ein Lavasee auf- und absteigt. 1977 quoll er so hoch, daß der Vulkankegel unter dem Druck barst. Der Lavasee floß aus

Durchmesser von 400 Metern. Die ineinander verschachtelten ringförmigen Terrassen erinnern mich an das System gußeiserner Herdplatten alter Öfen. Die gestuften Plattformen aus erstarrter Lava sind durch den schwankenden Pegel der glutflüssigen Gesteinsschmelze aus dem Erdinneren aufgebaut und geformt worden. Tiefe, gletscherspaltenähnliche Risse, hauptsächlich an den Rändern der Ringterrassen, legen Zeugnis davon ab, daß die erstarrten Lavamassen wieder ein Stück in die Magmasäule im Inneren des Vulkans abgesunken sind.

Der eigentliche Lavasee im zentralen Feuerschlund ist vom Kraterrand nicht eindeutig auszumachen. Ich hoffe, daß ihn nur vulkanische Dämpfe und vor allem das Tageslicht verbergen, nicht etwa ein zu tiefer Stand. Vom Kraterrand auf die inneren Plattformen und von dort an den Rand des Feuerloches zu gelangen, ist mir allein nicht möglich. Dazu wäre eine Seilschaft erforderlich. Die dramatischen Ereignisse der kommenden Nacht sollten mir noch andere Gründe vor Augen führen, weshalb ein solches Unternehmen zur Zeit nicht ratsam ist.

Während ich, ausgerüstet mit einem Fernglas, ungeduldig auf den Einbruch der Nacht warte, beobachte ich die Wolken, die wie Wasserfälle über den Kraterrand ins Innere des Vulkans strömen, über den Grund ziehen, um sich dann über dem Feuerschlund, mit den giftigen Ausdünstungen unseres Planeten vereint, wieder spiralförmig emporzuwinden.

Als die Erddrehung eine violette Sonne auf den westlichen Horizont sin-

ken läßt, klart der Himmel auf. Es wird eiskalt. Ich kenne die nächtlichen Temperaturen tropischer Hochgebirge, habe vorsorglich einen Daunenschlafsack mitgenommen und krieche hinein. In dem Maße, in dem das Tageslicht abnimmt und der schwarze Erdschatten auch den Gipfel des Nyiragongo erreicht, beginnt die Säule aus giftigen Gasen im Zentrum des Kraters zu leuchten. Ein zartes Rosa schwillt zu blutigem Rot. Es ist ein Licht, das nicht von der Sonne stammt. Dieses Licht, diese Farben haben ihren Ursprung im Inneren der Erde. Es ist der Widerschein des Lavasees, der sich auch an der Unterseite von Wolken spiegelt und in manchen Nächten noch aus Entfernungen von sechzig bis achtzig Kilometern zu sehen ist, wie ich es schon auf der Anreise erlebte.

Etwa zwei Stunden nach Einbruch der Nacht beginnt die Welt im Kraterkessel sich dramatisch zu wandeln. Zuerst sind es die Geräusche, die sich verändern. Aus dem Inneren des zentralen Feuertopfes dröhnt ein dumpfes Schlagen und Pochen, wie aus einer Schmiede. Die rotgefärbten Dampf- und Qualmwolken quellen dichter aus dem gigantischen Schlot empor. Die Fläche des Lavasees, von dem ich bisher nur einige Buchten einsehen konnte, vergrößert sich rapide.

Die über 1000 Grad heiße Lavamasse ist stellenweise von einer elastischen, grauen, faltigen Haut überzogen, die kreuz und quer von rotglühenden, gezackten Rissen zerfurcht ist. Von Kräften aus dem Inneren der Erde bewegt, hebt und senkt sich die Oberfläche des Lavasees wie der

An den Innenwänden der ineinander verschachtelten Krater des Nyiragongo wird sichtbar, daß sich der Vulkankegel aus den geschichteten Lava- und Aschenablagerungen unzähliger Ausbrüche aufbaut. Die tiefen Risse in den einzelnen Terrassen entstanden durch Absenkungen in ruhigen Phasen

In Zeiten geringer vulkanischer Aktivität bedeckt den Lavasee des Nyiragongo eine elastische, graue, faltige Haut, die von roten Rissen durchzogen ist

Brustkorb eines atmenden Riesen. Mit jedem Atemzug steigt das Niveau des Lavasees um mindestens einen Meter.

Die Szenerie hat etwas Organisches. Die kochende Lavamasse erscheint mir wie ein freigelegtes, pulsierendes, blutiges Organ. Unwillkürlich denke ich an Professor Challenger, den verbissenen Wissenschaftler in Arthur Conan Doyles Science Fiction-Roman „Als die Erde aufschrie". Er war der Meinung, die Erde sei in Wahrheit ein Lebewesen — eine Art riesiger Seeigel. Seine Schale sei die Erdkruste, und alle Lebewesen auf seiner Oberfläche seien dem winzigen Ungeziefer vergleichbar, das die Kalkschale des Seeigels zwischen den Stacheln bewohnt. Zum Beweis für seine These treibt Professor Challenger einen acht Kilometer tiefen Schacht durch die Erdkruste und stößt schließlich auf eine blubbernde Masse, die einen fürchterlichen Gestank ausströmt. Um sich der Erde bemerkbar zu machen, treibt er einen 30 Meter langen Bohrer in diese pulsierende Masse. Die Erde reagiert darauf mit einem Zyklon, einem Erdbeben und einem Vulkanausbruch. „Kein Lärm der Geschichte kam jemals diesem Schrei der verwundeten Erde gleich", ruft Challenger aus.

Die Bewegungen in der unaufhörlich höher steigenden Lavamasse werden heftiger. Die Risse in der grauen Haut klaffen auf, rote Lavazungen quellen aus ihnen empor. Der Riese beginnt, seine eigene Haut zu verzehren. Durch das Anschwellen der Glut sind die Innenwände des gewaltigen Amphitheaters, an dessen Rand ich liege, bald in ein flackerndes, gespenstisches, purpurnes Licht getaucht. Die großen weißen Feldspatkristalle — ein stark kalium- und natriumhaltiges Mineral — in den geschichteten Ablagerungen der zahlreichen Ausbrüche dieses Vulkans erstrahlen im Rhythmus der emporquellenden Gesteinsschmelze feuerrot. Trotz der Glut unter mir liege ich auf dem Rande des Kraters in Eiseskälte. Die Feuchtigkeit meiner Atemluft gefriert zu winzigen Eiskristallen.

Plötzlich erfaßt eine starke Strömung den ganzen Lavasee. Sie zerreißt und verschluckt die letzten Fetzen der grauen Haut, reißt ein riesiges Mosaik dunkler, stahlfarbener, starrer Schollen aus einer Bucht, die ich nicht einsehen kann und führt die auseinandergerissenen Platten mit sich fort. Sowohl die Quelle als auch die Mündung des Feuerstromes bleiben meinen Blicken verborgen. Ich höre aber, wie der scharlachrote Strom mit einem Röcheln, dessen Sog ich bis zu mir herauf zu spüren glaube, von einem unsichtbaren Schlund verschlungen wird. Bei der Vorstellung, auf einem dieser losgerissenen Schollenflöße zu stehen, kriecht Grauen in mir empor. In wenigen Minuten sinkt der Pegel des Lavasees um zehn Meter. Dunkelheit und Ruhe breiten sich aus. Es sollte die Ruhe vor dem Sturm sein.

Zunächst spüre ich wieder die feinen Vibrationen des Gesteins, dann scheint der ganze Gipfel des Nyiragongo zu zittern.

Instinktiv krieche ich ein Stück vom Kraterrand zurück. Steinlawinen lösen sich und stürzen donnernd in die Tiefe. Das Licht über der zentralen Feuerquelle schwillt wieder an. Und dann sehe ich es: Stetig, wie ein Hefekuchen, quillt die Lava wieder empor. Für wenige Sekunden scheint der Aufstieg der feurigen Masse innezuhalten, um kurz darauf weiterzusteigen. Riesige, hellrote Blasen von zehn Metern Durchmesser wölben sich, fallen in sich zusammen und versetzen die Oberfläche des Sees in Wallung. So ausgelöste gegenläufige Wellen klatschen zusammen. Lavafetzen fliegen wie weißglühende Metallteile durch die Luft. Einige Blasen platzen im Scheitelpunkt auf, und 15 Meter hohe Feuerfontänen schießen brüllend in die Luft.

In etwa zehn Minuten hat das Niveau des kochenden Feuersees die Oberkante der zweiten Terrasse erreicht. Die graue Haut ist nun völlig verschwunden. Die Farbe der Lava hat sich von Rot in die Farbe flüssigen Goldes verwandelt. Nur noch die schwarzen, starren Platten schwimmen auf der Oberfläche, die von meterhohen Wellen aufgewühlt wird. Sie kentern, versinken wie torpedierte Schiffe, um an anderer Stelle, wie Holz, das von einem Wasserstrudel hinabgezogen worden ist, wieder aufzutauchen.

Das alles ist eine apokalyptische Vision, Dantes Inferno. Die golden glühende Flüssigkeit schwappt aus dem Feuerschlot heraus und beginnt, die untere Terrasse zu überfluten. Sie ergießt sich in die tiefen Absenkungsrisse, die den zentralen Schlund ringförmig umgeben, um kurz darauf durch gewaltige Explosionen in Fetzen gerissen und dreißig Meter in die Luft geschleudert zu werden. Diese Explosionen werden wahrscheinlich durch komprimierte Luft und vulkanische Gase am Grund der Spalten ausgelöst. Aus einigen Spalten schießen unter gewaltigem Druck und Geheul meterlange blaue Flammen empor, vulkanische Gase, die im Sauerstoff der Luft verbrennen. Lava versucht in eines der glühenden Überdruckventile einzudringen, doch der Druck ist so groß,

Riesige Lavablasen aus der Tiefe des Nyiragongo beginnen das Mosaik erstarrter Schollen zu überfluten. Nachts quillt der Lavasee hoch

Plötzlich und unvorhersehbar erfaßt eine starke Strömung den Lavasee des Nyiragongo. Sie zerreißt das Mosaik der Lavaschollen und führt sie mit sich fort. Im Strom der Gesteinsschmelze werden sie in unerforschbaren Tiefen wieder aufgeschmolzen

daß eine Fontäne aus Tausenden goldener Tropfen entsteht, die auf- und abschweben wie Pingpongbälle auf einer Wasserfontäne.

Eine besonders heftige Explosion sprengt ein Felssegment vom Rand des Feuerschlundes ab. Wie die Eiswand, die von der Front eines kalbenden Gletschers abbricht und zunächst im Meer versinkt, so versinkt auch die Felswand im Feuersee, aber da das erstarrte vulkanische Gestein leichter als die Lava ist, taucht sie nach kurzer Zeit wieder auf. Während sich der gewaltige Felsbrocken dreht, um seinen Schwerpunkt auszubalancieren, läuft und tropft die goldene Flüssigkeit von seinen Flanken herab – ein grandioses Schauspiel.

Inzwischen sind die einzelnen über das Ufer getretenen Lavaströme zusammengeflossen und haben die ganze Fläche der unteren Terrasse überflutet. Der Lavasee hat seinen Durchmesser damit fast verdoppelt. Er brandet jetzt gegen die etwa drei Meter hohe Kante der oberen ringförmigen Terrasse.

Nach zwei Stunden beruhigt sich das Inferno im Zentrum des Sees. So schnell es gestiegen ist, sinkt das Magma wieder ab. Wie eine dicke, teigige Masse stürzt die auf der unteren Terrasse abgekühlte und dadurch zähflüssig gewordene Lavaflut über den Rand in den zentralen Feuerschlund zurück.

Nach dem Erstarren des Kilauea-Lavasees auf Hawaii vor einem Vierteljahrhundert gab es auf der Erde, außer dem des Nyiragongo, nur noch zwei andere ständige Lavaseen. Sie liegen in noch unzugänglicheren Regionen,

nämlich im Krater des Mt. Erebus in der Antarktis und im Krater des Erta Ale im äthiopischen Afar-Dreieck. Beide aber sind im Unterschied zum Nyiragongo-Lavasee ruhige Gewässer und besitzen nicht dessen infernalische Wildheit. Einzigartig sind vor allen Dingen die zeitweilig auftretenden und nicht vorhersehbaren enormen vertikalen Schwankungen seiner Oberfläche, die sich vorwiegend nachts abzuspielen scheinen.

Die meisten Kenntnisse über die Beschaffenheit des Nyiragongo-Lavasees sind dem mutigen französischen Vulkanologen Haroun Tazieff zu verdanken. Seit 1948 hat er zahlreiche Expeditionen unternommen und ist sogar mit Hilfe von Winden, Stahlseilen und aufrollbaren Metalleitern selbst hinabgestiegen, um an den Ufern des Lavasees, der während vieler Jahre 250 Meter unterhalb der Oberkante des Feuerschlundes und 500 Meter unterhalb des obersten Kraterrandes lag, Proben von Lava und von vulkanischen Gasen zu nehmen.

Wie Weltraumreisende, die einen heißen, fernen Planeten mit einer giftigen Atmosphäre betreten, mußten er und seine Mitarbeiter aluminiumbeschichtete Schutzanzüge tragen, die gegen die höllischen Temperaturen isolierten und außerdem dem Bombardement glühender Lavabrocken standhielten. Wie bei den Mondfahrern waren auch die Panzerglasfenster der Helme mit einer hauchdünnen Goldschicht bedampft, um die Hitze zu reflektieren. Vor den giftigen vulkanischen Ausdünstungen waren die Forscher durch Gasmasken und Atemgeräte geschützt. Einmal wäre Haroun Tazieff bei einem Abstieg fast erstickt und in den Lavasee gestürzt. Er konnte plötzlich kaum noch atmen, irgendetwas in dem Atemgerät unterbrach die Luftzufuhr. Als er seinen Helfern hoch oben auf dem Kraterrand mit vereinbarten Armbewegungen seine Notlage signalisierte, kam es zu einem Mißverständnis. Anstatt ihn am Sicherheitsseil sofort heraufzuziehen, waren die Männer der Meinung, er wolle weiter absteigen und gaben mehr Seil nach. Auf der unteren Sprosse der hängenden Leiter beobachtete Haroun Tazieff voller Entsetzen, wie das schlaff herunterhängende Seil eine immer größer werdende Schlinge bildete. Es war für ihn unmöglich, ohne Zufuhr von Atemluft die lange Leiter aus eigener Kraft emporzuklettern. Wenn er jetzt durch Hitze und Atemnot auch nur für eine Sekunde das Bewußtsein verlor, mußte dies sein Ende sein. Er wäre in den Lavasee gestürzt und einfach verdampft. Von Todesangst getrieben und mit letzter Kraft gelang es ihm wenigstens, einige Stufen der Leiter hinaufzusteigen. Jetzt erst begriffen seine Helfer seine Notlage und zogen ihn sofort herauf. Oben angekommen, stellte Tazieff fest, daß ein Stoß oder ein herabgefallener Stein den Schalter des elektrischen Ventilators, der die Luft durch den dichten Atemschutzfilter in der Gasmaske drückt, ausgeschaltet hatte.

Auf dem Höhepunkt der nächtlichen Eruptionen schießen aus dem See im Krater des Nyiragongo bis zu 15 Meter hohe Lava- und Gasfontänen unter Getöse in die Luft

Haroun Tazieff entdeckte eine große, schwimmende Insel aus erstarrten, geschichteten Lavaablagerungen, die einen Teil des Lavasees bedeckte, als der auf seinem tiefsten Niveau einen relativ kleinen Durchmesser von etwa 200 Metern hatte. Die Insel war wahrscheinlich der herabgestürzte „Deckel" des Lavasees, entstanden, als dieser einmal ein höheres Niveau hatte und seine Oberfläche dann erstarrt war. Es glückte den Forschern sogar, auf diese schwimmende Insel zu gelangen, als sie sich in einer ufernahen Position befand.

In der Zeit, zu der sich die Wissenschaftler am Grund des Kraters aufhielten und dort auf kleinen Vorsprüngen und Terrassen übernachteten, die vor der Glut und den giftigen Dämpfen einigermaßen schützten, ahnten sie noch nicht, daß die feurige Flut in kürzester Zeit bis zum Oberrand des Feuertopfes und darüber hinaus emporsteigen könnte. Für die Männer am Ufer des Sees hätte es in einem solchen Fall keine Rettung gegeben. Sie wären in Sekunden verdampft.

Erst auf einer Expedition im Jahre 1972 wurde Haroun Tazieff eines nachts mit diesem bedrohlichen Phänomen konfrontiert. Glücklicherweise befanden sich die Forscher damals nicht im Schlund des zentralen Feuertopfes, sondern an seinem Rand auf

Zu den wenigen Forschern, die sich bis ins Innere des Nyiragongo-Kraters an den Rand des Lavasees wagten, um Gas- und Materialproben zu entnehmen, gehört das französische Ehepaar Katia und Maurice Krafft. Aluminiumbeschichtete Asbestanzüge und Panzerhelme schützen die Vulkanologen vor Hitze und herabstürzenden Lavabomben

der zweiten unteren Terrasse. Als die Lava innerhalb von nur zehn Minuten aus der Tiefe kam und damit begann, die untere Terrasse zu überfluten, rannten die Forscher um ihr Leben. Als sie die nur drei Meter hohe Kante zur oberen Terrasse emporgeklettert waren und überlegten, wie viel Zeit ihnen bleibe, um bei gleichbleibender und anhaltender Ausbreitungsgeschwindigkeit den hohen, steilen, rettenden Rand des äußeren Kraters zu erklimmen — bei Tageslicht schon ein lebensgefährliches Unternehmen —, kam die Überflutung so unerwartet und plötzlich zum Stillstand, wie sie begonnen hatte.

Natürlich gaben die Forscher nach diesem Erlebnis ihren Plan auf, hinabzusteigen. Geforscht werden konnte jetzt nur noch vom Rand, von den Terrassen aus.

Weitere Expeditionen ergaben, daß das schnelle Ansteigen des Sees und die Überflutungen ohne Ausnahme nachts stattfanden; in einer einzigen Nacht ereigneten sich einmal nicht weniger als zehn. Die Forscher fanden keinerlei Erklärung für dieses Phänomen. Die einzig plausible Idee, die ihnen zunächst kam, daß es sich nämlich, vom Mond ausgelöst, um Ebbe und Flut handelte, mußten sie sofort wieder verwerfen, denn weder die Häufigkeit der „Gezeiten" und deren Dauer noch die Stellung des Mondes sprachen für die Hypothese. Dennoch war sich Haroun Tazieff des Zeitplanes der nächtlichen Spektakel so sicher, daß er sich entschloß, seine Abstiege wieder aufzunehmen — während des Tages.

Als Betrachter des chaotischen Geschehens auf der Oberfläche des Lavasees kann man sich nur sehr schwer vorstellen, daß dem Geschehen, wie überall im Universum, ordnende Naturgesetze zu Grunde liegen. Aufsteigende Gase und vor allem aufsteigende Konvektionsströme rühren und wälzen das Lavareservoir unaufhörlich um. Konvektionsströme entstehen durch Temperaturunterschiede. Es sind Wärmeausgleichsbewegungen, die auf einer Materialwanderung beruhen. Konvektionsströme werden beispielsweise auch in einem heißen Glas Tee durch auf- und abschwebende Teeblättchen sichtbar.

Der Lavasee läßt sich mit einer gewaltigen Retorte vergleichen, in der ein Gemisch aus verschiedenen Substanzen und Elementen brodelt. Durch chemische und thermische Selektion

In den 50er und 60er Jahren war der Lavasee des Nyiragongo 500 Meter unter den Rand des Schachtkraters abgesunken. Eine große, im Magma schwimmende Insel aus geschichteten Ablagerungen bedeckte den See wie ein Deckel. An seinem Rand quollen giftige Gase empor

entstehen im Magma immer neue mineralische Verbindungen. Während die spezifisch schweren nach unten sinken, drängen die leichtesten an die Oberfläche und kristallisieren zu den schwarzen Lavaschollen aus, die große Teile des Sees wie ein Mosaik bedecken. Sie sind sozusagen der Schaum an der Oberfläche der kochenden Gesteinsschmelze. Selbst wenn die Schollen, wie ich oft beobachtet habe, durch turbulente Konvektionsströme wieder nach unten ins Magma gezogen und aufgeschmolzen werden, geht ihre Substanz nicht verloren. Ihre leichten, mineralischen Bausteine gelangen bald wieder an die Oberfläche, kristallisieren aus und fügen sich zu neuen Schollen zusammen.

Oft wallen mehrere gegenläufige Konvektionsströme an die Oberfläche. Wo sie aufsteigen, reißen sie das Schollenmosaik auseinander und führen die Einzelteile in entgegengesetzten Richtungen mit sich fort. Wo sie aufeinandertreffen, schieben sich die mitgeführten Schollen wie Packeis in einem Fluß übereinander. Während das heiße Magma wieder absinkt, sind die Schollenpakete nicht mehr verschluckbar. Ihr Auftrieb hält sie an der Oberfläche. Die große schwimmende Insel aus mächtigen, gestuften Lavaablagerungen, die viele Jahre hindurch auf dem See beobachtet wurde, führt, angetrieben durch die Konvektionsströme, die an ihrer tief eingetauchten Unterseite angreifen, horizontale und rotierende Bewegungen aus.

Der brodelnde Lavasee des Nyiragongo bietet nicht nur die einzigartige Möglichkeit, etwas über die Naturgesetze zu erfahren, die das glutflüssige Magma im Inneren unseres Planeten in Bewegung setzen; seine feurige Oberfläche ist nicht nur ein Fenster zum Inneren der Erde, sondern auch in die Vergangenheit vor viereinhalb Milliarden Jahren, als die ersten Kontinente und Ozeane entstanden.

Aufsteigende Konvektionsströme und hervorbrechende Gase haben den Lavasee in ein brodelndes, mehr als tausend Grad Celsius heißes Inferno verwandelt. Glühende Lavafetzen fliegen in die Luft, erkaltete Schollen kentern und versinken in der aufgewühlten Masse

Ich habe die Entstehung unseres Sonnensystems, der Erde und des Lebens schon in meinem bei GEO erschienenen Buch „Die Wüste" beschrieben. Da dieses Wissen aber erforderlich ist, um die hier behandelten Phänomene zu verstehen, will ich eine kurze Zusammenfassung dieser Entstehungsgeschichte unter Einbeziehung umfangreicher, neuer Hypothesen über die Entstehung der Urkontinente und Ozeane geben.

Die Geburt unseres Sonnensystems ist das Resultat einer kosmischen Katastrophe. Eine Sternenexplosion hatte eine gewaltige Wolke im Weltall zurückgelassen. Sie bestand vorwiegend aus der Grundsubstanz des Universums — Wasserstoff — sowie aus Metall und mineralischem Gesteinsstaub. Diese Urwolke zog sich durch Schwerkraft unaufhörlich auf einen Mittelpunkt hin zusammen. Durch die Verdichtung stieg die Temperatur unaufhörlich an. Gleichzeitig begannen die Gas- und Staubmassen zu rotieren und die Form einer Kugel anzunehmen.

Durch die Schwerkraft entwickelte sich in dieser Gaskugel ein Druck von 200 Milliarden Atmosphären, die Temperatur stieg auf 15 Millionen Grad Celsius. Es kam zu Kernverschmelzungen. Der Wasserstoff begann, atomar zu brennen. Energie wurde freigesetzt: Ein gewaltiger Fusionsreaktor war entstanden, eine Sonne. In ihr konzentrierten sich mehr als 90 Prozent der gesamten Materie der früheren Urwolke. Diese Sonne bestimmte von nun an die Entwicklung der Planeten.

Durch die Entstehung der Sonne hatte sich ein starkes, ausgedehntes Magnetfeld im Weltraum aufgebaut. Der mit nur wenigen Prozent winzige Rest der Urwolke, die aus verschiedenen Elementen bestehenden Gas- und Staubteilchen, wurden bei ihrem Umlauf um die Sonne im Magnetfeld ionisiert — elektrisch aufgeladen. Dabei verringerte sich ihre Umlaufgeschwindigkeit. Nach den Gesetzen der Himmelsmechanik — die Anziehungskraft des Zentralgestirns und die Fliehkräfte der umlaufenden Körper halten sich stets die Waage — müßten diese Teilchen dadurch in eine sonnennähere Umlaufbahn geraten sein. Das war jedoch nicht der Fall. Alle elektrisch aufgeladenen Staub- und Gasteilchen mit einem größeren Durchmesser als ein hunderttausendstel Millimeter wurden mehr von der magnetischen Feldstärke als von der Anziehungskraft der Sonne beeinflußt. Die verminderten Fliehkräfte der Restmaterie wurden durch die tragende Kraft des Magnetfeldes kompensiert. Einige Physiker sind heute der Meinung, daß sich die Sonne ohne Magnetfeld alle Restmaterie einverleibt hätte. In diesem Falle hätten sich niemals Planeten gebildet.

Als die feinen Gas- und Staubteilchen weiter auskondensierten und sich kleine Körner bildeten, verloren sie ihren elektrischen Ladungszustand. Dadurch fiel die tragende Kraft des solaren Magnetfeldes weg, und die unzähligen einzelnen Mikrokörner der Urwolke gerieten nun auf eine sonnennähere Umlaufbahn, die ihrer verminderten Fliehkraft entsprach. Nach den Gesetzen der Himmelsmechanik müssen diese neuen Bahnen um die Sonne sehr exzentrisch und elliptisch gewesen sein. Ihr sonnenfernster Punkt lag stets dort, wo die Restmaterie auskondensiert war. Da das bei jedem der Körner an einem anderen Punkt seiner ursprünglichen Bahn stattgefunden hatte, ergaben sich unzählige exzentrische Bahnen, die sich alle kreuzten.

Diese Theorie läßt sich sehr gut überprüfen: Letzte Reste der Urwolke, feinster Meteoritenstaub und auch Kometen als größere Körper laufen heute noch größtenteils auf stark exzentrischen Bahnen um die Sonne.

Das Chaos hatte sich in den Überbleibseln der Urwolke durch die beschriebenen Vorgänge zwar eher noch vergrößert. Dennoch war in ihrem Zustand schon der Beginn einer neuen Ordnung angelegt. Sie sollte schließlich zur Entstehung der Erde und der anderen Planeten führen. Als die Reste der Urwolke im solaren Magnetfeld ionisiert wurden, führte das zunächst dazu, daß die in ihr enthaltenen Elemente nach ihrem Atomgewicht sortiert wurden. Die Urwolke spaltete sich dadurch in vier ringförmige Wolken auf, in denen jeweils die Anteile der einzelnen Elemente unterschiedlich groß waren. Der äußerste Ring der Urwolke maß etwa zwölf Milliarden Kilometer im Durchmesser — so viel wie das heutige Planetensystem.

Weil sich innerhalb der vier Ringwolken die Bahnen der unzähligen Materie-Körner vielfältig kreuzten, kam es natürlich ständig zu Kollisionen. Über einen Zeitraum von vielleicht einhundert Millionen Jahren führten diese Kollisionsreibungen dazu, daß sich die Bahnen der Körner einander anglichen. Immer mehr Körner mußten ihren individuellen Umlauf um die Sonne aufgeben und wurden in die neue Ordnung einer gemeinsamen Bahn eingebunden. Die einzelnen Ringwolken zogen sich zusammen und spalteten sich abermals auf. Gleichzeitig ballten sich immer größere Brocken zusammen, indem die Körner aufeinanderprallten und sich vereinigten. Mit der Zeit wuchsen Anzahl und Größe dieser Brocken ständig.

Eines Tages müssen sich dann durch diese Selbstorganisation in den einzelnen Ringen Brocken mit einem Durchmesser von mehr als tausend Kilometern gebildet haben. Erst bei dieser Größe wurde die sogenannte kritische Grenze überschritten, jenseits derer sich eine für die Planetenbildung ausreichende Schwerkraft bildet. In den einzelnen Ringen kam es, zeitlich unterschiedlich, zu einem sogenannten Schwerkraftkollaps, einem Zusammensturz der angesammelten Materie. Dieser Kollaps vollzog sich in kosmischen Zeitspannen. Zuerst langsam, dann immer schneller, sammelten die jeweils gewaltigsten Brocken durch ihre Anziehung die gesamte Urmaterie ihres Ringes ein. Auf diese Weise entstanden die Planeten.

Aus der innersten Ringwolke, in der sich vorwiegend schwere Elemente zusammengefunden hatten, gingen Merkur, Venus und die Erde hervor. In der nächstäußeren, ähnlich beschaffenen Ringwolke entstanden der Mond und der Mars. Da sich diese Ringwolke mit der innersten Ringwolke leicht überlappte, entstand der Mond auf einer Bahn, welche die der Erde kreuzte. So konnte der Mond, der zunächst als unabhängiger Planet entstanden war, später von der größeren Erde eingefangen und in eine Umlaufbahn gezwungen werden.

Aus der dritten Ringwolke, in der sich der größte Rest der früheren Urwolke konzentriert hatte und die überwiegend aus den leichtesten Elementen bestand, entsprangen die riesigen Gasplaneten Jupiter, Saturn, Uranus und Neptun. Zum mindesten Jupiter und Saturn besitzen keine feste Oberfläche. Wie das Zentralgestirn Sonne bestehen alle vier fast ausschließlich aus dem leicht flüchtigen Wasserstoff und aus Helium.

In der äußersten Ringwolke schließlich, die sich wieder aus schweren Elementen zusammensetzte, entstand der ferne Pluto und wohl auch Triton, heute ein Mond des Planeten Neptun. Triton ist wahrscheinlich auf ähnliche Weise zu seinem großen Nachbarplaneten wie der Wüstenplanet Mond zur Erde übergewechselt.

Es gibt im Sonnensystem heute noch einen Rest der großen Ringwolken: den Planetoidenring, der zwischen den sogenannten inneren Planeten — Merkur, Venus, Erde, Mars — und den äußeren Planeten liegt. In ihm kreisen die Bestandteile der Urmaterie um die Sonne, von kleinen Körnern mit weniger als einem Millimeter bis zu Brocken mit einem Durchmesser von 800 Kilometern. Diese Masse reicht jedoch nicht aus, um einen Schwerkraftkollaps herbeizuführen, der einen zusätzlichen Planeten bilden könnte.

Und wie hat sich unser Heimatplanet weiterentwickelt?

Solange der Kristallisationskern der Erde relativ klein und somit die Anziehungskraft gering war, landeten größere Brocken aus dem Weltall noch weich auf der Ur-Erde. Bis dahin hatte sich die Erde auf kaltem Wege entwickelt. Als aber ihre Masse wuchs und ihr Körper einen Durchmesser von etwa tausend Kilometern erreichte, kam es vor etwa 4,6 Milliarden Jahren zu einem Schwerkraftkollaps. Dabei wurde die Bewegungsenergie der auf den Erdkern einstürzenden Brocken zu Wärme umgewandelt. Die Erdmasse schmolz.

Der größte Teil der Brocken, die auf die Ur-Erde einstürzten, bestand aus Silikaten und einem Eisen-Nickel-Gemisch. Außerdem waren in ihnen kleine Mengen zum Teil radioaktiver Elemente wie Uran, Thorium und Kalium enthalten. Radioaktive Elemente haben die Eigenschaft, innerhalb bestimmter Zeit zu anderen, nicht mehr radioaktiven Elementen zu zerfallen. Dabei geben sie Energie ab. Außer den langlebigen radioaktiven Elementen, deren Zerfall Jahrmillionen dauert und die deshalb auch noch in der erdgeschichtlichen Gegenwart wirksam sind, enthielten die Brocken aber auch kurzlebige Elemente, die schon am Beginn der Erdentwicklung zerfielen, zum Beispiel schließlich zu Blei. Dabei wurde Energie freigesetzt. Zusammen mit der Energie der Schwerkraftzusammenziehung und der Wärme, die noch aus dem Weltraum einstürzende Brocken erzeugten, führte dies dazu, daß der Erdkörper weiterhin im Zustand einer zähflüssigen Masse blieb. Damit sortierten sich nun auch innerhalb der entstehenden Erdkugel die Elemente nach ihrem Gewicht. Eisen und Nickel sanken wegen ihres hohen spezifischen Gewichtes zum Mittelpunkt der Kugel ab, während die leichteren, gesteinsbildenden Silikate zur Oberfläche aufschwammen. Aus ihnen entstanden später die Kontinente.

Der endgültige Zusammenbau unserer Erde muß Millionen Jahre lang ein turbulentes Geschehen gewesen sein. Ohne Unterlaß stürzten aus dem Weltall große und kleine Brocken hernieder und klatschten in die zähflüssige Oberfläche der Ur-Erde, die in dumpfem Rot glühte. Die Gesteins- und Metallschmelze spritzte nach allen Seiten hoch auf. Die größten Brocken mit einem Durchmesser von vielen Kilometern warfen mehrere hundert Meter hohe glutflüssige Wellen auf, die um die ganze Erdkugel liefen. Dort, wo sie mit gegenläufigen Wellen zusammenprallten, schwappte die Materie wahrscheinlich mehr als tausend Meter empor.

Vergleichbar den Lavaschollen auf der Oberfläche des Nyiragongo-Lavasees, schwammen auf dem kochenden Magma-Ozean erstarrte Schollen auskristallisierter, basaltischer Materialien. Einige Geologen sind der Meinung, daß sich diese Ur-Kruste zunächst vorwiegend aus den Mineralien Olivin, Pyroxen und Plagioklas zusammensetzte. Während sich aber Olivin und Pyroxen wegen ihrer zu hohen Dichte nicht lange halten konnten und wieder im Magma absanken, blieb Plagioklas an der Oberfläche, sammelte sich mehr und mehr an und bildete als sogenannter anorthositischer „Schaum" erste, feste Krustenareale. Wie Glas wurden diese ersten Fragmente der Urkontinente immer wieder durch auftreffende Meteore zersprengt, die Einzelteile durch das heftig konvektierende Magma in die Tiefe gerissen und – wie in dem Lavasee, der sich ständig in Bewegung befindet – wieder aufgeschmolzen.

Bei fortschreitender chemischer und thermischer Differenzierung der Erdmasse müssen dann im Laufe vieler Millionen Jahre allmählich immer größere, dickere und zusammenhängende Anorthosit-„Schaumkrusten" entstanden sein, die auf einem bereits stark differenzierten Magma schwammen. Durch die langsam fortschreitende Abkühlung des Erdkörpers und durch komplizierte chemische Umwandlungen im glutflüssigen Magma entstand unter der anorthositischen Urkruste eine 13 bis 14 Kilometer dicke Schicht neuer magmatischer Gesteine. Es waren Granit und Gneis.

Diese Gesteine waren noch wesentlich leichter als die anorthositische Urkruste, die sie unterlagerten. Eine starke Gleichgewichtsstörung der Urkruste war die Folge. Fortdauerndes Meteoritenbombardement sowie durch Schmelzprozesse an der Unterseite erzeugte Intrusionen ließen die zwei Lagen Urkruste immer wieder aufreißen. Die unter enormem Druck und großer Hitze stehenden Granit- und Gneismassen quollen an die Oberfläche und breiteten sich über die schweren basaltischen Materialien der Urkruste aus. Ganze Urkrustenblöcke müssen dabei hin und wieder wie Eisberge gekentert sein, die sich bei fortschreitender Abschmelzung herumwälzen, um einen neuen Schwerpunkt auszubalancieren.

Das Schauspiel von einige Kilometer dicken Urkrustenblöcken, die im glutflüssigen Magma kentern, entzieht sich jeder menschlichen Vorstellungskraft. Anfangs wurden wohl auch noch einzelne Bruchstücke der neuen Zwei-Lagen-Kruste von absteigenden Konvektionsströmen ins Magma hinabgezogen und aufgeschmolzen. Insgesamt verdickte sich die Kruste jedoch durch fortdauernden vertikalen Zuwachs magmatischer Gesteine, vor allem Granit und Gneis, so stark, daß eines Tages ein Stadium erreicht war, in dem die abwärtsgerichteten Konvektionsströme den Auftrieb der leichteren Krustenplatten nicht mehr überwinden konnten. Die Platten blieben oben und überdauerten. Die ersten Kontinente, von den Geologen auch als Mini-Platten oder Kratone bezeichnet, waren entstanden. Ihr Durchmesser war noch nicht viel größer als 30 bis 60 Kilometer.

Durch die ständigen Umschichtungen und Aufschmelzungen schwerer und leichter Urkrustenmaterialien differenzierte sich die Urkruste allmählich auch horizontal in zwei völlig unterschiedliche Typen, nämlich in leichten Granit und Gneis, die Grundbaumaterialien der Kontinente, und in schweren Basalt, der aus der anorthositischen Urkruste hervorging und die Becken der entstehenden Urozeane bildete. Während von dieser ozeanischen, schweren Urkruste keinerlei Fragmente erhalten blieben, da sie mit ihrem hohen Gewicht immer wieder von Konvektionsströmen verschluckt, aufgeschmolzen und neu gebildet wurde, meinen die Geologen, Überreste der leichteren und nicht mehr verschluckbaren, daher langlebigen Urkontinente inmitten der heutigen kontinentalen Gesteine aufgespürt zu haben. Der berühmteste Fund dieser Art war die Entdeckung des sogenannten Amitsog-Gneises in Westgrönland, dessen Alter mit Hilfe genauer atomphysikalischer Datierungsmethoden auf 3,7 Milliarden Jahre berechnet wurde. Solche Überreste kontinentaler Urkruste meint man inzwischen auf allen Kontinenten entdeckt zu haben.

Die ursprüngliche Ausdehnung der archaischen Urkruste ist unbekannt. Einerseits sind viele der einstmals vielleicht zusammenhängenden Urkontinentalplatten sicherlich zerbrochen und ihre alte Lage zueinander ist nicht mehr rekonstruierbar; andererseits ist der ursprüngliche Anteil archaischer Krustenteile innerhalb geologisch jüngerer kontinentaler Gesteine noch nicht endgültig erforscht. Einige Geologen sind der Meinung, daß die heutige kontinentale Kruste zwiebelschalenartig und episodisch um die Urkerne herumgewachsen ist. Andere sind dagegen der Ansicht, daß die kontinentale Kruste seit dem Anbeginn der Welt insgesamt kaum gewachsen ist, sondern nur durch Verfaltungen, Auseinanderreißen, Zusammenstoßen und vielfältige vulkanische Schmelzprozesse in ihrer ursprünglichen Gestalt zerstört und überformt wurde. Die alten Kerne, so meinen sie, haben diese Überprägungen zufällig überlebt und sind daher bis heute erhalten geblieben.

Der größte Teil der Erdmasse blieb bis zum heutigen Tag weitgehend geschmolzen. Die Gesteinshaut, die Lithosphäre, die uns von einer heißen, zähplastischen Schicht — von den Geologen Asthenosphäre genannt — trennt, ist 70 bis 80 Kilometer dick. Das ist, verglichen mit der Erdmasse, noch wesentlich dünner als die Haut eines Pfirsichs im Verhältnis zu seinem Fruchtfleisch.

Auch vor drei Milliarden Jahren muß unsere Erde noch von großen Brocken aus dem Weltraum getroffen worden sein, die gewaltige Krater in die bereits erstarrte Kruste schlugen. Das Bombardement von Meteoriten nahm jedoch ständig ab und reichte nicht mehr aus, um die Erdoberfläche aufzuschmelzen. Wie jeder am nächtlichen Himmel beobachten kann, sammelt die Erde bis heute die letzten Reste jener Ringwolke ein, aus der sie einst entstand — Kleinmeteoriten, die als Sternschnuppen aufleuchten. Die Masse des Meteoritenregens beträgt jährlich immerhin noch etwa eine Million Tonnen. Gelegentlich sind auch noch größere Brocken mit einem Durchmesser von mehr als hundert Metern und einem Gewicht von mehreren Millionen Tonnen dabei. Wenn sie aufprallen, sprengen sie gewaltige Krater in die Erdkruste.

Am deutlichsten sind diese Meteoritenkrater in den Wüsten zu sehen, denn hier werden sie nicht von Vegetation überdeckt. Zu den eindrucksvollsten gehören der Awelull-Krater in der Westsahara und der Diablo-Krater in der Wüste von Arizona, der vor etwa zweihunderttausend Jahren entstand, einen Durchmesser von anderthalb Kilometern hat und 200 Meter tief ist.

Weil auf der Erdoberfläche ständig die Tendenz zur Einebnung besteht, bleiben Meteoritenkrater nur relativ kurze Zeit erhalten. Anders ist es bei unserem nächsten Nachbarn im Weltraum, dem Mond. Da es auf ihm weder Wind noch Wetter gegeben hat, sind die Narben der Meteoriteneinschläge selbst aus ferner Zeit bis heute erhalten geblieben. Die große Zahl seiner Krater in der ursprünglichen Oberfläche beweist, daß Meteoriten während der Entstehung des Planetensystems wesentlich häufiger waren als in der Gegenwart.

Daß unsere Erde nicht wie ihre Nachbarn im All, die inneren terrestrischen Planeten Merkur, Venus, Mond und wohl auch der Mars, von vornherein dazu verdammt war, für immer eine leblose Wüste zu bleiben, verdankt sie einer Kette von glücklichen Zufällen während ihrer Entstehung.

Als die Erde vor viereinhalb Milliarden Jahren durch den Schwerkraftkollaps entstand, hatte sich nicht nur genau die „richtige" Masse aus den „richtigen" Elementen zusammengefügt. Die Erde war auch innerhalb des Sonnensystems an einem Ort entstanden, an dem sie das für ihre weitere Entwicklung genau „richtige" Maß an Sonneneinstrahlung erhielt. Diese drei Faktoren schufen auf unserem Planeten die Voraussetzungen für alles Le-

Diese Aufnahme eines Landsat-Satelliten deckt 180 Kilometer im Quadrat ab: Sie zeigt den Pilbara-Block in Westaustralien mit seinem Puzzle kontinentaler Urkrustenblöcke, die vor etwa drei Milliarden Jahren entstanden. Die Granit- und Gneisplatten, die einst unabhängig voneinander — vergleichbar den heutigen Kontinenten — über die Erdoberfläche drifteten, wurden durch andere Gesteine miteinander verschweißt. Sie sind heute, gleichsam eingefroren, Bestandteile des australischen Kontinents

ben: die Entstehung einer Atmosphäre und der Ozeane.

Wasser ist das universale Lösungsmittel, in dem sich alles Leben vollzieht. Mehr als die Hälfte aller auf der Erde vorkommenden Elemente sind auch im Wasser zu finden. Hier entstanden die Bauteile des Lebens, hier entwickelten sich die ersten Organismen. Ohne das Wasser in den Flüssen, Seen und Ozeanen, ohne das Wasser, das in jeder lebenden Substanz enthalten ist, wäre höher entwickeltes Leben nicht denkbar. Und wäre Sauerstoff nicht in Wasser löslich, so könnten die Fische nicht atmen. Auch um die Ernährung von Pflanzen, Menschen und Tieren wäre es schlecht bestellt: Die Wurzeln können ihre Nahrung dem Boden nur in gelöster Form entziehen, und die Nahrung von Mensch und Tier bedarf ebenso der Lösung, damit sie vom Blut zu den Muskeln transportiert werden kann.

Wasser in dampf- und gasförmigem Zustand ist darüber hinaus ein wichtiger Bestandteil unserer Atmosphäre. Die Temperaturen auf der Erde mußten von Anfang an so beschaffen sein, daß Wasser ständig von seinem flüssigen Zustand in einen gasförmigen überwechseln konnte – und umgekehrt.

Die Sonnenstrahlen erwärmen die Oberfläche des Meeres, das Wasser verdunstet und steigt in die Atmosphäre auf, wo es schließlich abkühlt und sich als Wolken kondensiert. Ohne diese Art Treibhaus gäbe es weder Wind noch Wetter und damit auch nicht den ewigen Kreislauf, der das Wasser aus den Ozeanen herauspumpt, es in Wolkenform über das Festland treibt und dort als Regen oder Schnee auf die Erde herabfallen läßt. Ohne die ständige Bewässerung der an sich trockenen Kontinente wären Pflanzen und Tiere niemals in der Lage gewesen, ihre Urheimat, die Ozeane, zu verlassen und auf das Land vorzudringen.

Eine der wichtigsten Substanzen der Hydrosphäre und der Atmosphäre ist das Kohlendioxid. Als biologisches Nährgas bildet es zusammen mit dem Wasser für die Pflanzen den Rohstoff der Nahrungsproduktion, die sie mit Hilfe des Sonnenlichtes betreiben.

Genau wie die Erdkruste, so sind auch ihr Wassermantel und das Übertuch der Atmosphäre – vergleicht man sie mit dem Körper der Erde – hauchdünn. Was versetzte die vorwiegend aus festen Mineralien und Metallen bestehende Erdkugel aber in die Lage, diese dünnen, aus flüchtigen Substanzen zusammengesetzten Lebensräume aller Pflanzen, Tiere und Menschen auszubilden?

Das Lebenselexier Wasser besteht aus einer chemischen Verbindung des leichtesten Elementes Wasserstoff mit

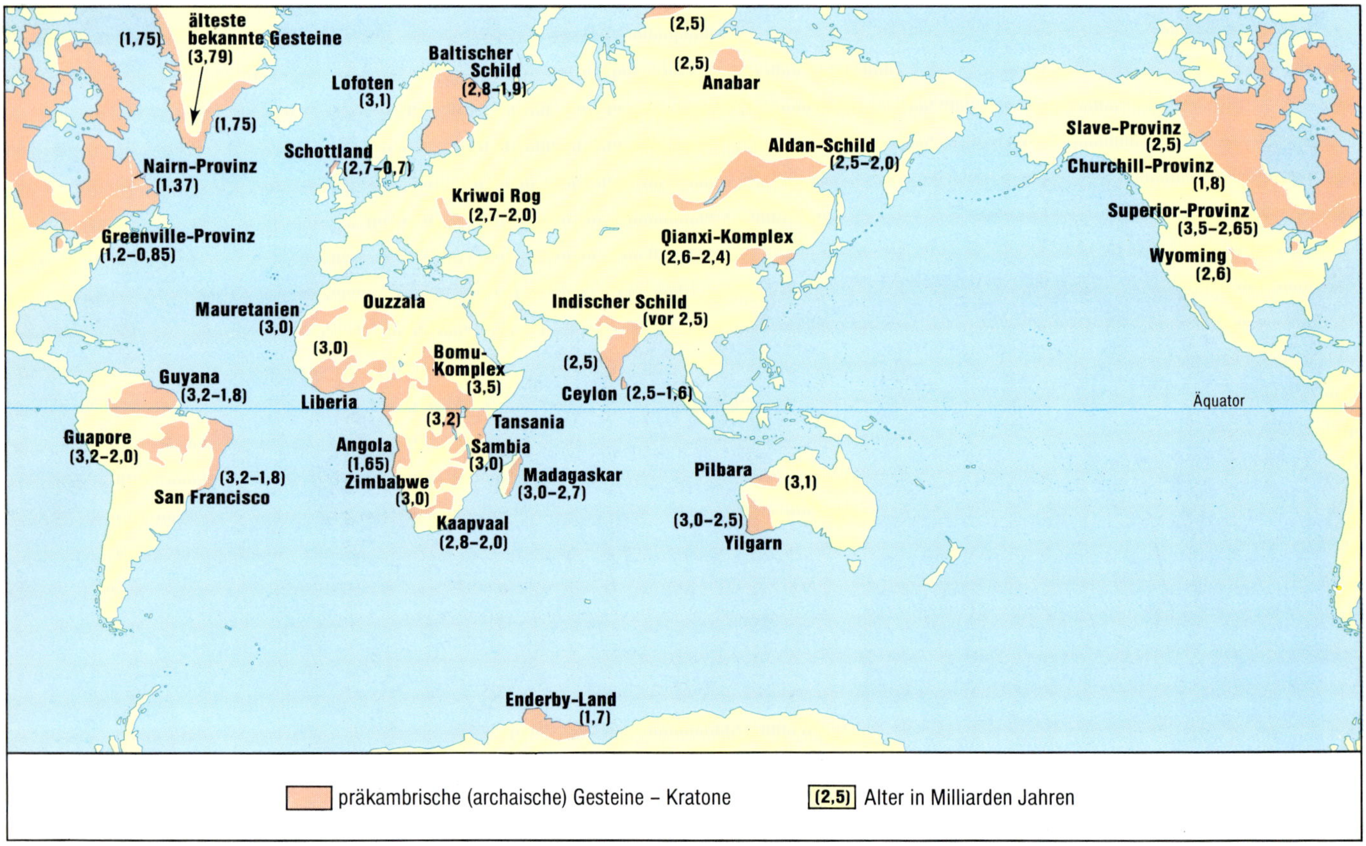

Etwa zwei Dutzend Kratone, in die heutigen Kontinente integrierte Reste der kontinentalen Urkruste, konnten bisher entdeckt, vermessen und datiert werden. Das älteste nachgewiesene kontinentale Urgestein liegt in Grönland und entstand vor fast vier Milliarden Jahren

dem schwereren Element Sauerstoff. Obwohl Wasserstoff auch in der ringförmigen Urwolke vorhanden gewesen war, aus der die Erde entstand, reichte die Schwerkraft der Erdmasse am Anfang bei weitem nicht aus, um etwa eine Hülle aus Wasserstoffgas zu bilden und festzuhalten. Die am Zusammenbau der Erde beteiligten Wasserstoffmoleküle wurden von den Sonnenstrahlen erwärmt und verflüchtigten sich größtenteils in den Weltraum. Nur bei den äußeren Planeten – Jupiter, Saturn, Uranus, Neptun – hatten sich solche Mengen Wasserstoff angefunden, daß sie sich durch ihre eigene Schwerkraft zusammenhielten.

Daß die Erde nach ihrem Zusammenbau trotzdem eine Hydrosphäre und eine Atmosphäre ausbilden konnte, liegt daran, daß die flüchtigen leichten Elemente die Eigenschaft besitzen, sich mit schwereren Elementen chemisch zu verbinden. Wie das Wasser, so ist auch das Nährgas Kohlendioxid eine Verbindung eines leichten Elementes mit einem schwereren, nämlich von Kohlenstoff und Sauerstoff. So konnten sich in den vorwiegend aus schweren Elementen bestehenden Gesteinen und Metallen große Mengen leichter, gasförmiger Elemente „retten". Dazu gehörten in erster Linie die lebenswichtigen Elemente Stickstoff, Kohlenstoff und Wasserstoff.

Wäre das nicht der Fall, so gäbe es auf der Erde keinen Tropfen Wasser. Man hat berechnet, daß noch heute primär in den Gesteinen der Erdkruste und der darunter liegenden Asthenosphäre dreimal soviel Vorrat an Wasser – und damit des Elementes Wasserstoff – wie in allen Ozeanen enthalten ist, Seen, Flüsse und die Atmosphäre eingeschlossen. Aus diesem Reservoir schwitzte die Erde vor viereinhalb Milliarden Jahren ihre erste Atmosphäre aus.

Noch heute läßt sich beobachten, wie sich die unter der Erdkruste hohen

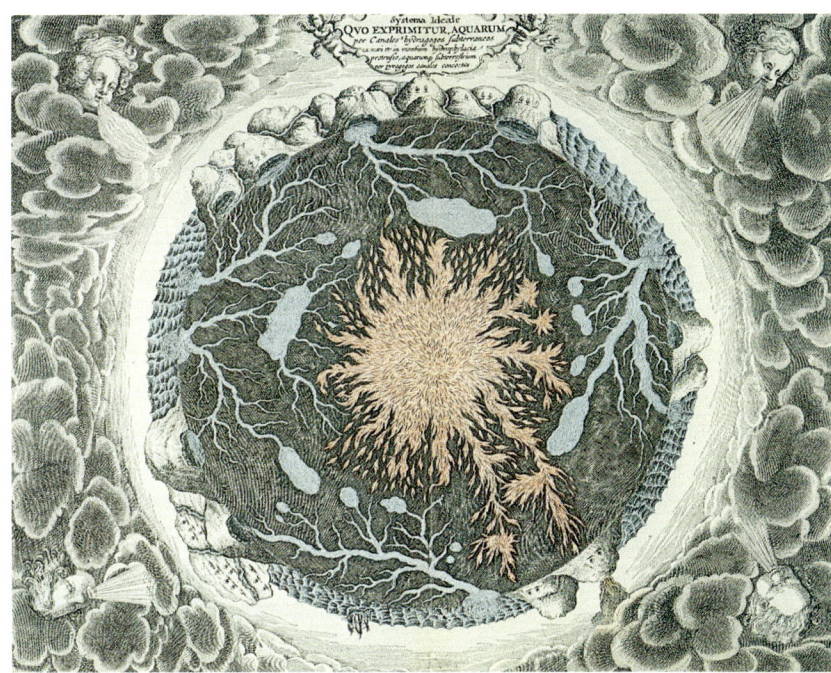

In Athanasios Kirchers Weltbild „Mundus subterraneus" aus dem Jahr 1664 wurden die Ozeane durch ein System unterirdischer Flüsse und Seen gespeist, welche das Feuer im Inneren der Erde aufheizte

Drücken und Temperaturen ausgesetzten geschmolzenen Gesteine Luft machen – sie drängen durch die Vulkane, die nichts anderes als Überdruckventile sind, an die Oberfläche. Aber aus den Kratern der feuerspeienden Berge quellen nicht nur glutflüssige Gesteine. Die Qualmwolken über jedem Vulkan enthalten große Mengen Wasserdampf, Kohlendioxid, Stickstoff und andere gasförmige Elemente.

Während der Entstehung unserer Erde müssen die vulkanischen Aktivitäten wesentlich intensiver als heute gewesen sein. Die langsam erkaltende Gesteinshaut der Erde wurde kreuz und quer von tiefen Rissen durchzogen und von Vulkanen bedeckt. Aus ihnen drängte ein großer Teil der leichten, in chemischen Verbindungen erhalten gebliebenen Elemente an die Oberfläche, und genau wie heute bestanden bis zu 90 Prozent des Schweißes unserer Erde aus Wasserdampf. Den Rest bildeten Kohlendioxid, Stickstoff und Methan (Verbindungen aus Kohlenstoff und Wasserstoff) sowie Ammoniak (Verbindung aus Stickstoff und Wasserstoff).

Wir Menschen hätten in der Uratmosphäre unserer Erde nicht einen Moment lang leben können. Wir wären auf der Stelle erstickt. Freier, ungebundener Sauerstoff, der für unsere Atmung unerläßlich ist und die tödlichen ultravioletten Strahlen aus dem Weltraum abschirmt, fehlte nämlich in den Ausgasungen, aus denen sich die Luft zusammensetzte. Auf unserem Planeten entstand der überwiegende Teil des atmosphärischen Sauerstoffs erst verhältnismäßig spät. Noch erstaunlicher aber ist wohl, daß er ein Stoffwechselprodukt des Lebens selbst war und ist. Er wurde und wird von den grünen Pflanzen freigesetzt.

Weil die Erdoberfläche nur sehr, sehr langsam erkaltete, konnte der Wasserdampf, der in große Höhen emporstieg und dort kondensierte, nicht als Regen auf die Erde zurückfallen. Sobald die Regentropfen auf die heiße Gashülle der tieferen Atmosphäre trafen, verdampften sie. Da aus der Erdkruste unablässig Wasserdampf nachquoll, sammelten sich immer größere Mengen kochend heißen Wasserdampfes in der Uratmosphäre an. Bald war die gesamte Erde so dicht von Dampf umgeben, daß kein Sonnenstrahl mehr durchdrang. Während Jahrmillionen wurde das Dunkel über der Ur-Erde ausschließlich von den grellen Blitzen unaufhörlicher Gewitter zerrissen.

Dann aber war die Erdkruste so weit abgekühlt, daß die Regentropfen ihre Oberfläche erreichen konnten. Während Jahrzehntausenden rauschten nun Sintfluten auf die noch dampfende Erdkruste. Das Wasser sammelte sich in den großen Becken, deren Grund

1977 barst der Kegel des Nyiragongo in Zaïre. Die Lavaflut, mehr als tausend Grad Celsius heiß, verschlang Wälder, Plantagen und ganze Dörfer samt ihren Bewohnern in wenigen Minuten. Heute sieht die Landschaft aus wie mit Schokoladensoße übergossen

aus der schweren Basaltkruste bestand. Die Ur-Ozeane entstanden. Die Schwerkraft der Erde war nun genau richtig, um die Ur-Atmosphäre festzuhalten. Außerdem erwies sich der Abstand zur Sonne als optimal. Wäre die Erde näher an der Sonne entstanden und damit die Sonnenstrahlung stärker gewesen, so hätte der Wasserdampf nicht kondensieren können. Umgekehrt hätte sich bei einer etwas größeren Sonnenferne der Dampf nicht als Wasser in den Ozeanen, sondern als dicke Eisschicht auf der Erde niedergeschlagen. Weder in dem einen noch in dem anderen Falle wäre flüssiges Wasser entstanden, Voraussetzung für alles Leben auf der Erde.

Seit Ende 1976 schwankte das Niveau des Nyiragongo-Lavasees häufiger, als je zuvor beobachtet. Feuerfluten schwappten bis auf die oberste Plattform empor und brandeten gegen die steile Innenwand des Kraterkessels. Schwere Erdbeben erschütterten den Osten von Zaïre. Dann, am 6. Januar 1977, bewegte sich der große, von Nord nach Süd verlaufende Riß in der Erdkruste, über dem sich der Nyiragongo auftürmt. Der Lavasee, der längst den gesamten Krater ausfüllte, hob sich bis in eine Höhe von 3260 Metern empor. Die Oberfläche des brodelnden Magmas lag damit nur noch etwa 200 Meter unter dem Rand des Kraters und fast zwei Kilometer über der Stadt Goma am Fuße des Vulkans.

Am 10. Januar um 10.01 Uhr beobachteten die Bewohner von Goma mit Entsetzen, wie eine gewaltige graue Wolke, in der Form einem Atompilz vergleichbar, aus dem Krater des Vulkans mehrere tausend Meter in die Höhe schoß. Fünf Spalten hatten die Flanken des Nyiragongo bis an seine Basis aufgerissen. 20 Millionen Kubikmeter tausend Grad heißen Magmas, der gesamte Inhalt des Lavasees, schossen heraus. Die Feuerflut, die mit einer Geschwindigkeit von mehr als 60 Stundenkilometern heranraste, verschlang den Urwald, Plantagen, Hütten, Menschen und Tiere am Fuß des Vulkans.

Für die Bewohner von Goma war das der Weltuntergang. Heftige Erdstöße zerrissen die Häuser, herabsinkende Aschenmassen ließen den Tag zur Nacht werden, ein Orkan von unvorstellbarer Gewalt, der durch die unterschiedlichen Temperaturen zwischen den Lavamassen und der Luft entfacht wurde, traf die Stadt wie der Faustschlag eines Giganten. Der Lavastrom kam einen Kilometer vor Goma zum Stillstand.

Bis zum Juni 1982 waren die Risse im Kegel des Vulkans wieder verheilt und der Lavasee stieg erneut in dem Krater empor.

 # Ein Weltbild zerbricht

*Die moderne Geologie hat das alte Bild von einer statischen
Welt gründlich verändert. Die Erdkruste besteht aus einem gewaltigen Puzzle von
Platten, die aus kontinentalen und ozeanischen Teilen zusammen-
gesetzt sind. Alte Kontinente zerbrechen und verschieben sich.
Zwischen ihnen weiten sich neue Ozeane.*

In der Nacht vom 22. zum 23. Januar 1973 entstand am Rande der kleinen Fischerstadt Vestmannaeyjar auf der isländischen Insel Heimaey ein neuer Vulkan. In wenigen Stunden wuchs sein Kegel auf mehr als 200 Meter

Auf einem kleinen Acker am Hang des Helgafjell, östlich der Stadt, tat sich ein fast zwei Kilometer langer, drei Meter breiter Riß auf. Aus ihm schossen Lavafontänen 150 Meter hoch. Die glutflüssigen Brocken setzten die Häuser in Brand

Was nicht brennend in den Lavaströmen versank, wurde unter einem dichten Aschenregen begraben. Nur mit Hilfe schwerer Räumgeräte konnten einige Häuser gerettet werden

Viele Gebäude mußten aufgegeben werden. Ihre Dächer und Wände brachen unter dem Gewicht der Aschenlast, durch Beben und durch Erdverschiebungen zusammen

Am Ende der Katastrophe waren 300 Häuser unter den Lavaströmen verschwunden, 100 weitere verbrannt oder von Asche begraben. Der Vulkanausbruch richtete einen Schaden von weit mehr als hundert Millionen Mark an

Der Geysir Strokkur auf Island bricht zeitweilig alle sechs Minuten aus. In großer Tiefe und unter großem Druck aufgeheiztes Wasser wölbt für Sekundenbruchteile eine Blase empor

Die gläsern wirkende Wasserblase platzt auf. Eine Säule aus kochendem Wasser und Dampf schießt 30 Meter hoch in die Luft

Dieselbe Energie, die den Geysir aufheizt und regelmäßig aufbrechen läßt, versorgt jedes zweite Haus auf der Vulkaninsel Island mit Heizung und Warmwasser

83

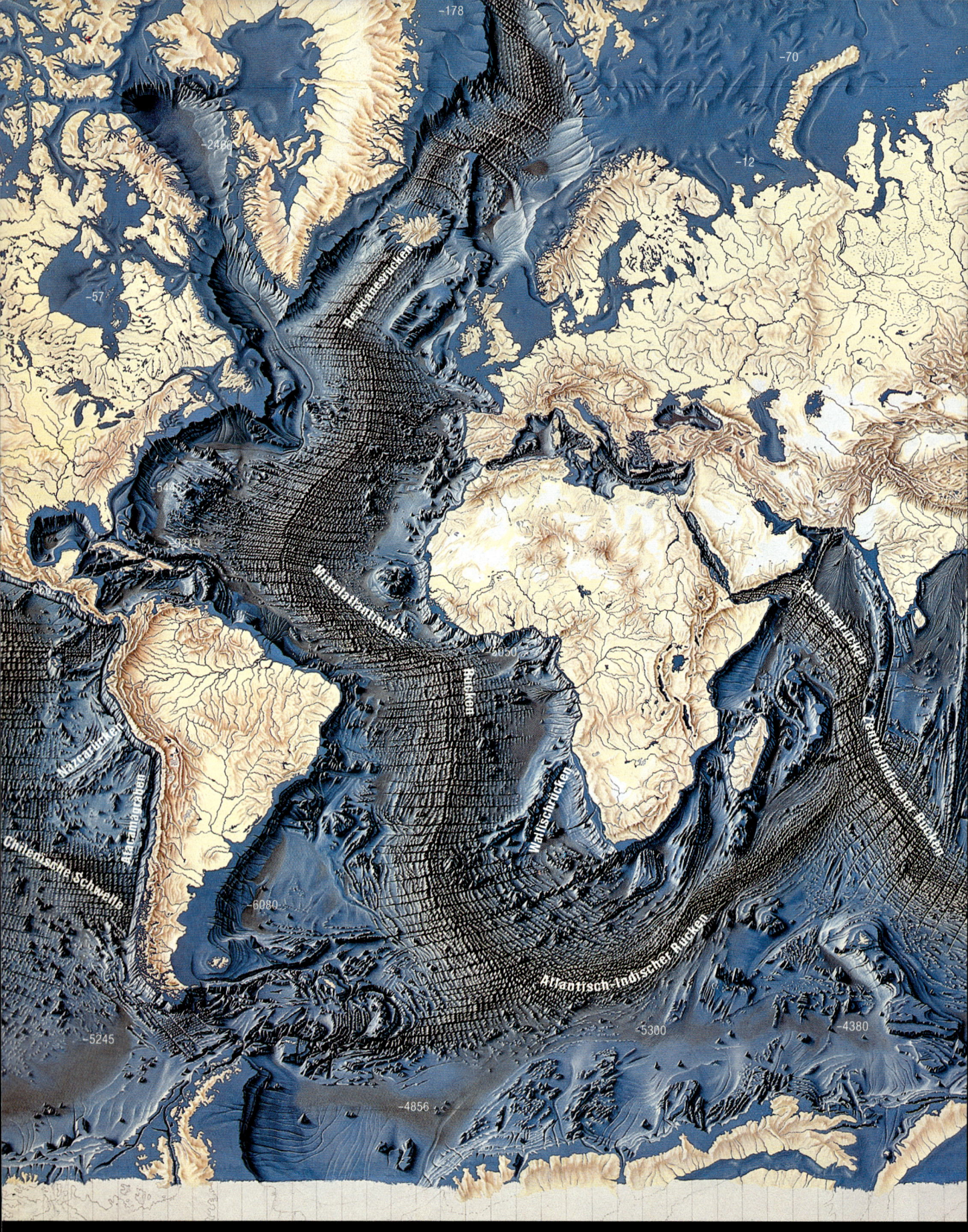

Ein neues Bild der Erde entstand, als die Ozeanbecken genauer erforscht wurden. In ihren Tiefen wurde das ausgedehnteste einheitliche geographische Phänomen entdeckt — ein erdumspannendes System hoher unterseeischer Gebirgsrücken mit tiefen Scheitelgräben, insgesamt 65 000 Kilometer lang. An ihren Flanken entsteht fortwährend neue ozeanische Erdkruste. Sie driftet seitwärts ab, weitet die Meere — wie den Atlantik — und verschiebt die Kontinente. Wo diese Kruste mit einem Kontinent zusammenstößt — wie rund um den Pazifik — bildet sich ein Tiefseegraben. In ihm versinkt die gealterte ozeanische Kruste unter der kontinentalen Platte ins Innere der Erde und wird wieder aufgeschmolzen. Die Risse quer zu den Gebirgsrücken kommen durch Versetzungen der vielfach zerscherten Erdkrustenplatten zustande

Unter Lebensgefahr nähern sich Vulkanologen dem auf der isländischen Insel Heymaey entstehenden Vulkan Eldfell, um Proben von Magma und Gas zu entnehmen. Wo die Lavaflut das Meer erreicht, steigen 8000 Meter hohe Dampfsäulen empor

Im September 1977 brach im Scheitelgraben des mittelatlantischen Gebirgsrückens, der in Island aus dem Meer wächst, eine kilometerlange Spalte auf. Die feurigen Eruptionen förderten Millionen Kubikmeter neuer ozeanischer Kruste, die sich dem auseinanderweichenden Boden des Atlantik angliederte

Die sechseckigen Basaltsäulen von Giannt Causeway an der irischen Westküste erstarrten aus einer vom Erdinneren aufsteigenden flüssigen Gesteinsschmelze, als Eurasien und Nordamerika auseinanderbrachen und der Atlantik entstand

Folterknechte standen bereit. In ihrem Angesicht kniete ein alter Mann im Kloster von Santa Maria Minerva in Rom auf die marmornen Stufen vor dem Inquisitionsgericht nieder. Dann verlas er eine Erklärung, die man ihm gereicht hatte: „Ich, Galileo, Sohn des verstorbenen Vincenzio Galilei aus Florenz, bin im Alter von siebzig Jahren vor den Gerichtshof Eurer Eminenzen, der höchstwürdigen Kardinäle, der Generalinquisitoren, gegen Ketzerei geladen worden und schwöre, daß ich immer geglaubt habe, jetzt glaube und mit Gottes Hilfe hinfort glauben werde, was von der heiligen, katholischen und apostolischen Kirche gelehrt und gepredigt wird. Weil ich jedoch, nachdem gegen mich ein rechtmäßiges Urteil gefällt worden war, wonach ich die falsche Ansicht, daß die Sonne der Mittelpunkt der Welt sei und stillstehe, die Erde hingegen nicht der Mittelpunkt der Welt sei und sich bewege, ganz und gar aufzugeben hätte, dennoch ein Buch geschrieben habe, in dem die verdammte Lehre behandelt wurde und in dem ich sehr wirkungsvolle Gründe zu deren Gunsten anführte, ohne eine Lösung anzubieten, verdächtigt mich dieses heilige Offizium aufs dringlichste der Ketzerei".

Den Tod auf dem Scheiterhaufen vor Augen, schwor Galileo Galilei seinen Ansichten ab und versprach, sie nicht mehr zu lehren oder in irgend einer anderen Form zu verbreiten.

Der Überlieferung zufolge soll Galilei, nachdem er widerrufen hatte, noch im Gerichtssaal trotzig gesagt haben: „Und sie bewegt sich doch." Einige Geschichtsschreiber berichten indes, daß er diesen Ausspruch erst später getan habe, nachdem er Folter und Tod nicht mehr zu fürchten brauchte.

Der Prozeß gegen Galilei fand am 22. Juni 1633 statt. Drei Jahrhunderte später, in der ersten Hälfte des zwanzigsten Jahrhunderts, tauchte ein neuer Ketzer auf. Er hieß Alfred Wegener. Wie Galilei, besaß er beharrliche, trotzige Charakterzüge. Aber er war kein Ketzer wider das Dogma der kirchlichen Unfehlbarkeit, sondern wider die allgemeingültigen naturwissenschaftlichen Lehren. Alfred Wegener glaubte an eine Drift der Kontinente auf dem Glutmeer des flüssigen Magmas im Untergrund, an die ständige Öffnung neuer Ozeane, und er glaubte an die frühere Existenz eines zusammenhängenden Urkontinents, aus dem alle heutigen Erdteile hervorgingen.

Dieses revolutionäre Bild der Erde unterschied sich von den bis dahin gültigen, wie sich das Weltbild des Kopernikus, dem Galilei abschwören mußte, von den mittelalterlichen Vorstellungen unterschied. Die alte Annahme, daß die Erde im Zentrum des Planetensystems ruht, während sich die Sonne, die Planeten und alle anderen Gestirne um sie herum bewegen, ist nur allzu verständlich, denn als Wesen, die auf der Erde stehen, können wir ihre Eigenbewegung mit unseren Sinnen nicht erfassen. Wir sehen die Gestirne sich bewegen, im Osten auf- und im Westen untergehen, und wir können nur theoretisch nachvollziehen, daß sich die Erde der Sonne entgegendreht.

Genauso ergeht es uns beim Anblick der Flut am Meer, die scheinbar auf die Küste zuläuft, während die Flutwellen in Wirklichkeit ständig von der Anziehungskraft des Mondes festgehalten werden: Die Erde ist es, die sich unter ihnen hinweg dreht. Wie ein Mensch, der in einer verschlossenen Kiste transportiert wird, nichts über die Geschwindigkeit und Richtung seiner Träger aussagen kann, sind wir blind für räumliche und zeitliche Dimensionen, die nicht von unseren Sinnen erfaßt werden können.

Die Drift der Kontinente, von der Wegener sprach, die Öffnung neuer

Ozeane zwischen ihnen geschieht so langsam und die erdgeschichtlichen Zeiträume, in denen sie sich vollziehen, sind so gewaltig, daß wir diese Vorgänge natürlich nicht sehen, nicht selber erfahren können. Wir können nur versuchen, sie mit einer Kette von Indizien zu beweisen.

Das erste Indiz für seine Theorie von der Drift der Kontinente war für Wegener das deutliche Ineinanderpassen der Küstenkonturen solcher Kontinente, die sich gegenüberliegen. Besonders auffällig ist das bei den Landmassen beiderseits des Atlantik. Wegener war nicht der erste, der das bemerkte und über die Drift der Kontinente spekulierte. Seine Gedanken waren vielmehr die Summe der Überlegungen, die viele Forscher bereits vor ihm angestellt hatten. Nachdem während der großen Entdeckerfahrten des 16. und 17. Jahrhunderts schon recht genaue Karten der Küsten fast aller Erdteile entstanden waren, fiel manchem Betrachter auf, daß Kontinente aussahen, als paßten sie in die ihr zugewandte Seite des Nachbarkontinents.

Nach wie vor stand das christliche Europa jedoch fest auf dem Boden der biblischen Schöpfungsgeschichte. Die Geologen glaubten noch bis weit ins 19. Jahrhundert hinein an die Verformung der Erdoberfläche durch die in der Bibel beschriebene Sintflut. So herrschte der Grundgedanke vor, daß Katastrophen, die von Gott zur Bestrafung der sündigen Menschheit gesandt wurden, plötzliche und radikale Veränderungen im Erdbild verursachten. Der deutsche Theologe Christoph Lilienthal entnahm 1756 der Bibel, daß die Erdkruste während der Sintflut auseinandergerissen sei und führte als Beweis die ineinanderpassenden Konturen Südamerikas und Afrikas an. Der große preußische Forschungsreisende Alexander von Humboldt vermutete etwas Ähnliches; er sprach von einer Meereskatastrophe, die den Atlantik ausgewaschen habe. Der Naturforscher Antonio Snider kam dem heutigen Weltbild der Geologie bereits näher, als er in einer 1858 erschienenen Arbeit die Ansicht vertrat, während der Sintflut hätten gewaltige Vulkanausbrüche die Kontinente gespalten. Als Beweis für seine These führte er die auffallenden Übereinstimmungen von Felsformationen und der in ihnen eingelagerten Fossilien beiderseits des Atlantik an. Er veröffentlichte zum erstenmal eine Landkarte, auf der beide Teile Amerikas, Europa, Afrika und erstaunlicherweise selbst Australien wie Teile eines Puzzles zusammengefügt waren.

Eine phantastische Version der Entstehung von Ozeanen entwickelte der Brite George Darwin, Sohn des berühmten Evolutionslehrers Charles Darwin, gegen Ende des 19. Jahrhunderts. Er nahm an, daß die Masse des Mondes in fernster Vergangenheit durch eine schneller als heute rotierende Erde aus ihr herausgeschleudert worden sei. In dem gewaltigen Erdloch sei der Pazifik entstanden. Da unser rotierender Planet nach dieser Katastrophe seine Masse neu auswuchten mußte, seien Nord- und Südamerika von Europa und Afrika losgerissen, nach Westen getrieben und dadurch der Atlantik entstanden. Von allen alten Überlegungen über die Drift der Kontinente und die Geburt der Ozeane hielt sich diese Vorstellung noch bis in die fünfziger Jahre unseres Jahrhunderts.

Das Ende des 19. Jahrhunderts bedeutete auch das Ende der Katastrophentheorien. An ihre Stelle trat die Erkenntnis des britischen Geologen Charles Lyell, der bereits 1830 geschrieben hatte, daß sich die Erdoberfläche langsam, aber stetig verändere. Das Prinzip des sogenannten Aktualismus setzte sich in der Geologie durch. Es besagt, daß alle Kräfte, die heute auf der Erde wirksam sind, auch zur Erklärung längst vergangener erdgeschichtlicher Ereignisse herangezogen werden können. Diese neue Entwicklung der Geologie öffnete die Augen für Vorgänge, welche die Kontinente und Ozeane schufen und formten und die auch heute noch stattfinden und zu erkennen sind.

Schließlich war es der Meteorologe Alfred Wegener, der sich an die Arbeit machte, handfeste Beweise für die Drift der Kontinente und die Entstehung der Ozeane zusammenzutragen und die Wissensfragmente in einer umfassenden Theorie zu vereinigen. Er hatte den Mut, ungeachtet aller Widerstände der etablierten Lehrmeinung von Geologen gegen den Fachfremden, einen neuen Weg zu gehen. Wegener war einer der ersten, der die Naturwissenschaften interdisziplinär anwandte. Er benutzte das gesamte wissenschaftliche Spektrum von der Geologie, Paläontologie und Ozeanographie bis hin zur Evolutionslehre der Biologie zur Untermauerung seiner Theorie. Sein Schwiegervater Wladimir Köppen, ebenfalls Klimatologe, warnte ihn, sich auf solche Nebengebiete zu begeben und riet, sich stattdessen weiter mit der Meteorologie zu befassen. Wegener antwortete darauf in einem Brief vom 6. Dezember 1911: „Ich glaube doch, du hältst meinen Urkontinent für phantastischer, als er ist, und siehst noch nicht, daß es sich lediglich um Deutung des Beobachtungsmaterials handelt. Wenn ich auch nur durch die Übereinstimmung der Küstenkonturen darauf gekommen bin, so muß die Beweisführung natürlich von den Beobachtungsergebnissen der Geologie ausgehen. Hier bin ich gezwungen, eine Landverbindung zum Beispiel zwischen Südamerika und Afrika anzunehmen, welche zu einer bestimmten Zeit abbrach. Den Vorgang kann man sich auf zweierlei Weise vorstellen. Erstens durch Versinken eines verbindenden Kontinents oder zweitens durch Auseinanderziehen von einer großen Bruchspalte."

Wegener fuhr fort: „Bisher hat man, von der unbewiesenen Vorstellung der unveränderlichen Lage jedes Landes ausgehend, immer nur das erste, das Versinken von Landbrücken, berücksichtigt und das zweite, das Auseinanderziehen einer großen Bruchspalte, ignoriert. Dabei widerstreitet das erste aber der modernen Isostasie und überhaupt unseren physikalischen Vorstellungen. Ein Kontinent kann nicht versinken, denn er ist leichter als das, worauf er schwimmt." Isostasie ist die Lehre vom Gleichgewichtszustand zwischen einzelnen Stücken der Erdkruste und der darunter befindlichen glutflüssigen Asthenosphäre. Die Beobachtung, daß sich die Festlandsgebiete Skandinaviens und Kanadas ständig heben, seit die mehrere tausend Meter dicken Gletschermassen aus der Eiszeit nahezu abgeschmolzen sind, erlaubte den Schluß, daß das Gewicht des Eises die Kontinente einst in glutflüssige tiefere Stockwerke der Erde gedrückt hat.

Für Wegener, der zwischen 1906 und 1930 mehrere Grönlandexpeditionen unternahm, waren Eisberge, die im Meer treiben, ein anschauliches Beispiel seiner Vorstellung von dem isostatischen Verhalten der Kontinente. Er nahm an, daß der Boden der Ozeane eine tiefere, schwere Schicht der Erdkruste war und aus einem Material bestand, auf dem die aus leichteren Gesteinen aufgebauten Kontinente schwammen — etwa so wie ein Eisberg, der von neun Zehntel seiner im Vergleich zu Wasser spezifisch leichteren Masse getragen wird. Gesteinsproben, die man mit Schleppnetzen vom Boden der Tiefsee heraufgeholt hatte und die alle dichter und damit schwerer waren als der für die Kontinente typische Granit, schienen die Ansicht Wegeners zu bestätigen.

Eines der letzten Fotos vom Begründer der Kontinentalverschiebungslehre, Alfred Wegener (links). Im Jahre 1930 kam der Forscher während einer Grönlandexpedition ums Leben

Alfred Wegener nahm an, daß die relativ leichten Kontinente tief eingetaucht im schweren Magma des Erdinneren schwimmen. Für den Polarforscher waren im Meer treibende Eisberge ein anschauliches Beispiel für seine Vorstellungen von der Drift der Kontinente

Beharrlich verwies der Forscher auch immer wieder auf die Ähnlichkeiten noch lebender Tier- und Pflanzenarten auf weit voneinander entfernten Erdteilen, die den Schluß auf verwandtschaftliche Beziehungen zuließen. Nach der Evolutionstheorie von Charles Darwin, der ein halbes Jahrhundert zuvor die Biologie revolutioniert hatte, konnten diese Arten nicht unabhängig voneinander und gleichzeitig an verschiedenen Orten der Erde entstanden sein. Sie mußten also einen gemeinsamen Ursprung haben.

Daß es auf Madagaskar wie auch in Afrika Flußpferde gab, hatte man noch damit zu erklären versucht, diese Tiere hätten als gute Schwimmer das Meer überquert. Daß aber ausgerechnet die eigenartigen Beuteltiere so weit voneinander entfernte Erdteile wie Südamerika und Australien besiedelten, konnte man auf diese Weise nicht mehr deuten. Wegener schien darum eine frühere Verbindung zwischen Australien und Südamerika wahrscheinlicher als etwa ein Zusammenhang zwischen Australien und den nahen Sunda-Inseln im Norden. Er schrieb: „Es ist eigenartig, daß die heute lebenden Tierarten Australiens, verglichen mit denen auf den Sunda-Inseln, so fremdartig sind, als wären sie von einem anderen Planeten gekommen."

Bei vielen fossilen, seit vielen Millionen Jahren ausgestorbenen Tier- und Pflanzenarten, deren versteinerte Reste man auf allen Kontinenten ausgrub, waren solche Ähnlichkeiten besonders groß. Zum wohl berühmtesten Beispiel wurde ein Farn mit dem wissenschaftlichen Namen Glossopteris (Zungenfarn). Seine Reste aus der 250 bis 300 Millionen Jahre zurückliegenden Erdepoche des Karbons und Perms wurden in so weit voneinander entfernt liegenden Gebieten wie Indien, Australien, Südamerika und Afrika gefunden — und dann entdeckte die Südpolarexpedition von Robert Scott zwischen 1910 und 1912 diesen fossilen Farn auch noch in kohlehaltigen Gesteinsschichten der Antarktis. Während der österreichische Geologe Eduard Sueß daraus als einer der ersten folgerte, daß sich eine frühere Verbindung der Kontinente nun nicht mehr leugnen lasse, aber der Meinung war, die fehlenden Zwischenstücke seien abgesunken und zum Boden der Ozeane geworden, war für Alfred Wegener klar, daß die Existenz ein- und derselben Pflanze auf so weit auseinanderliegenden Erdteilen nur durch die Drift der Kontinente zu erklären sei.

In seinem Hauptwerk „Die Entstehung der Kontinente und Ozeane", das 1915 erschien, rekonstruierte Wegener dann aus allen heutigen Kontinenten wie in einem Puzzle einen zusammenhängenden Urkontinent, den er Pangaea nannte. Seiner Meinung nach begann dieser Superkontinent vor 200 bis 150 Millionen Jahren zu zerbrechen. Anschließend sollten seine Einzelteile in ihre gegenwärtigen Positionen gedriftet sein.

Auch für den Antrieb dieser Drift versuchte Wegener eine plausible Erklärung zu finden. Da bei der Rotation der Erde gewaltige Fliehkräfte auftreten, die am Äquator am größten sind, könnten die Kontinente von den Polen weg in diese Breiten gezogen worden sein, damit der „Kreisel" ausgewuchtet blieb. Die bei der genauen Vermessung festgestellte Abplattung der Erdkugel an den Polen und eine Ausbuchtung am Äquator schienen für diese Annahme zu sprechen. Jener Antrieb — Wegener nannte ihn die Polfluchtkraft — konnte seiner Meinung nach gemeinsam mit einer vom Mond verursachten und westwärts gerichteten Gezeitenkraft die Drift der Kontinente bewirken.

Das Argument, daß dieses Auswuchten schon viel früher als vor 200 Millionen Jahren erfolgt sein mußte, ließ sich durch den Hinweis darauf entkräften, die Rotationsachse der Erde könne seither ihre Stellung durch außerirdische Einflüsse mehrfach geändert haben. Jedesmal sei die Erde dann durch die Gesetze der Physik gezwungen worden, ihre Masse neu auszuwuchten.

Ein sehr wichtiger Punkt in Wegeners Argumentation waren die Ursachen der Gebirgsbildung. In der gewaltigen Bergkette, die sich an der Westküste Amerikas von Alaska bis Feuerland erstreckt, sah er Falten der Erdkruste wie eine Art Bugwelle, die sich infolge des gewaltigen Drucks des nach Westen, gegen den Boden des Pazifik driftenden Doppelkontinents gebildet hatte. Gebirge im Inneren von Kontinenten, wie etwa der Ural, waren für ihn die Knautschzonen kontinentaler Zusammenstöße. Diese Erklärungen für den Ursprung von Gebirgen waren für ihn plausibler als die alte Lehrmeinung der Geologie, sie seien durch faltiges Schrumpfen des langsam abkühlenden Erdballs entstanden wie die Runzeln auf einem Bratapfel.

Im weiteren Verlauf seiner Suche nach einem Antrieb für die Drift der Kontinente und die Geburt der Ozeane nahm Wegener Strömungen im glutflüssigen Inneren des Erdkörpers an. Ein Kreislauf auf- und absteigender Bewegungen – sogenannte Konvektionsströme – könnte den ursprünglichen Superkontinent aufgebrochen und die Einzelteile mit sich fortgeführt haben.

Kritiker hielten ihm entgegen, daß der Erdkörper unter der Kruste keinesfalls so glutflüssig sei, wie man angenommen hatte. Sie sei vielmehr fest und hart wie Fels. Wegener entgegnete, das widerspreche durchaus nicht seiner Theorie, denn bei den gewaltigen Drücken unter der Erdkruste verhalte sich auch festes und normalerweise sprödes Gestein eher wie eine zähe Flüssigkeit, etwa wie Eis in einem Gletscher.

Schließlich versuchte Wegener, die Entstehung des Atlantik beispielsweise zwischen Skandinavien und Grönland mit einer Methode zu erklären, die sich nach unserer heutigen Kenntnis geradezu naiv ausnimmt: Er bat dänische Kollegen einer Grönland-Expedition zwischen 1906 und 1908, ihre Bestimmungen der Längengrade mit denen früherer Expeditionen zu vergleichen.

Das Ergebnis schien eine Westdrift Grönlands von etwa 30 Metern im Jahr

Dieser Anblick der Erde hätte sich Weltraumreisenden vor 170 bis 200 Millionen Jahren geboten. Der Großkontinent Pangaea ist auseinandergebrochen. Zwischen Nordamerika und Eurasien sowie zwischen Südamerika und Afrika weitet sich ein neuer Ozean, der Atlantik

anzuzeigen. Doch das war ein unwahrscheinlich großer Wert. Als die Dänen ihre Messungen 1936 und 1948 wiederholten, ergab sich keinerlei Hinweis dafür. Tatsächlich sind die errechneten Raten viel zu gering, als daß man sie mit gewöhnlicher Navigation überhaupt erfassen könnte.

Je mehr Wegener seine Theorie ausbaute, desto größer wurde das Heer seiner Kritiker, die einen regelrechten Feldzug gegen ihn veranstalteten. Eduard Berry, ein angesehener Professor der Paläontologie, sagte 1926 während eines Kongresses in New York: „Mein Haupteinwand gegen Wegeners Hypothese richtet sich gegen seine Methode. Sie ist meiner Meinung nach nicht wissenschaftlich, nimmt vielmehr den üblichen Ausgang von der am Anfang stehenden Idee; es folgt die Auswahl von stützenden Anhaltspunkten in der Literatur, wobei alles, was dem Gedanken widerspricht, übersehen wird. Und das Ende ist ein Zustand der Berauschtheit, worin man die subjektive Hypothese als objektive Wahrheit betrachtet." Andere Kritiker waren nicht von den durch Wegener beschriebenen Antriebskräften der Kontinentaldrift überzeugt und fragten ihn immer wieder mit beißender Ironie, wie denn wohl die leichten kontinentalen „Schiffe" das Meer der dichten, schweren ozeanischen Kruste durchpflügen könnten.

Wegener erwiderte, diese Frage sei noch nicht zu beantworten; schließlich lägen viele Beweise wahrscheinlich auf dem Grund der Ozeane. Mehr als zwei Drittel der gesamten Erdkruste – der Boden der Weltmeere – war aber seinerzeit der wissenschaftlichen Forschung noch völlig unzugänglich. Professor Walter Kertz schrieb im Jahre 1980 in einer Würdigung zum 50. Todestag Alfred Wegeners: „Rührend und keck zugleich sucht er sich in Sicherheit zu bringen, indem er auf die Entdeckung des kopernikanischen Weltbildes verweist. Damals bereiteten Kopernikus, Tycho de Brahe und Kepler die Beobachtungstatsachen auf – und erst dann kam Newtons Theorie. Genauso seien nun die empirischen Argumente von Geodäsie, Geophysik, Geologie, Biologie und Paläoklimatologie zusammenzutragen. Für die Verschiebungstheorie ist der Newton zu Lebzeiten Wegeners noch nicht gekommen."

Alfred Wegener behielt im wesentlichen recht. Aus seinem genialen Ansatz ist inzwischen eine akzeptierte Erkenntnis geworden, die, wie selten in der Geschichte der Naturwissenschaft, dazu geeignet ist, ein einheitliches Weltbild zu schaffen. Der Mann, der in Abwandlung des berühmt gewordenen galileischen Ausspruches seinen Kritikern trotzig hätte antworten können: „Und sie bewegen sich doch!", kam im Jahre 1930 auf einer Grönlandexpedition inmitten des Eises ums Leben, das ihm oft als Beispiel für seine Theorie gedient hatte.

Wegeners phantasievolle Thesen und Spekulationen befruchteten die Geowissenschaften wie kaum etwas anderes zuvor. Der ehemalige Zusammenhang aller heutigen Kontinente, das Auseinanderbrechen eines alten Kontinents, ließ sich nicht mehr leugnen. Es galt nur noch, den Antrieb für die kontinentale Drift zu entdecken, und plötzlich schien sich dafür eine einfache, überzeugende Lösung anzubieten: Geologen klebten aus Papier ausgeschnittene Formen aller Kontinente auf Ballonhüllen, so daß dieses Puzzle fast die ganze Oberfläche bedeckte. Dann bliesen sie die Ballons weiter auf – vor den Augen der staunenden Studenten drifteten die „Kontinente" auseinander und dazwischen entstanden „Ozeanbecken."

Die Annahme, die stetige Aufblähung der Erdkugel seit ihrer Entstehung habe die erkaltete und einst zusammenhängende Erdkruste auseinandergerissen, umging die Frage, wie die driftenden Kontinente den Ozeanboden durchpflügen konnten. Gleichzeitig lieferte sie aber auch eine plausible Erklärung für die Andersartigkeit der ozeanischen Kruste: Aus dem Erdinneren nachquellendes, basaltisches Material hat die Zwischenräume der auseinanderweichenden Kontinente gefüllt.

Die Anhänger dieser neuen Theorie wünschten sich von den Physikern ein Weltmodell, bei dem die Erde sich im Laufe ihrer Entwicklung immer mehr aufgebläht hat. In der Tat hatten einige Physiker bereits Theorien entwickelt, nach denen sich alle Himmelskörper, die Erde eingeschlossen, im Laufe der Zeit aufgrund einer abnehmenden Schwerkraft aufblähen mußten. Der namhafte britische Physiker P.A.M. Dirac erklärte sich die Ausdehnung des Universums seit einem angenommenen Urknall mit einer stetigen Gravitationsabschwächung.

Als Albert Einstein dann in seiner „Allgemeinen Relativitätstheorie" die Kraft der Gravitation als feststehend und unveränderlich beschrieb, forderten einige Geologen, die sich in die für die Theorie der Kontinentaldrift günstige Aufblähungshypothese verbissen hatten, seine Theorie in dem Sinne abzuändern, daß eine Abnahme der Schwerkraft möglich war.

Die von den Befürwortern der Gravitationsabnahme aus der angenommenen Ausdehnungsgeschwindigkeit des Weltalls errechnete Aufblähung der Erdkugel in den vergangenen drei Milliarden Jahren ergab jedoch nur 15 Prozent; das hätte aber bei weitem nicht ausgereicht, um die Weitung der Ozeane auf diese Weise zu erklären. Dadurch aufgebrochene schmale Spalten in der Erdkruste wären längst durch die schneller wirkenden Kräfte von Abtragung und Ablagerung, welche die Erdoberfläche ständig formen, zugedeckt und getilgt worden.

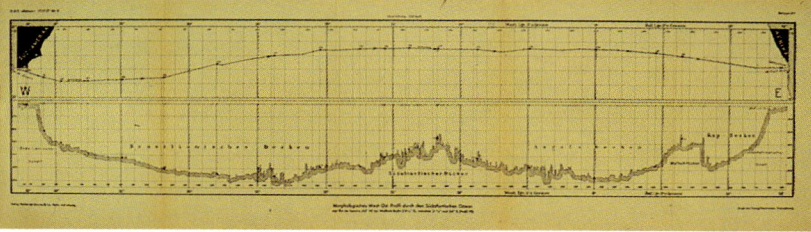
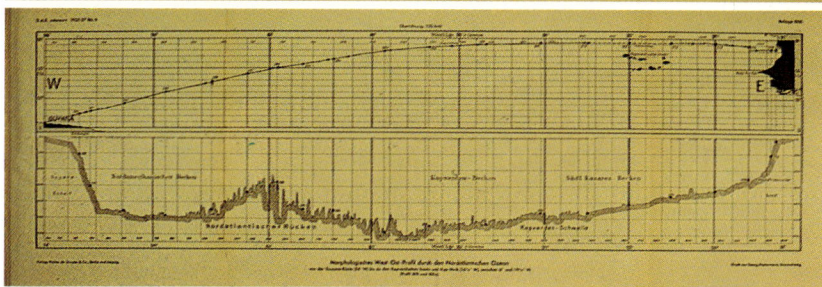

Vom britischen Forschungsschiff „Challenger" aus wurde im 19. Jahrhundert zum ersten Mal systematisch die Tiefe der Ozeane mit einem Bleilot erkundet. Mit einem Echolot zeichnete das deutsche Forschungsschiff „Meteor" zwischen 1925 und 1927 erstmals Profile des Atlantik auf. Darauf ist der hohe mittelatlantische Rücken mit seinem Scheitelgraben zu erkennen, der diesen Ozean auf seiner gesamten Länge durchzieht

Während die Theoretiker weiter über eine Aufblähung der Erdkugel stritten, waren jahrzehntelang unzählige neue Fakten über die Strukturen der Ozeanböden gesammelt worden. Ein wichtiger Schritt bei der Erforschung der Tiefsee war die Erfindung des Echolots im Jahre 1913, mit dessen Hilfe es möglich wurde, das Profil der Ozeanböden zwischen den Kontinenten lückenlos aufzuzeichnen. Bis dahin war es sehr umständlich und wurde deshalb selten unternommen, den Grund der Weltmeere auszuloten. Den meisten Seefahrern erschien die Tiefe der Ozeane bodenlos. Auf einer über 100 000 Kilometer langen Forschungsreise durch den Atlantik und den Pazifik in den Jahren 1872 bis 1876 wurde auf dem britischen Forschungsschiff „Challenger" ein 100 Kilogramm schweres Bleilot benutzt, das an einer 10 000 Meter langen Leine hing. Jede Lotung dauerte Stunden. Die Ergebnisse dieser ersten Tiefenmessungen waren spektakulär: Die Tiefe der Ozeane übertraf die Höhe der höchsten Gebirge auf den Kontinenten. Auf einer berühmt gewordenen Erkundungsfahrt des deutschen Forschungsschiffes „Meteor" von 1925 bis 1927 im Atlantik wurde dann eine sehr wichtige Entdeckung gemacht: Auf halbem Wege zwischen Europa und Amerika zeichnete der Schreibstift des Echolots das Profil eines gewaltigen unterseeischen Gebirges, das sich mehrere tausend Meter über den Tiefseeboden erhob. Kurz danach entdeckte das dänische Forschungsschiff „Dana" ein gleichartiges Gebirge, das die Tiefen des Indischen Ozeans von Süd nach Nord durchzieht, dann vor der Südküste der arabischen Halbinsel abknickt, um sich weiter nach Westen in den Golf von Aden hinein fortzusetzen. Nach der Brauerei, die Geld für diese Expedition gegeben hatte, wurde es Carlsberg-Rücken genannt. Dort machte das britische Forschungsschiff „John Murray" einige Jahre später eine Entdeckung, die Diskussionen um die Entstehung dieser seltsamen Gebirge auf dem Grund der Ozeane und um die Erdausdehnung neu anheizte: Der Scheitel des Carlsberg-Rückens war seiner gesamten Länge nach von einem tiefen cañonartigen Tal durchzogen.

Nach dem Zweiten Weltkrieg waren automatisch aufzeichnende Echolote so weit entwickelt, daß man sie auf zahlreichen Handelsschiffen installieren konnte, und da der Verkehr auf dem Atlantik zwischen Europa und dem amerikanischen Doppelkontinent besonders stark war, erweiterten sich die Kenntnisse über Aufbau und Ausdehnung des mittelatlantischen Gebirgssystems rasch. Die Vermutung der Meteor-Expedition von 1925, daß dieses Gebirge den Atlantischen Ozean auf seiner gesamten Länge von Nord nach Süd durchzieht, wurde bestätigt, und genau wie beim Carlsberg-Rücken im Indischen Ozean fand man auch auf seinem Scheitel ein tiefes Längstal. Auffallend war, daß der Verlauf des 15 000 Kilometer langen Gebirgszuges in der Mitte des Atlantik ziemlich genau den Küstenkonturen der Landmassen beiderseits des Ozeans entspricht. Auch mitten im Pazifik wurde nun ein derartiges Unterwassergebirge entdeckt.

Das atlantische Gebirge führt um die Südspitze von Afrika herum und vereinigt sich im Indischen Ozean mit dem Carlsberg-Rücken, der seinerseits südlich Australiens eine Verbindung zum pazifischen Gebirge herstellt. Am Ende hatten die Geologen das ausgedehnteste und einheitlichste geographische Phänomen unserer Erde entdeckt — ein erdumspannendes Gebirgs- und Scheiteltalsystem unter dem Meeresspiegel, insgesamt 65 000 Kilometer lang, das wie ein Netz alle Ozeane durchzieht (siehe Karte Seite 84/85).

Nach dem Zweiten Weltkrieg wurden auch die Seismographen, mit denen sich Erschütterungen der Erdkruste registrieren lassen, erheblich verbessert, nicht zuletzt, um die durch Atombombenversuche ausgelösten Erschütterungen von natürlichen Beben zu unterscheiden. Um alle Bebenherde genau lokalisieren zu können (die Erdbebenforscher unterscheiden flache Herde unmittelbar an oder unter der Erdoberfläche und tiefe Herde in 50 bis 70 Kilometer Tiefe), baute man ein weltweites Netz von Meßstationen auf. Schon bald zeigte sich, daß auch die Linien der Zonen starker Erdbebentätigkeit ein erdumfassendes System bilden, und wie die mittelozeanischen Gebirgsrücken, so scheint ein großer Teil der seismisch aktiven Gebiete, an denen die Bebenherde sehr flach liegen, ebenfalls die Mitte der Ozeane zu durchziehen.

Der Gedanke lag nahe, daß sich das Netz der Zonen flacher Beben mit die-

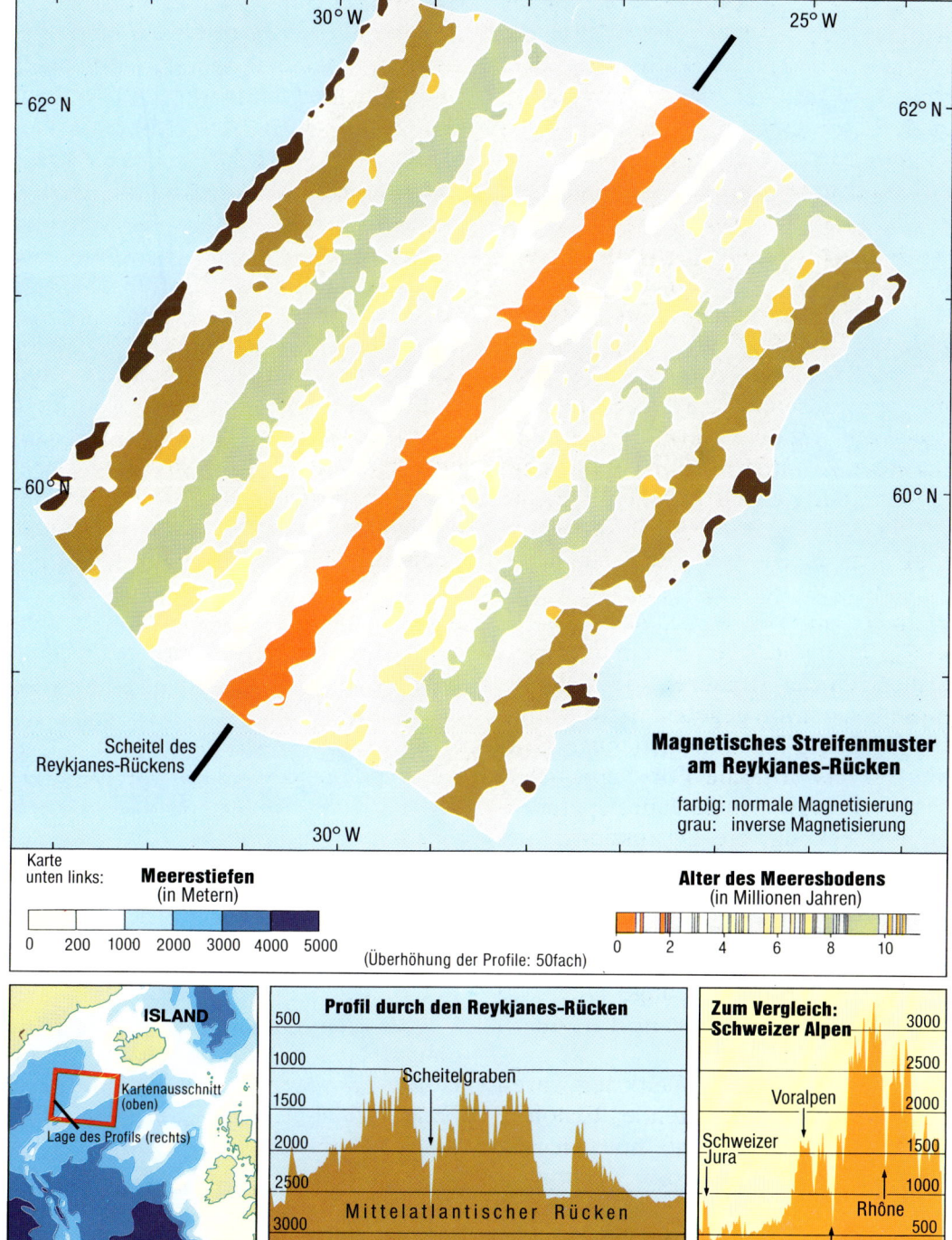

In den Scheitelgräben mittelozeanischer Gebirge entsteht ständig neue Erdkruste. Sie breitet sich nach beiden Seiten aus. Der Beweis dafür: Im emporquellenden glutflüssigen Gestein auskristallisierende Minerale richten sich nach den Feldlinien des sich ständig umpolenden irdischen Magnetfeldes aus. Das erstarrte Gestein konserviert diese „Kompaßnadeln", während es sich vom Ursprungsort entfernt. Ein besonders gutes Beispiel dafür ist der Reykjanes-Rücken südlich von Island

sem mittelozeanischen Gebirgssystem deckt. Im Internationalen Geophysikalischen Jahr 1957 bis 1958 wurde diese Vermutung durch ausgedehnte Forschungsfahrten zahlreicher Schiffe entlang der mittelozeanischen Gebirge bestätigt. Meßsonden, die von den Schiffen hinuntergelassen wurden, zeigten außerdem eine starke Erhöhung des Wärmeflusses in der Nähe der Gebirge an, besonders über ihren Scheiteltälern. Als Wärmefluß bezeichnen die Geologen die ständige Abstrahlung von Wärmeenergie aus dem Innern der Erde durch die Kruste hindurch.

Sollte entlang der Gebirgszüge trotz der erhöhten Lage die ozeanische Erdkruste besonders dünn sein? Die Geophysiker maßen und untersuchten mit ständig verfeinerten Methoden die Dicke und Beschaffenheit der ozeanischen Kruste. Sie wiesen nach, daß die Erdkruste des Ozeanbodens im Bereich der mittelozeanischen Gebirgszüge mit nur sieben Kilometern in der Tat wesentlich dünner ist als die 25 bis 40 Kilometer dicke kontinentale Kruste. Außerdem besteht die ozeanische Kruste einschließlich ihrer Gebirgszüge aus einem viel dichteren, schwereren Gestein als die Kontinente: Es ist magmatisches Ergußgestein – Basalt.

Der amerikanische Geologe Bruce Heezen führte nach diesen Erkenntnissen die Entstehung der merkwürdigen Täler auf dem Scheitel der Gebirge auf eine Ausdehnung der Erdkruste zurück. Doch wie ließ sich das beweisen?

Am Ende des 19. Jahrhunderts hatte man bei der Erforschung des Erdmagnetismus eine erstaunliche Entdeckung gemacht: Während glutflüssiges Gestein abkühlt, richten sich die in ihm enthaltenen auskristallisierenden magmatischen Minerale nach den Feldlinien des irdischen Magnetfeldes aus. Das erstarrte Gestein konserviert gewissermaßen diese „eingefrorenen Kompaßnadeln" für alle Zeiten.

Durch Untersuchungen von Lavaströmen, die sich am Fuße von Vulkanen während verschiedener Ausbruchsphasen Schicht für Schicht übereinander gelagert hatten, entdeckte man dann, daß sich das Magnetfeld der Erde mehrfach umgepolt haben mußte. Allein während der letzten vier Millionen Jahre, seit es menschenähnliche Lebewesen gibt, geschah dies 21mal. Der magnetische Pol, auf den die Kompaßnadel zeigt, liegt deshalb abwechselnd in der Nähe des geographischen Nordpols, wie in der Gegenwart, oder beim geographischen Südpol, wie in der Vergangenheit.

Von diesen Erkenntnissen zu der Idee, mit ihrer Hilfe den Ozeanboden beiderseits der mittelozeanischen Gebirge zu untersuchen, war ein kurzer Weg. Man bediente sich dabei eines im Zweiten Weltkrieg entwickelten und außergewöhnlich empfindlichen Geräts, mit dem man getauchte U-Boote orten konnte. Dieses Gerät, das magnetische Anomalien aufzeichnet, wird von Flugzeugen und Schiffen außerhalb ihres eigenen magnetischen Störkreises an langen Leinen unter oder hinter sich hergezogen. Nachdem man auf diese Weise bei zivilen geowissenschaftlichen Einsätzen im Pazifik interessante magnetische Messungen des Ozeanbodens erhalten hatte, untersuchte man in den Jahren 1963 bis 1966 so auch einen besonders markanten Abschnitt des mittelatlantischen Gebirges südlich von Island, bekannt als Reykjanes-Rücken.

Die Forscher fanden dort auf dem Meeresgrund beiderseits des Scheitelgrabens ein symmetrisches Muster unterschiedlich breiter magnetischer Streifen, die zum Scheiteltal annähernd parallel verlaufen. Diese magnetische Streifung war durch die wiederholte Umpolung des irdischen Magnetfeldes entstanden und nicht zufällig von unterschiedlicher Breite. Vom Scheitelgraben ausgehend, verglichen die Forscher die Breite jener Streifen mit den bereits bekannten Zeitspannen „normaler" und „umgekehrter" Orientierung des Magnetfeldes in der jüngeren Erdgeschichte. Dabei stießen sie auf einen markanten Zusammenhang: Ein schmaler Streifen entsprach einer relativ kurzen Spanne, ein breiter Streifen einem vergleichsweise langen Zeitraum derselben Magnetausrichtung. Das interessanteste aber war, daß die Streifen beiderseits des Scheitelgrabens sich genau spiegelbildlich entsprechen: Ein zehn Kilometer breiter Streifen mit nordpolarer Ausrichtung westlich des Scheitelgrabens hatte auf der östlichen Seite sein genaues Ebenbild. Zusammen mit der Datierbarkeit der einzelnen Streifen war diese Spiegelbildlichkeit der Beweis dafür, daß sich der Ozeanboden beiderseits des Tales auf dem Scheitel des Gebirges mit einer Geschwindigkeit von drei Zentimetern im Jahr nach jeder Seite ausbreitet. Das Ergußgestein des Ozeanbodens war umso jünger, je näher die einzelnen magnetischen Streifen am Scheiteltal lagen.

Damit war die Theorie der Ausbreitung des Ozeanbodens – in der Fachsprache „sea-floor spreading" genannt – geboren. Wegeners Hypothese von der Weitung der Ozeane und der Drift der Kontinente war bewiesen – wenn auch anders, als er es sich vorgestellt hatte.

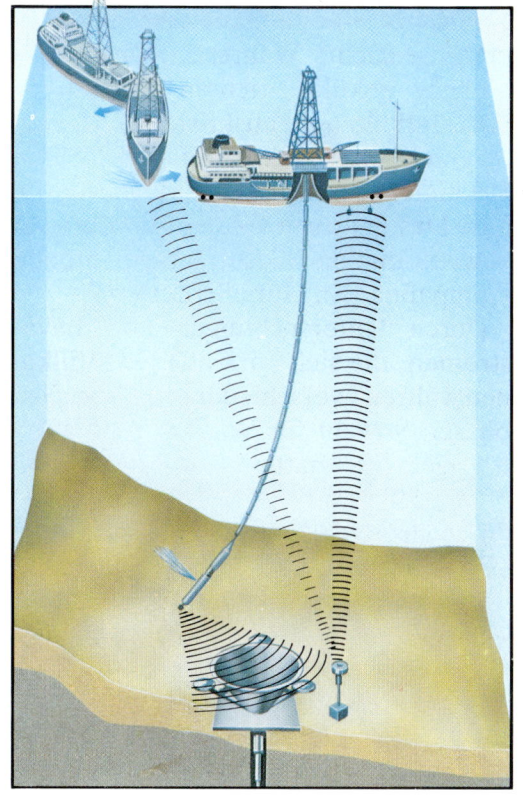

Das amerikanische Bohrschiff „Glomar Challenger" hat an zahlreichen Stellen der Erde den Boden der Ozeane angebohrt und Gestein heraufgefördert. Ein Trichter auf dem Meeresgrund dient zum Wiedereinführen des Bohrgestänges, nachdem die Bohrung unterbrochen wurde. Er kann vom Schiff wie auch vom Ende des Gestänges mit Sonarstrahlen geortet werden und ermöglicht so die genau Positionierung des Schiffes

Dennoch erkannten einige hartnäckige Kritiker die neuen Erkenntnisse der, wie sie es nannten, „geologischen Fernerkundung" nicht an, ehe nicht buchstäblich handfestere Beweise erbracht würden: direkt datierbare Gesteinsproben des basaltischen Ozeanbodens oder aufgrund ihrer Ablagerungschronologie datierbare Sedimente, die sich darauf abgesetzt hatten.

Dazu war ein Spezialschiff nötig, das noch in 6000 Metern Wassertiefe den Boden der Ozeane anbohren konnte. Die Konstruktion eines solchen Schiffes stellte eine gewaltige Herausforderung für die Ingenieure dar, denn es mußte sich bei Wind und Strömung tage-, ja wochenlang genau über dem Bohrloch halten können, und das Heben und Senken seines Rumpfes in der Dünung durfte sich nicht auf das kilometerlange Bohrgestänge übertragen, das sonst aus dem Bohrloch herausgerissen und auf dem Ozeanboden zerschlagen werden würde.

1966 bewilligte der amerikanische Kongreß die enormen finanziellen Mittel, um ein solches Schiff zu konstruieren. Als die „Glomar Challenger" 1968 auf ihre erste Reise ging, war das der Start für das erfolgreichste Großprojekt in der Geschichte der Erdwissenschaften.

Sobald die „Glomar Challenger" einen bestimmten Bohrplatz erreicht hat, wird eine schwere Stahlplatte mit einem großen aufgeschweißten Trichter über Bord geworfen. Auf dem Rande des Trichters sind drei Schallreflektoren angebracht. Mit einer kreisenden, Schallwellen aussendenden Sonarsonde am Ende des Bohrgestänges, das vom Schiff bis auf den Meeresboden reicht, wird die Position des Trichters geortet. Die Signale werden von einem Computer ausgewertet. Er steuert die Propeller in Bug und Heck des Schiffes und bringt so den Bohrturm an Bord genau über dem Trichter auf dem Meeresgrund in Position.

Trotzdem kann es Stunden dauern, bis das kilometerlange Bohrgestänge, das unter dem Schiffsrumpf baumelt und von Strömungen am Meeresboden immer wieder bewegt wird, in den nur fünf Meter weiten Trichter eingeführt ist. Der deutsche Geologe Hans Ulrich Schminke, der auf der „Glomar Challenger" dabei war, hat das Einbringen eines 3500 Meter langen Bohrgestänges mit dem Versuch verglichen, von der Höhe eines 70 Meter hohen Turmes einen Faden in einen Haushalts-

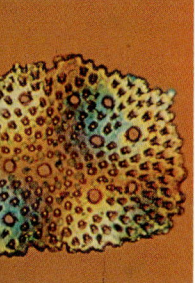

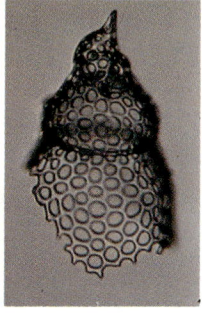

Innerhalb des Bohrgestänges steckt der oft weiche Bohrkern in einem biegsamen Plastikrohr. Er wird herausgezogen und zerteilt. Mikroskopische Fossilien – Radiolarien, Kieselalgen und Foraminiferen – sind in den Sedimenten oft reichlich vorhanden. An ihrer Abfolge läßt sich das Alter der Schichten ablesen

trichter von nur zehn Zentimetern Durchmesser am Boden einzufädeln, das Ganze bei Dunkelheit und leichtem Wind. Während sich der Bohrkopf dann in den Ozeanboden fräst, gleichen teleskopartige Verbindungsrohre die Auf- und Abbewegungen des Schiffes aus. Lange Zahnleisten übertragen die Drehbewegung.

Nach einigen Tests im Golf von Mexiko bohrte die „Glomar Challenger" dann im Südatlantik vom mittelatlantischen Rücken bis Südamerika zehn Löcher, jeweils im Abstand von einigen hundert Kilometern. Falls die Theorie des Sea-floor spreading richtig war, mußte die Dicke der Sedimente der Geschwindigkeit der Ausbreitung des Bodens beiderseits des Scheitelgrabens entsprechen und das Alter der tiefsten Lagen, jener, die der basaltischen Kruste direkt aufliegen, ebenso. Die Sedimente mußten umso dicker sein, je weiter sie vom mittelozeanischen Gebirge entfernt in Richtung auf die Küste erbohrt wurden.

In der Mitte des Atlantik fräste sich der Bohrkopf dann tatsächlich nur durch eine dünne, wenige Meter mächtige Schicht weichen Sediments aus den Schalen und Skeletten abgestorbener Organismen; zur Küste des Kontinents hin wurden diese Sedimente immer dicker und erreichten eine Mächtigkeit von mehreren tausend Metern.

Das Alter der Sedimente, das aus der Dicke und der Abfolge der eingelagerten Fossilien errechenbar war, zeigte, daß am mittelatlantischen Gebirge die Ablagerungen auf dem Basalt sehr jung waren. Zum Rand des Ozeans hin jedoch drang der Bohrer in immer ältere Sedimente ein: Das Alter der zutage geförderten Fossilien entsprach genau dem durch die Magnetbänder vorausgesagten Zeitplan des Sea-floor spreading.

Damit war ein zusätzlicher Beweis dafür erbracht, daß sich entlang des Scheitelgrabens des mittelatlantischen Gebirges tatsächlich ständig neue Ozeankruste bildet und beiderseits nach Osten wie nach Westen wandert.

Nirgendwo war der Ozeanboden, der sich am weitesten von dem mittelozeanischen Gebirge entfernt hatte, älter als 200 Millionen Jahre. Spätere Bohrungen der „Glomar Challenger" auch in den anderen Ozeanen deckten ähnliche Krustenbewegungen und Altersstrukturen auf. Damit war für die Geowissenschaftler ebenfalls erwiesen, daß die heutigen Ozeanbecken im Vergleich zu den Kontinenten mit ihren fast vier Milliarden Jahren relativ jung sind.

Diese Vorgänge bleiben für uns unsichtbar und entwickeln sich, verglichen mit einem Menschenleben, relativ langsam. Und doch gibt es Ereignisse, die uns auf drastische Weise miterleben lassen, was auf dem Meeresboden geschieht.

Am Abend des 21. Januar 1973 zeichnen die Schreiber eines Seismographen in Süd-Island die Zickzacklinien eines kleinen Erdbebens auf die Papierrolle. Sein Herd läßt sich in 18 Kilometern Tiefe etwas südlich der kleinen Insel Heimaey orten. Das Beben

Mit den Ergebnissen der Tiefseeforschung entwickelten die Geologen eine Alterskarte der atlantischen Bodenkruste, aus der die Entwicklung des Südatlantik sowie das Auseinanderdriften Südamerikas und Afrikas ersichtlich ist

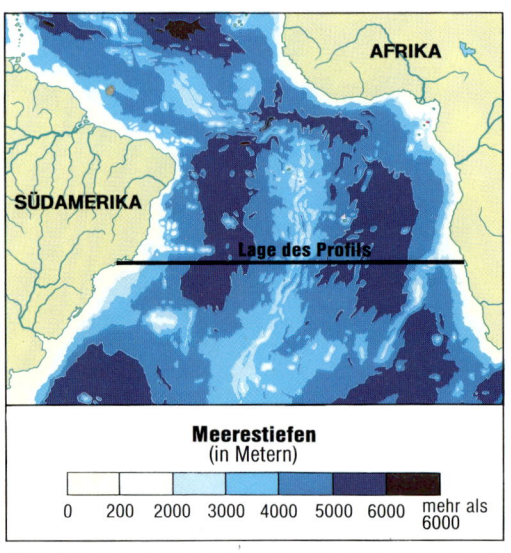
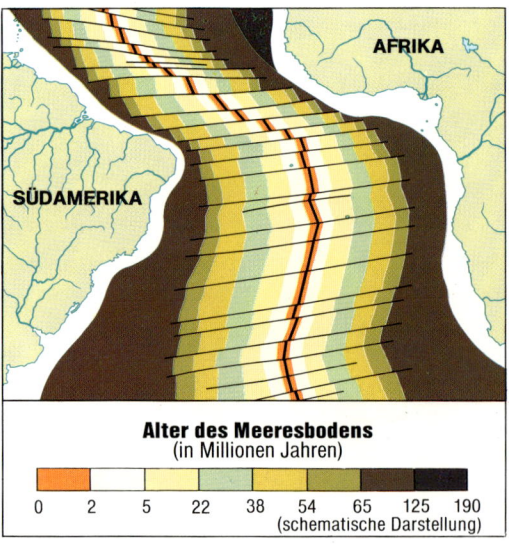
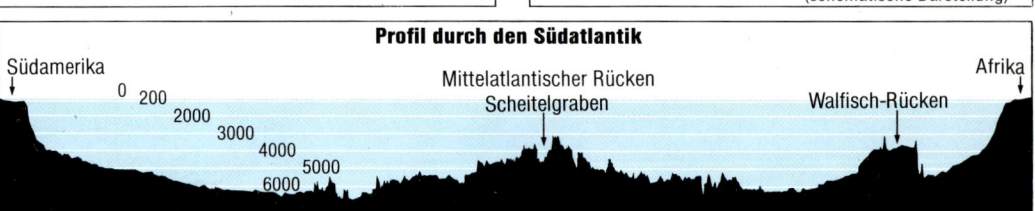

Von einer Minute zur anderen können die Schafweiden an den Flanken isländischer Vulkane, die man längst für erloschen hielt, von einer Feuerflut verschlungen werden. 1973 brach auf der Insel Heimaey, auf der es seit mehr als 5000 Jahren ruhig gewesen war, der Vulkan Eldfell aus

ist so schwach, daß es die 5300 Bewohner der Insel nicht bemerken.

Am nächsten Abend folgen neue und nun spürbare Beben. Ihr Herd liegt direkt unter der Insel in nur noch zwei Kilometern Tiefe. Die Menschen sind nicht beunruhigt; sie gehen, an Erderschütterungen gewöhnt, getrost schlafen. Die Erde bebt in Island oft, aber die Bauweise der Häuser widersteht den meist nicht sehr heftigen Bewegungen der Erdkruste. Die Vulkane, auf denen die grüne Fischer- und Schafzüchterinsel Heimaey liegt, sind seit 5000 Jahren nicht mehr aktiv.

Die Winternacht vom 22. auf den 23. Januar ist kalt. Schneetreiben überzieht die Stadt Vestmannaeyjar mit einem weißen Teppich. Dann, um 1.55 Uhr, wissen die Menschen nicht, ob sie aus einem Alptraum erwachen oder ob es Wirklichkeit ist, was sie erleben: Mit dem Geheul fallender Bomben stürzen aus mehr als 3000 Metern Höhe glühende Lavabrocken auf die schlafende Stadt, durchschlagen die Dächer der Häuser, zerplatzen auf Fußböden, setzen Gardinen und Möbel in Flammen. Schlaftrunken und entsetzt starren die Menschen aus den Fenstern in den Feuerschein, der ihre ganze Stadt überflutet.

Nur 200 Meter von der kleinen Stadt entfernt, hat sich auf einem Acker im Hang des Helgafjells ein fast zwei Kilometer langer und drei Meter breiter glühender Spalt aufgetan. Aus ihm schießt eine Wand von etwa 20 Lavafontänen 150 Meter hoch in den nächtlichen Himmel. Ein gewaltiger Riß in der Erdkruste durchzieht die Insel von Süd nach Nord.

Nur eine Stunde später ordnet der rasch zusammengerufene Katastrophenstab der isländischen Regierung im 120 Kilometer weit entfernten Reykjavik die sofortige Evakuierung der Bevölkerung von Heimaey an. Lautsprecherwagen der Polizei fordern die Menschen noch in der Nacht auf, sich sofort zum kleinen Fischereihafen zu begeben, wo glücklicherweise mehr als 70 Fischkutter liegen, die Schutz vor dem Sturm des Vortages gesucht hatten. In dieser Nacht aber ist die See ruhig, und die Flüchtlinge können in vierstündiger Fahrt nach Thorlákshöfn an der Südküste von Island gebracht werden. Von Bord aus sehen die Menschen ihre Heimat als ein glühendes, feuerspeiendes Inferno hinter dem Horizont versinken.

Am Morgen um 8 Uhr, sechs Stunden nach Beginn des Ausbruchs, sind 5000 Menschen evakuiert. Nur einige Hundert freiwillige Katastrophen-Helfer, Feuerwehr und Polizei bleiben zurück, um so viel wie möglich von der Stadt zu retten. Durch eine Hubschrauberluftbrücke der auf Island stationierten amerikanischen Truppen werden sie mit weiteren Helfern, Vulkanexperten und mit schweren Gerätschaften unterstützt.

Die vulkanischen Aktivitäten nehmen unterdessen an Heftigkeit immer mehr zu. Ströme glutflüssiger Lava quellen aus dem Spalt empor und breiten sich nach beiden Seiten aus. Wo sie in das Meer münden, steigt eine 8000 Meter hohe Säule aus vulkanischen Gasen und Wasserdampf hoch. An einer Stelle des Risses um eine besonders aktive Lavafontäne wächst ein Aschenhügel 185 Meter empor. Dann dreht der Wind. Was von der Stadt noch nicht brennend in den Lavaströmen versunken ist, wird jetzt unter einem Aschenregen begraben, der den kurzen Tag knapp südlich des Polarkreises zur Nacht werden läßt.

Während die glutflüssige Lava als zehn bis zwanzig Meter hohe Wand langsam durch Türen und Fenster in die Häuser am Stadtrand quillt und sie in Brand setzt, und während das Bombardement glühender Lavabrocken und meterdicker Aschenschichten die Dächer zertrümmert, bergen die Helfer immer noch Möbel, Teppiche,

Während sich die isländische Insel Heimaey durch die ins Meer mündenden Lavaströme um 2,5 Quadratkilometer vergrößerte, versuchten Bulldozer, die Feuerflut mit Wasserkanonen abzukühlen und aufzuhalten, um Teile der Stadt Vestmanneyjar und den Fischereihafen zu retten

109

Fernsehgeräte und anderen Hausrat, Kleider und Wäsche.

Bulldozer versuchen, Dämme aus Erdreich und Asche zusammenzuschieben, um die Lavaströme aufzuhalten oder wenigstens umzulenken — vergeblich, denn die Lava überflutet die Dämme im Nu oder schiebt sie beiseite. Die herbeigeeilten Vulkanologen erwägen, die Ostflanke des Risses bombardieren zu lassen, um die Lavaströme von der Stadt weg ins Meer abzuleiten. Doch dann erscheint ihnen das Risiko zu groß, der Sprengstoff könnte die Instabilität der Erdkruste noch verstärken und eine vulkanische Explosion hervorrufen.

Der Riß in der Erdkruste dehnt sich weiter aus. Über die Südspitze der Insel taucht er zum Meeresgrund ab. Unterwasserkabel für Strom und Telefon sowie Rohrleitungen, die Trinkwasser von der Hauptinsel liefern, werden zerrissen. Am 12. Februar, 21 Tage nach Beginn der Naturkatastrophe, besteht die Gefahr, daß die vorandrängenden Lavaströme die Einfahrt des Naturhafens schließen. Die Rettungsschiffe werden aus dem kochendheißen Hafenwasser auf die offene See verlegt.

Da sich das Aufschieben von Dämmen als wirkungslos erwiesen hat, versucht man nun, die Feuerflut mit Wasser zu stoppen. Das Löschschiff „Sandey" spritzt 1200 Tonnen Seewasser in der Stunde auf die Front des 1000 Grad heißen Lavastroms — ohne Erfolg. Das Wasser verdampft wie Tropfen auf einer heißen Herdplatte.

Die US-Luftwaffe fliegt Dutzende von Hochdruckpumpen ein, die auf Fischkuttern installiert werden. Mit ihrer Hilfe können zusätzlich 4500 Tonnen Seewasser an die Lavafront gepumpt werden. Zunächst zeigt auch das kaum Wirkung, aber dann, im Laufe von Wochen, gelingt es, die Lavaströme so weit abzukühlen, daß sie sich merklich langsamer ausbreiten. Jetzt halten auch die von den Bulldozern aufgeschobenen Dämme.

Der Hafen und große Teile der Stadt sind gerettet. Es ist das erste Mal, daß es dem Menschen gelang, die glutflüssigen Kräfte aus dem Inneren der Erde zu bannen.

Am 3. Juli kommen die vulkanischen Aktivitäten so plötzlich zum Stillstand, wie sie begonnen hatten. Die Insel Heimaey sinkt ein Stück ins Meer, hinein in den Hohlraum, der durch den Magmaausfluß in der Tiefe für kurze Zeit entstanden ist. Der Ausbruch auf der Insel inmitten des Atlantik hatte 250 Millionen Kubikmeter neue Erdkruste ozeanisch-basaltischen Typs produziert. Am Ende ist Heimaey trotz seines Absinkens um 2,5 Quadratkilometer gewachsen.

Diese Vorgänge sind für die Menschen auf Island so einzigartig nicht. Genau zehn Jahre vorher, 1963, beobachtete die Mannschaft eines Fischkutters, daß südlich von Heimaey das Meer kochte. Die Fischer verließen das Seegebiet fluchtartig, und das war ihr Glück, denn nur wenige Stunden später explodierte die Wasseroberfläche: Dreihundert Meter hohe Säulen aus Lava, kochendem Wasser, Dampf und Qualm schossen in die Atmosphäre — turbulente Geburtswehen der neuen Insel Surtsey, die vom Meeresgrund emporstieg. Eine zweite Insel,

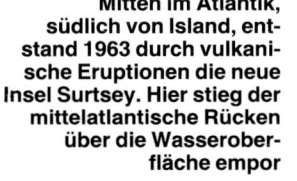

Mitten im Atlantik, südlich von Island, entstand 1963 durch vulkanische Eruptionen die neue Insel Surtsey. Hier stieg der mittelatlantische Rücken über die Wasseroberfläche empor

Syrtlingur, und eine dritte, Jölnir, entstanden. Sie liegen alle auf einer von Nord nach Süd verlaufenden Linie.

Island ist das vulkanreichste Land der Erde, in dem sich auch der größte Vulkanausbruch ereignete, den Menschen je sahen. Am 8. Juni 1783 öffnete sich mitten in der Eisinsel am Polarkreis ein 23 Kilometer langer Spalt, Lava quoll heraus und überflutete fast 600 Quadratkilometer des kleinen Landes. Millionen Tonnen vulkanischer Asche wurden in die Atmosphäre geschleudert und verbreiteten sich um den ganzen Erdball. Auf Island verendeten 80 Prozent der Schafe und 70 Prozent aller Pferde. 10 000 Menschen starben durch Hunger und folgende Krankheiten. Noch in England vernichtete jener Aschenregen die Ernten.

Mehr noch als glutflüssige Lavaströme fürchten die Isländer ein Ereignis, das sie Jökulhlaup nennen. Jökull ist ein ausgedehnter, von einem mächtigen Eispanzer bedeckter flacher Vulkan. „Hlaup" meint soviel wie: fließen. Durch vulkanische Aktivitäten direkt unter der Decke des Eispanzers kann der Gletscher an seiner Unterseite aufgeschmolzen werden. Hat sich genügend kochendes Wasser gesammelt, sprengt oder hebt es den Eispanzer wie Dampfdruck den Deckel eines Topfes. Kochende Wassermassen strömen dann von den Flanken des Vulkans herab und reißen alles fort, was ihnen im Weg steht.

Island ist nicht, wie Alfred Wegener noch annahm, ein Überrest des Urkontinents Pangaea, der in der Mitte des Atlantik zurückblieb, als sich Nordamerika und Europa voneinander entfernten. Es ist vielmehr ein über die Meeresoberfläche ragender Teil des mittelozeanischen Basaltgebirges, be-

Die gesamte erkaltete Erdkruste besteht wie ein Puzzle aus einem Mosaik von Platten. Während die meisten im Kern aus kontinentaler Erdkruste bestehen, denen durch die Weitung der Meere ozeanische Erdkruste angegliedert wurde, setzt sich die riesige pazifische Platte ausschließlich aus Erdkruste ozeanischen Typs zusammen

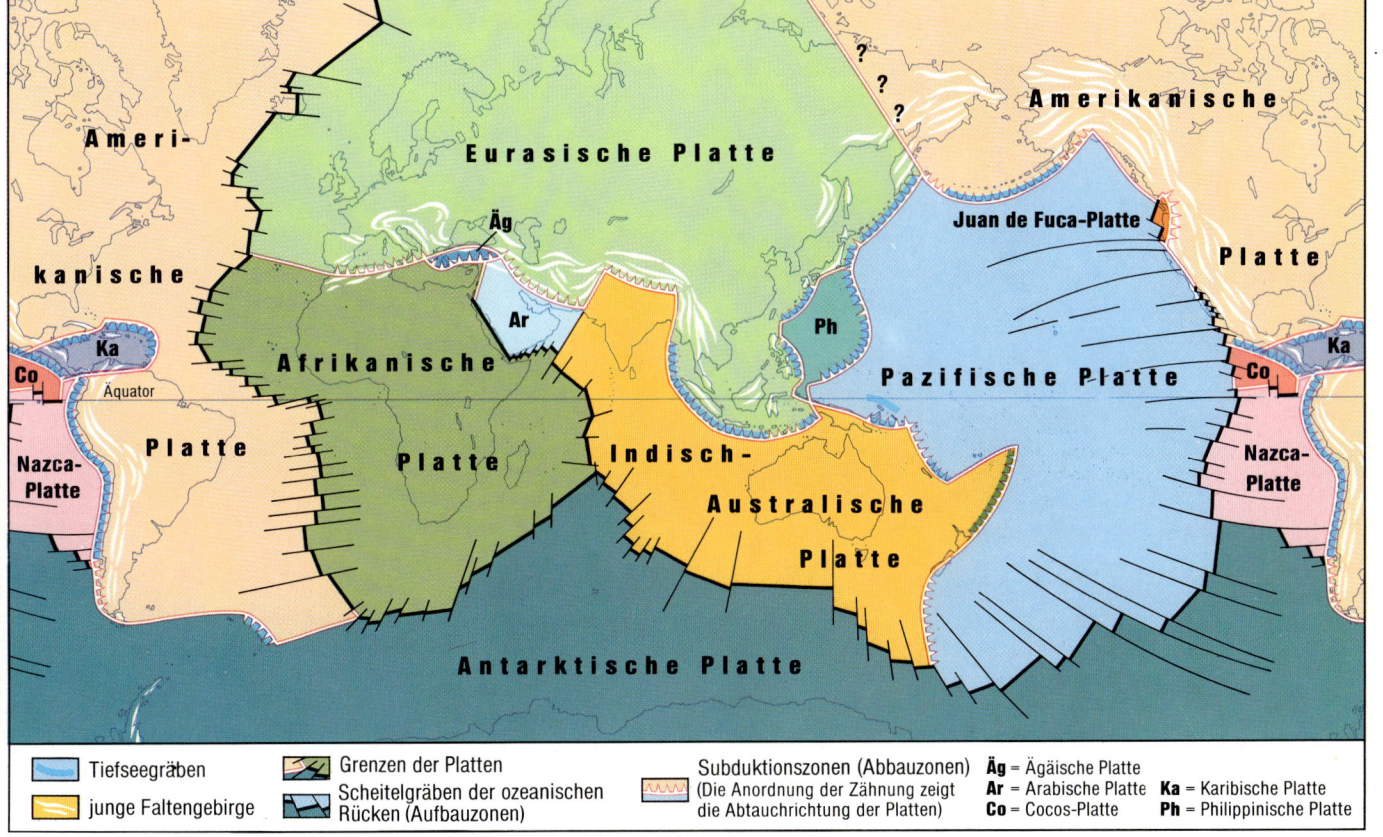

steht also aus ozeanischer Erdkruste. Und genau wie die Scheitelregion des mittelatlantischen Rückens ihrer gesamten Länge nach ein tiefes Tal durchzieht, wird auch Island durch ein grabenartiges Tal halbiert, das die typischen Merkmale der mittelozeanischen Scheitelgräben zeigt: lange, durch die Dehnung und Auseinanderdrift der ozeanischen Erdkruste entstandene tiefe Risse und treppenartig abgerutschte Staffelbrüche an seinen steilen Flanken. Ausgerechnet am Grunde dieses mittelozeanischen Grabens, in der Initialspalte der Kontinentaldrift und der ozeanischen Geburt, liegt übrigens der Ort, an dem sich im Jahre 930 das erste Parlament der Welt versammelte, das isländische Althing. Der Platz hatte einige Vorteile: Er lag zentral, geschützt, und hochaufragende Basaltsäulen boten eine ausgezeichnete Akustik für Redner.

In den mittelozeanischen Scheiteltälern steigt laufend Magma aus dem Inneren der Erde empor und formt die hohen Gebirgsrücken beiderseits des Tales, doch dadurch werden die Konti-

nente keinesfalls auseinandergedrückt, wie einige Geologen anfangs glaubten. Die Existenz des grabenartigen Tales selbst scheint vielmehr zu beweisen, daß die Kontinente auseinanderdriften, weil die auf- und absteigenden Konvektionsströme an ihren tief eingetauchten Unterseiten angreifen und sie mit sich fortführen. Die Dehnungsfugen, die Täler zwischen ihnen, werden dann durch aufsteigendes Magma aufgefüllt und abgedichtet.

An die auseinanderweichenden Kontinente lagert sich so seitlich streifenweise immer neue Kruste an: schwere, tiefliegende basaltische Kruste, die zum Boden eines Ozeans wird. Auch an der Unterseite der tiefliegenden ozeanischen Kruste greifen die Konvektionsströme an und üben so zusätzlichen Druck auf die auseinanderweichenden Kontinente aus. Die Böden der Ozeane mit ihrer grabenartigen Mitte sind ständig wiederaufreißende, nie ganz verheilende Wunden der Erdkruste. Die gesamte erkaltete Erdkruste, sowohl die kontinentale wie auch die ozeanische, besteht aus einem Mo-

Im Nordatlantik steigt der mittelatlantische Gebirgsrücken mit seinen Bruchstufen und seinem Scheitelgraben-System aus dem Meer empor und bildet die Insel Island

saik von Platten. Die einzelnen Platten sind jedoch nicht in rein ozeanische und kontinentale Teile zu trennen. So gehört zur Platte des afrikanischen Kontinents auch die ozeanische Kruste der östlichen Atlantikhälfte und die der westlichen Hälfte des Indischen Ozeans.

Rechnet man nach der bekannten Zuwachsgeschwindigkeit neuer ozeanischer Kruste beiderseits des mittelozeanischen Scheiteltales zurück, dann zeigt sich, daß die heutigen Kontinente vor rund 200 Millionen Jahren tatsächlich jenen einheitlichen Urkontinent gebildet haben müssen, den Wegener Pangaea nannte. Aus dessen fortschreitender Zerteilung in Einzelkontinente die sich voneinander entfernten, ist das heutige Bild der Erde entstanden. Im „Driftsog" der auseinanderweichenden Kontinente wuchs der Boden der Ozeane.

Die Geologen sind sich heute einig, daß der Superkontinent Pangaea, gemessen in geologischen Zeiträumen, nur relativ kurze Zeit existiert hat. Sie fanden zahlreiche Beweise dafür, daß er sich erst vor 300 bis 400 Millionen Jahren durch Zusammendriften mehrerer früherer Kontinentalschollen gebildet hatte.

Auch in der erdgeschichtlichen Gegenwart vereinigen sich driftende Kontinentalschollen zu einer neuen Einheit. Ein Bruchstück des einstigen Pangaea, der sich nach Norden bewegende indische Subkontinent, stieß, erdgeschichtlich gesehen, erst kürzlich mit Afrika zusammen. Die „Knautschzone" dieses kontinentalen „Auffahrunfalls" sind die fast 9000 Meter hohen Gesteinsfalten des Himalaya.

Das Hauptindiz für die Annahme, daß der Superkontinent Pangaea einst durch vergleichbare Vorgänge zusammengeschweißt wurde, sind die Überreste einstmals sehr hoher, heute weitgehend abgetragener Faltengebirge beiderseits des Nordatlantik. Die Appalachen, die sich an der Ostküste Nordamerikas von Neufundland bis Alabama über eine Länge von 3000 Kilometern erstrecken, sowie die Hochländer von Wales, Schottland und Skandinavien bauen sich größtenteils aus Gesteinsschichten auf, die sich vor rund 600 Millionen Jahren als dikke Sedimente auf dem Grunde eines älteren Ozeans abgelagert haben.

Rätselhaft war dabei die Verbreitung von Meerestieren, die einst die sich gegenüberliegenden Küsten des Altozeans besiedelt hatten. Diese fossile Fauna hatte sich, durch einen tausende Kilometer breiten Ozean getrennt, völlig unterschiedlich entwickelt. Schon vor mehr als hundert Jahren war

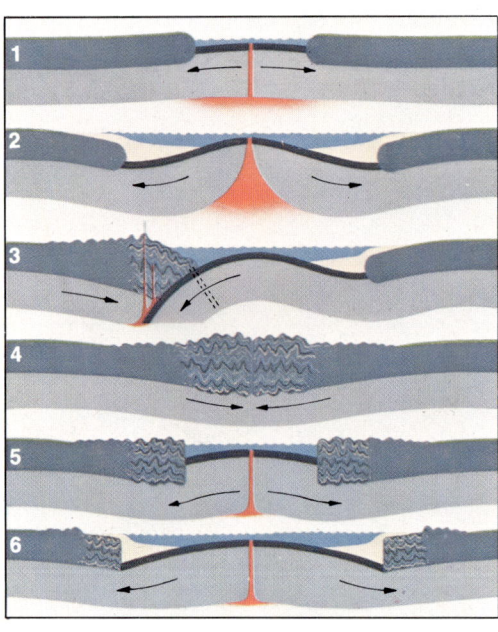

Als sich vor 200 Millionen Jahren der Atlantik zu weiten begann, blieb ein Gesteinsrest von Amerika mit der für ihn typischen fossilen Fauna an Europa hängen, während umgekehrt ein Teil von Europa mit Nordamerika fortwanderte

Vor ungefähr 600 Millionen Jahren weitete sich der Protoatlantik (1 und 2). Vor 500 Millionen Jahren bewegten sich die separierten Krustenplatten wieder aufeinander zu. Der Ozean zwischen ihnen schloß sich. Im heutigen Nordamerika faltete sich ein hohes Küstengebirge auf (3). Vor 400 bis 300 Millionen Jahren stießen die beiden Kontinente zusammen. Damit faltete sich auch im heutigen Europa ein Küstengebirge auf (4). Vor 200 Millionen Jahren begannen die beiden Kontinente erneut auseinanderzudriften. Der heutige Atlantik entstand (5 und 6)

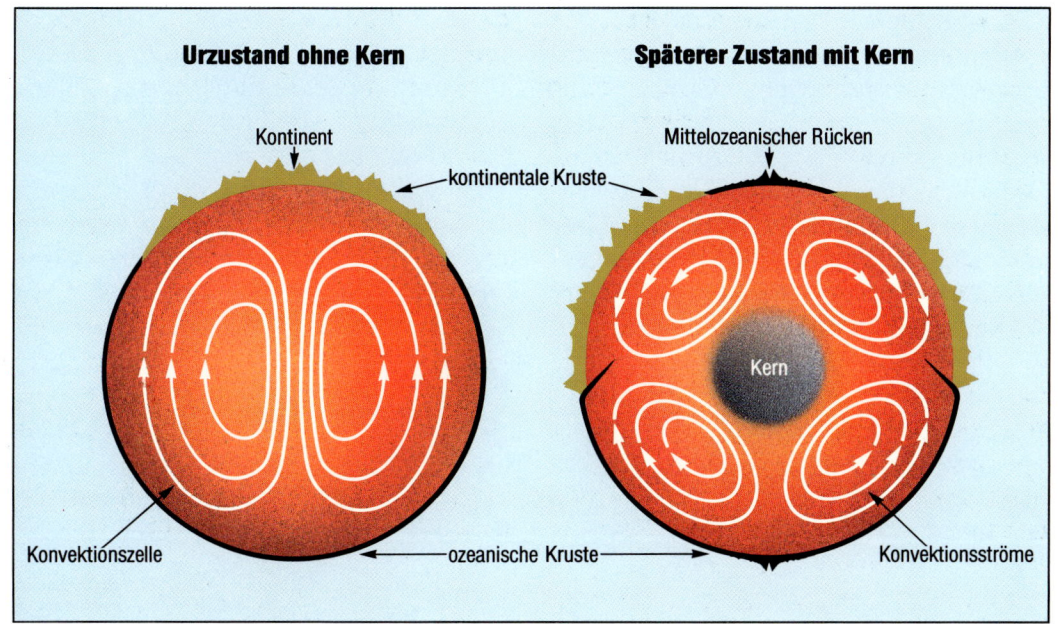

Zu Beginn ihrer Entstehung besaß die Erde noch keinen festen Kern. Durch eine einzige Strömungszelle sammelte sich alle kontinentale Urkruste an dem einen Pol, alle ozeanische Urkruste an dem anderen. Erst als sich ein Kern gebildet hatte, entstanden mehrere Strömungszellen. Damit begann die Drift der Kontinente und die Öffnung immer neuer Ozeanbecken

den Geologen aber aufgefallen, daß sich versteinerte Überreste der „europäischen" Küstenfauna an bestimmten Abschnitten der nordamerikanischen Küste fanden – und umgekehrt „amerikanische" Fossilien in Irland und Schottland. Die Lösung des Rätsels wurde erst durch die Theorie von der Kontinentaldrift möglich.

Ihre Erkenntnisse brachten es an den Tag. Vor 400 Millionen Jahren begannen sich die beiden Kontinente aufeinander zuzubewegen. Der Altozean zwischen ihnen schloß sich, die Sedimente auf seinem Boden wurden zusammengeschoben und emporgepreßt. Aus ihnen entstand ein hohes Faltengebirge, das die beiden Kontinente zusammenschweißte, als sie schließlich miteinander kollidierten. An dieser Schweißnaht waren jetzt auch die längst versteinerten Überreste beider Küstenfaunen vereinigt. Als die Landmasse dann vor 200 Millionen Jahren wieder auseinanderbrach und der heutige Atlantik entstand, stimmte der Verlauf des Risses nicht genau mit der alten Naht überein: Ein Teil des ursprünglichen Amerika, das heutige Westspitzbergen, Norwegen, Schottland und Teile Irlands, blieben an Europa hängen, während umgekehrt Gebiete von Europa mit Nordamerika fortwanderten, nämlich Teile von Neufundland und jener nordostamerikanischen Küstenregion, die den auch geologisch treffenden Namen Neuengland erhielt; allerdings hat diese Namensgebung historische Gründe und wurde in Unkenntnis der geologischen Zusammenhänge vorgenommen.

Zeugnisse von der Schließung alter Ozeane durch den Zusammenprall kontinentaler Schollen haben die Geologen in verschiedenen Regionen der Erde entdeckt. Es begann damit, daß im Jahre 1450 der Schweizer Felix Hemmerlin in den Alpen die versteinerten Überreste von Meereslebewesen fand. Auch die ersten Geologen, die in das Himalaya-Gebirge vordrangen, entdeckten Meeresfossilien auf den Graten und Gipfeln hoher Berge. Mindestens waren es Lebewesen, die in küstennahen Schelfmeeren gelebt hatten.

Inzwischen weiß man, daß alle großen Bergketten verfestigtes und verfaltetes Sedimentmaterial auch aus den tiefen Ozeanbecken enthalten. Vor allem fand man langgestreckte Schollen sogenannter Ophiolithe; so bezeichnet man eine eigenartige Mischung aus basaltischem Ergußgestein und Tiefseesedimenten. Meist sind solche Ophiolithe die einzigen sicheren Nachweise eines ehemaligen Ozeans, über dem sich wandernde Kontinente geschlossen haben. Sie wurden beim Schließen des kontinentalen Schraubstocks emporgepreßt und gelangten so auf den Rand der Kontinente.

Durch die Erkenntnis, daß Ophiolithe an Nahtstellen zusammengestoßener Kontinentalschollen vorkommen, lassen sich erdgeschichtlich weit zurückliegende Schollenbewegungen rekonstruieren. Besonders ausgeprägte Ophiolithschichten fanden die Geologen im Ural, inmitten der Alpen,

Die Gesteine der Insel Staffa vor der Westküste Schottlands entstanden vor 50 Millionen Jahren zwischen dem eurasischen und dem fortdriftenden nordamerikanischen Kontinent. Sie bestehen aus dem für den Boden der Ozeane typischen Basalt

in den jugoslawischen, den griechischen und türkischen Gebirgen und im Himalaya.

Jenseits der immensen Zeitspanne von 600 Millionen Jahren verliert sich indes das Bewegungspuzzle der ozeanischen und kontinentalen Erdkruste im Dunkel der Frühgeschichte unserer Erde. Trotzdem besteht Grund zu der Annahme, daß die Drift der kontinentalen Schollen und die Geburt immer neuer Ozeane schon bald nach der Entstehung der Erde und ihrer Kruste begann.

Am Anfang der Entwicklung auf dem glutflüssigen Erdball gab es wahrscheinlich nur ein einziges System der Konvektionsströmung, das die gesamte Erdmasse ungehindert umwälzen konnte. Dieser Urstrom stieg an einem Pol der Erde auf, an dem anderen ab. Dadurch wurde das leichte Material der kontinentalen Urkruste ebenfalls an einem Pol zusammengeschwemmt, während die ganze übrige Oberfläche der Erde von der schweren Basaltkruste des ozeanischen Typs bedeckt war.

Durch das Absinken schwerer Elemente zum Erdmittelpunkt entstand dort allmählich ein ständig wachsender fester Eisen-Nickel-Kern. Der Raum für die Konvektionsströmungen wurde damit zunehmend eingeengt. Der Urstrom teilte sich in mehrere kleine, gegenläufige Strömungssysteme auf. Wo sie aufstiegen, rissen sie die Kontinente auseinander. Die Zwischenräume wurden mit neuer basaltischer Ozeanbodenkruste verheilt. Wo sie absanken, schoben sie die auf ihrer Oberfläche schwimmende kontinentale und ozeanische Kruste übereinander. Während die Kontinente leichter waren und ihren Platz an der Oberfläche behaupten konnten, wurde die schwere ozeanische Basaltkruste von den abwärts gerichteten Konvektionsströmungen in die Tiefe gezogen und wieder aufgeschmolzen. Diese Entwicklung war der Beginn der Kontinentaldrift, der Geburt und des Todes immer neuer Ozeane.

Die Bohrungen der „Glomar Challenger" in den Grund des Atlantik bestätigten nicht nur die ständige Ausbreitung des Ozeanbodens; sie vermittelten den Geologen auch ein Bild von den Vorgängen, die Nordamerika von Eurasien und Südamerika von Afrika trennten. Wie der Zusammenstoß zweier Kontinente an ihren Küsten ganz bestimmte typische Spuren hinterläßt, so auch der Bruch, aus dem ein neuer Ozean entstand, der Atlantik. Bohrungen in Küstennähe zeigten, daß die Trennung der Kontinente von gewaltigen Vulkanausbrüchen entlang eines tiefen Risses in der Erdkruste begleitet wurde. In den Bohrkernen wechselten Schichten von Asche und ersten basaltischen Ergußgesteinen miteinander ab, die aus dem Riß emporgequollen waren. Mächtige erbohrte Salzablagerungen zeigten, daß der Atlantik einst aus einer Kette schmaler, langgestreckter Seen und flacher Binnenmeere am Grunde eines tiefen Spaltentales entstanden war. Periodisches Austrocknen dieser Gewässer hatte die Salzkissen gebildet.

Anhand von Fossilien, aber auch durch Fußabdrücke etwa von Sauriern, ließ sich erkennen, daß Landtiere zum letztenmal vor 170 Millionen Jahren die Spalte zwischen den Kontinenten überqueren konnten. Bei der endgültigen Trennung quollen dann gewaltige Basaltmassen zwischen die auseinanderweichenden Kontinente. Zeugnisse dieser ersten atlantischen Bodenkruste sind die sechseckigen Basaltsäulen von Fingals Cave und Giant Causeway an der irischen Atlantikküste.

Vorgänge wie jene, die vor 170 bis 200 Millionen Jahren zur Geburt des Atlantik geführt haben, lassen sich auch in der erdgeschichtlichen Gegenwart beobachten. In Ostafrika habe ich die Geburtswehen eines neuen Ozeans beobachtet.

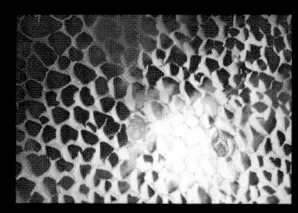

Ein Kontinent liegt in den Wehen

*Auch in der Gegenwart — wie in ferner
erdgeschichtlicher Vergangenheit — entstehen neue Ozeane. Entlang eines tiefen
Risses in der Erdkruste zerbricht der afrikanische Kontinent. Der Natron-See
im Rift Valley entpuppte sich als embryonales Meer. Kommt es hier
zur Geburt eines Ozeans — oder gibt es eine Fehlgeburt?*

1961 ließ eine ungewöhnlich lange Trockenzeit den normalerweise tausend Quadratkilometer großen Natron-See im Norden Tansanias fast völlig austrocknen. Die Ufer des Restsees sind von Salzen weiß gesäumt. Nur noch die Mündung eines kleinen Süßwasserbaches bildet eine grüne Oase inmitten dieser lebensfeindlichen Umwelt

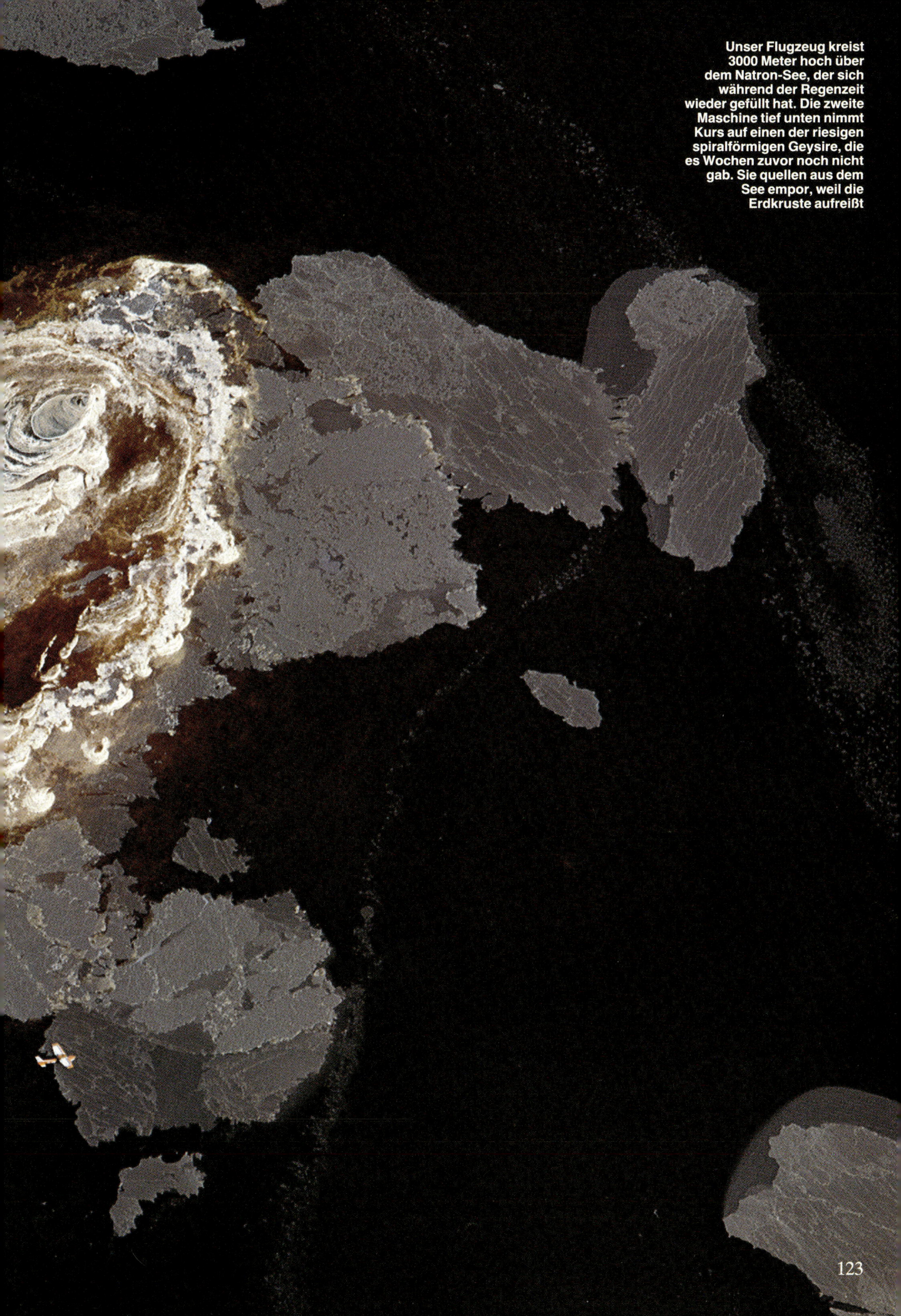

Unser Flugzeug kreist 3000 Meter hoch über dem Natron-See, der sich während der Regenzeit wieder gefüllt hat. Die zweite Maschine tief unten nimmt Kurs auf einen der riesigen spiralförmigen Geysire, die es Wochen zuvor noch nicht gab. Sie quellen aus dem See empor, weil die Erdkruste aufreißt

Wir fliegen über eine große brodelnde Chemie-Retorte. Hunderte von Geysiren fast reinen Natrons haben den See in eine ätzende Lauge verwandelt. Nur noch das Delta eines Flusses wird von Algen grün gefärbt. Die Quadratkilometer große Algenmasse umschließt auch die Geysire, aber bei jedem Ausbruch weicht sie zurück

Die Äquatorsonne dickt die Lauge ein, so daß immer mehr Natron auskristallisiert und Schollen bildet, die der Monsun verschiebt. Wie die Scherben eines zerbrochenen Spiegels treiben sie auf einer schwarzen Flüssigkeit, in der die Sonne reflektiert

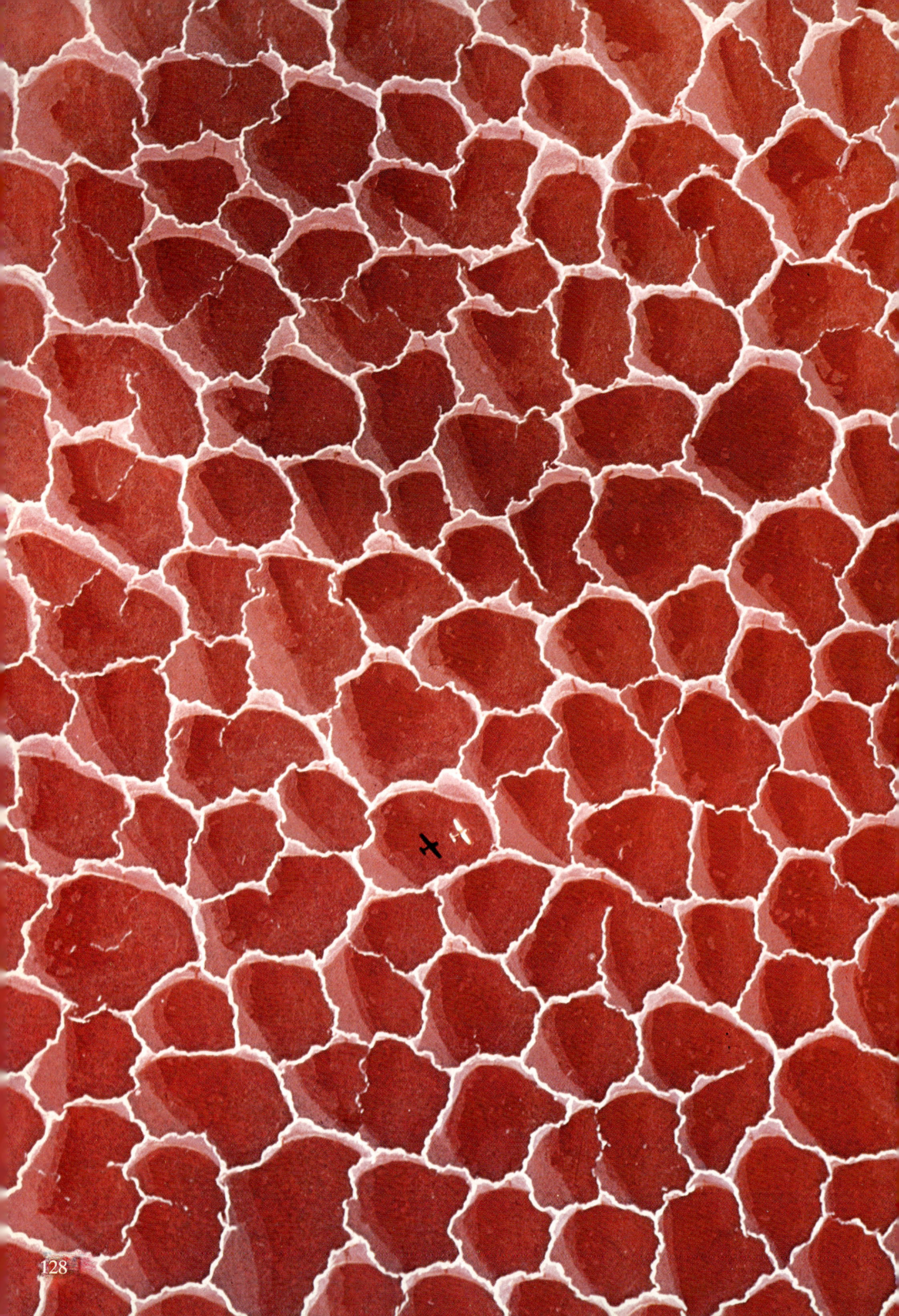

Während große Teile des Sees nach der Regenzeit wieder austrocknen, überzieht sich der Grund mit einem Netz von Trockenrissen. Aus den Fugen wachsen Natronwände. Die wabenförmigen Polygone mit einem Durchmesser von etwa 30 Metern werden von Purpurbakterien gefärbt

Auf der Oberfläche erloschener Geysire sind die Förderschlote sichtbar geworden. Deutlich lassen sich die tief zum Grund hinabreichenden geschichteten Natronsockel der Geysire erkennen

Ein Sturm peitscht Massen weißen Natrons über den trockenliegenden braungefärbten Seegrund. Die weißen Grate an den hochgebogenen Rändern der Waben wirken wie Schaumkronen hoher Wogen

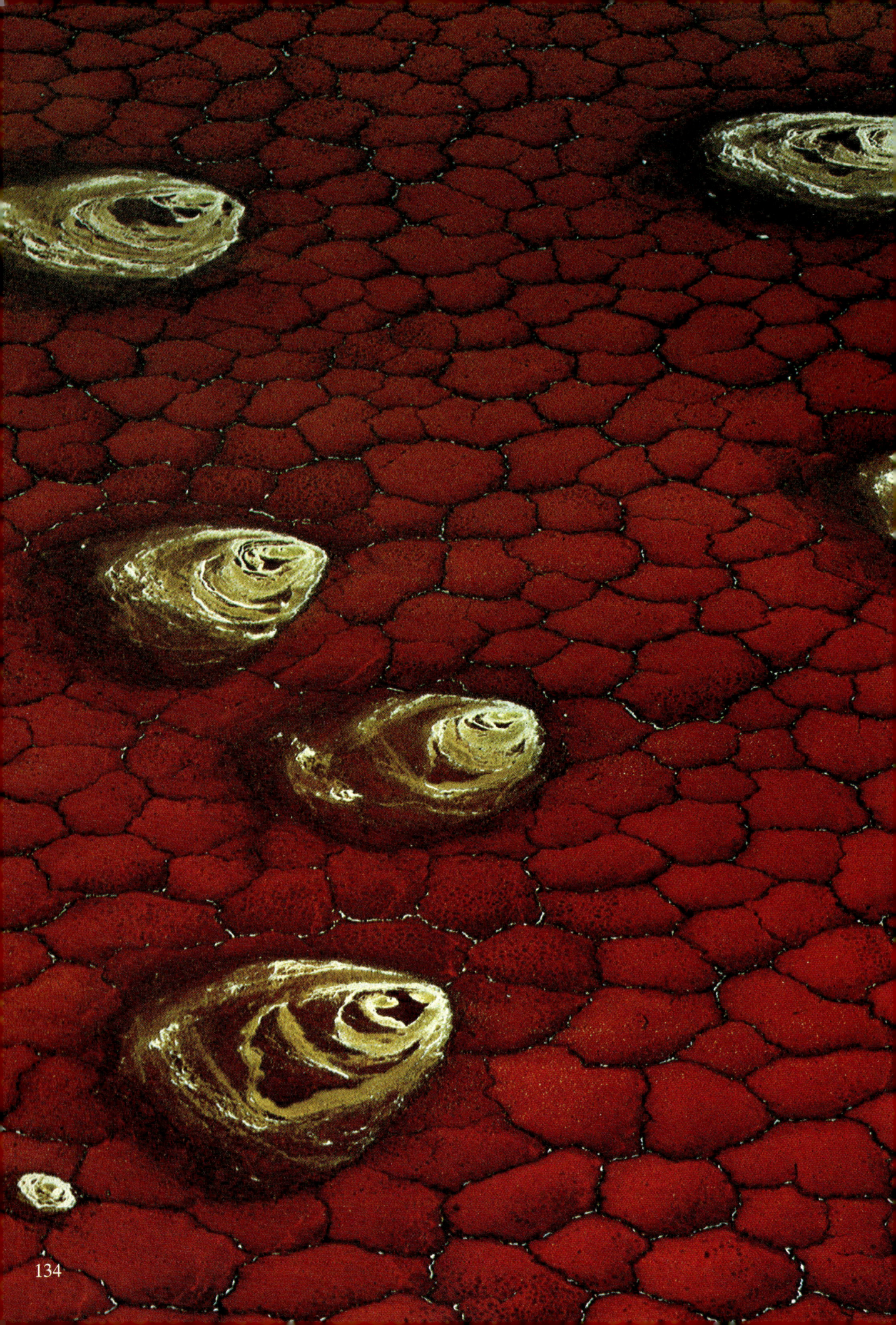

Durch die rissige und eingetrocknete Haut des Seebodens schwitzt die Erde weiterhin ihre Mineralien aus. Die Anordnung der Natrongeysire zwischen den schüsselförmig eingesunkenen Polygonen zeigt den Verlauf der tiefen Risse in der Erdkruste an

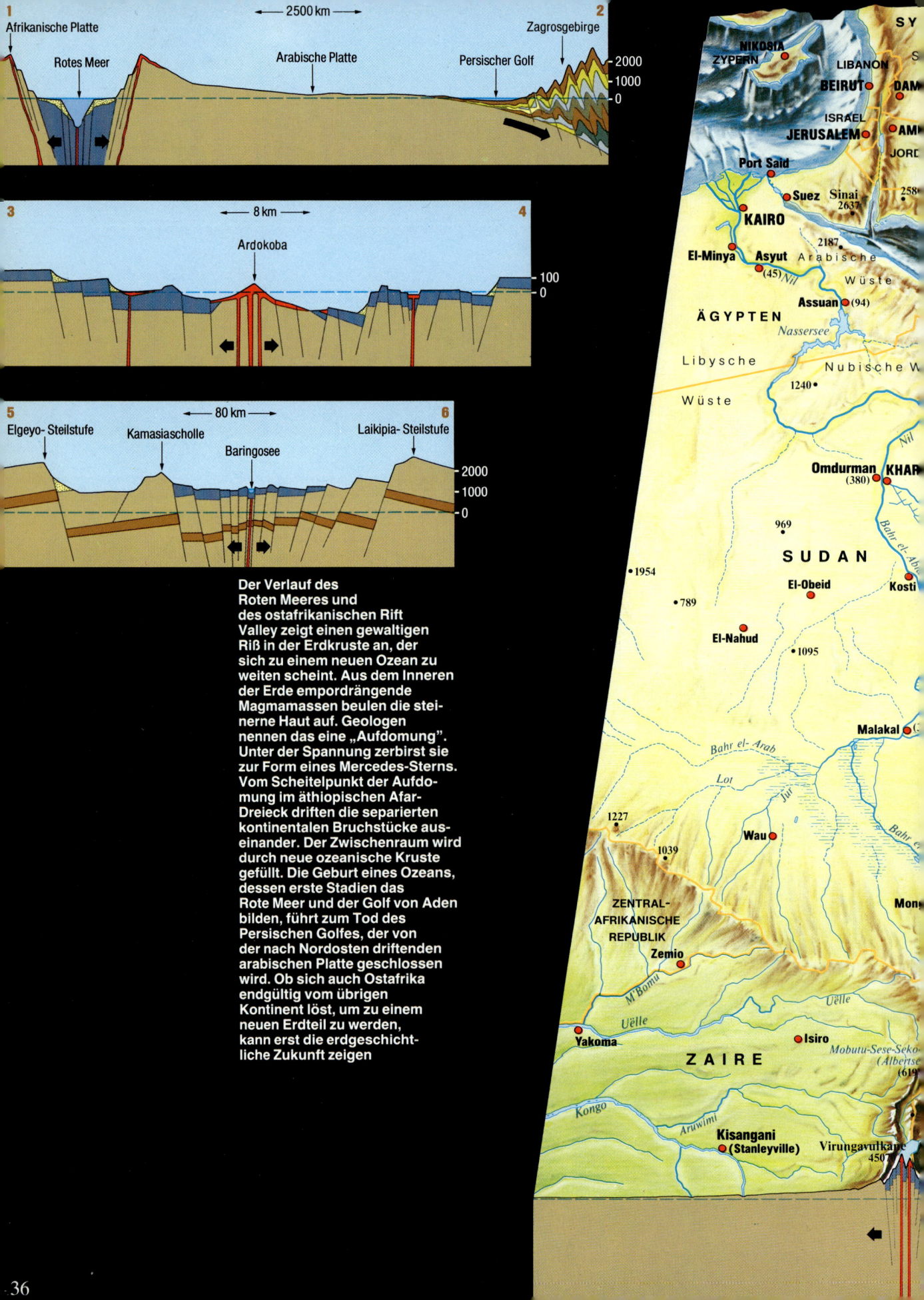

Der Verlauf des Roten Meeres und des ostafrikanischen Rift Valley zeigt einen gewaltigen Riß in der Erdkruste an, der sich zu einem neuen Ozean zu weiten scheint. Aus dem Inneren der Erde empordrängende Magmamassen beulen die steinerne Haut auf. Geologen nennen das eine „Aufdomung". Unter der Spannung zerbirst sie zur Form eines Mercedes-Sterns. Vom Scheitelpunkt der Aufdomung im äthiopischen Afar-Dreieck driften die separierten kontinentalen Bruchstücke auseinander. Der Zwischenraum wird durch neue ozeanische Kruste gefüllt. Die Geburt eines Ozeans, dessen erste Stadien das Rote Meer und der Golf von Aden bilden, führt zum Tod des Persischen Golfes, der von der nach Nordosten driftenden arabischen Platte geschlossen wird. Ob sich auch Ostafrika endgültig vom übrigen Kontinent löst, um zu einem neuen Erdteil zu werden, kann erst die erdgeschichtliche Zukunft zeigen

Am Morgen bin ich mit meinem Geländewagen in der kenianischen Hauptstadt Nairobi aufgebrochen. Ziel ist das Innere der Erde.

Die schmale Straße in südwestlicher Richtung sieht wie eine riesige Treppe aus, deren Stufen jeweils mehrere hundert Meter auseinanderliegen. Die Breite der Treppe ist unabsehbar. Seitlich verlieren sich die Steilstufen nach Süden und Norden in bläulichem Dunst.

Die Farbe der Landschaft ändert sich rasch. Während die oberen Stufen noch mit dem grünen Vegetationsflor der ostafrikanischen Hochlandsteppe bedeckt sind, ist weiter tiefer bald mehr und mehr nackter Fels zu sehen. Der Aufbau der äußeren Erdkruste wird sichtbar. Sedimentgesteine, Ablagerungen urzeitlicher Flüsse, Seen und Wüsten, türmen sich übereinander. Ihre Schichtungen liegen aufgeblättert da wie ein erdgeschichtliches Tagebuch, dessen Eintragungen aus Fossilien, aus versteinerten Pflanzen und Tieren bestehen.

Ich fahre an der Stelle vorbei, an der der britische Anthropologe Louis Leakey in den fünfziger Jahren unseres Jahrhunderts die ältesten Werkzeuge des Menschen gefunden hat: grobgestaltete Faustkeile. Weiter unten bestehen die Absätze der Treppe in die Erdgeschichte aus vulkanischem Gestein. Kilometerlange schwarze Lavaströme haben sich einst über die Stufen ergossen.

Die Temperatur nimmt beständig zu, jede Stufe weiter hinab einige Grad.

Eine Giraffenherde kreuzt die Straße. In der heißen, wallenden Luft sehen ihre Körper seltsam verzerrt aus, durch ihre langen Hälse scheint eine wellenartige Bewegung zu laufen. Kreaturen werden zu Erscheinungen. Zwischen den ausladenden Schirmen der Akazien treibt eine dunkle Wolke: Hunderttausende winziger Vogelleiber, Blutschnabelweber. Massaihirten mit Speeren und Wurfhölzern treiben eine vielhundertköpfige Rinderherde zu einem mit gelbbrauner Brühe gefüllten Wasserloch an der Sohle eines sonst völlig ausgetrockneten Flußbettes.

Ich bin im afrikanischen Rift Valley. Der Name bedeutet soviel wie Spaltental.

In der zweiten Hälfte des 19. Jahrhunderts hatten die Europäer immer noch sehr wenige Kenntnisse über das ostafrikanische Hinterland. Die Kolonialbeamten wagten sich kaum von ihren Handelsstationen an der Küste in das Landesinnere, das von wilden Tieren und noch wilderen kriegerischen Stämmen beherrscht war. Die Beamten waren auf die Berichte arabischer Karawanenführer angewiesen, die auf ihren Raubzügen nach Sklaven und Elfenbein weit nach Westen bis Uganda zogen. Nach ihren Angaben wurden die ersten Karten des unerforschten Schwarzen Erdteils gezeichnet, auf denen auffallend häufig große Seen im Landesinneren auftauchten.

1883 drang dann der erste Europäer, der deutsche Naturforscher Gustav Fischer, bis ins Massailand vor. Er bereiste und beschrieb das Gebiet vom Natron-See im heutigen Tansania bis zum Naivasha-See in Kenia und erkannte, worüber die ersten Karten erstaunlicherweise keinerlei Hinweise gegeben hatten: daß nämlich alle diese Seen den Grund eines gewaltigen Tales ausfüllten, das von Süden nach Norden verlief. Andere Forscher, die ihm folgten, bestätigten die Angaben durch die Entdeckung immer neuer Seen.

1887 entdeckte der ungarische Graf Teleki, der mit seinem Begleiter, dem deutschen Kunstmaler Ludwig von Höhnel, auf der Suche nach den rätselhaften Quellen des Nil 500 Kilometer weit ins Landesinnere marschiert war, einen See, dessen Existenz man immer für das Hirngespinst arabischer Karawanenführer gehalten hatte. Er war so riesig, daß er – ohne Sicht von einem Ufer zum anderen – einem Binnenmeer glich, und er hieß afrikanisch Basso Narok. Mit der Arroganz des europäischen Eroberers taufte Teleki das Gewässer um – in Rudolf-See, nach seinem Gönner und Finanzier, dem österreichischen Erzherzog und Kronprinzen. Inzwischen gibt es offiziell wieder einen afrikanischen Namen: Turkana-See, nach dem an seinen Ufern ansässigen Stamm.

Die Größe und Lage dieser Seen, vor allem des langgestreckten Rudolf-Sees, war überaus bemerkenswert. Auf den neuen Karten bildeten sie nun eine zusammenhängende Kette, deren nördlichstes Glied in das Rote Meer wies.

Beeindruckt von den neuen Entdeckungen, auch über den Verlauf der Seen und ihre Lage am Grunde eines tiefen Tales, erklärte der Wiener Geologe Eduard Sueß 1891, die Seenkette Ostafrikas zeige eine gewaltige Bruchspalte in der Erdkruste an, die sich über 6500 Kilometer von der Mündung des Sambesi quer durch Ostafrika, durch das Rote Meer bis zum Libanon erstrecke. Auch ein anderer Geologe, der Schotte John Walter Gregory, machte sich erkenntnisreiche Gedanken. Wie sein Kollege Sueß vermutete er als einer der ersten, daß alle Südkontinente die Überreste eines einst riesigen und inzwischen zerbrochenen Urkontinents waren. Er konnte es daher kaum erwarten, die große in Ostafrika vermutete Bruchspalte zu erforschen. 1892 erhielt Gregory die Einladung, an einer Expedition des Britischen Museums durch Somalia teilzunehmen. Er sagte begeistert zu, doch durch eine Kette unglücklicher Umstände gelangte das Unternehmen nicht an sein eigentliches Ziel. Von Strapazen, Malariaanfällen und einer schweren Ruhr gekennzeichnet, kehrte der Forscher nach Mombasa zurück. Kaum genesen, faßte er dort den Entschluß, auf eigene Faust eine Expedition ins Landesinnere durchzuführen. 1893 brach er in Mombasa mit einer vierzigköpfigen Trägerkarawane auf, um die vermutete Bruchspalte zu suchen und wissenschaftlich zu vermessen.

Nach fünf Wochen Fußmarsch erreichte der Forscher, inzwischen erneut von Malaria geschüttelt, sein Ziel. 40 Kilometer nordwestlich des heutigen Nairobi stand er am steilen Rand eines fast 600 Meter tiefen Grabens. In 50 Kilometer Entfernung erkannte er eine zweite senkrechte Felswand, die westliche Begrenzung des Grabens. Hier wollte Gregory mit seiner wissenschaftlichen Arbeit beginnen, aber kriegerische Massai vertrieben die Expedition. Gregory war gezwungen, am Rande des Grabens 160 Kilometer weiter nach Norden zu ziehen. Das war sein Glück.

Denn erst am Baringo-See gelang ihm der Durchbruch zu weittragenden Erkenntnissen. Eine Verkettung von Zufällen hatte Gregory genau an einen Punkt geführt, an dem sich die Entstehung des Rift Valley eindeutig entschlüsseln ließ. Der Forscher war der Ansicht, daß dieses Tal nicht wie etwa der Grand Canyon in Arizona durch einen Fluß ausgewaschen wurde, sondern daß ein Teil der Erdkruste zwischen den Steilwänden abgesunken sein mußte. Um das zu beweisen, galt es, wie die Geologen sagen, einen vertikalen Schnitt durch das gesamte Tal anzulegen. Gregory mußte die unterschiedlichen Schichten der Steilstufen, jede einzelne mit ihren ganz unverwechselbaren Merkmalen, auch zwischen den sich gegenüberliegenden Wänden wiederauffinden. Er mußte sie in dem abgesunkenen Stück Erdkruste nachweisen. Das aber war schwierig. War das Zwischenstück wirklich abgesunken, so mußte es dabei langsam mit Ablagerungen von Schlamm und Gesteinsschutt von Flüs-

1887 entdeckte der ungarische Graf Teleki während der Suche nach der Quelle des Nil den Rudolf-See

Der schottische Geologe John Walter Gregory erkannte während einer Expedition im Jahre 1893 als erster, daß das tiefe Spaltental Ostafrikas durch Absenkung der Erdkruste entstanden war.
Er gab ihm den Namen Rift Valley

sen bedeckt worden sein. Schon die Existenz des Baringo-Sees am Grunde des Grabens sprach für diese Annahme.

Westlich des Sees entdeckte der wagemutige Schotte eine gewaltige, isolierte Gesteinsmasse, die Kamasia-Scholle. Erst von ihrem hohen Kamm erkennt man, daß nicht sie, sondern eine Steilwand 15 Kilometer entfernt die westliche Begrenzung des Rift Valley bildet. Durch einen Zufall war die Kamasia-Scholle nicht so weit abgesunken wie das umliegende Gelände. Da sie außerdem während des Absenkens schräg verkippt wurde, ist sie nun leicht zugänglich.

Gregory konnte an ihr die gleichen Schichten entdecken wie in den Felswänden des Grabenrandes, nur 1800 Meter tiefer. Damit war erwiesen, daß das gesamte Gesteinspaket zwischen zwei parallelen tiefen Rissen der Erdkruste abgesunken war. Gregory prägte für seine Entdeckung einen neuen geologischen Fachausdruck. „Für diese Art von Tal schlage ich den Namen Rift Valley vor und benutze den Ausdruck Rift im Sinne eines verhältnismäßig engen Zwischenraumes, der auf eine Senkung zwischen parallelen Brüchen zurückzuführen ist. Solche Täler," fuhr er fort, „sind in vielen Teilen der Erde bekannt, aber dasjenige von Ostafrika darf mit Recht Großes Rift Valley genannt werden." Und lange vor Beginn des Weltraumzeitalters prophezeite Gregory, das Große Rift Valley werde eines der Merkmale der Erdkruste sein, das man selbst vom Mond aus sehen könne. Er sollte recht behalten. Inzwischen hat sich bei den Geologen der Name Gregory Rift eingebürgert.

Meine Straße führt, wie es scheint, über die untere Stufe der riesigen Bruchtreppe ins Nichts, genauer gesagt: in die Wolken. Wo ich am Ende der großen Regenzeit einen ausgedehnten See vermutet habe, gähnt unter mir ein Stück Himmel mit ziehenden Wolken darin. Es ist, als sei die Kugel unseres Planeten geborsten und ein zweiter, ein unterer Himmel sichtbar geworden. Erst weit im Westen, in schwer abzuschätzender Entfernung, scheint die Welt mit riesigen, gestaffelten schwarzen Bruchstufen wieder reale Formen anzunehmen.

Ich fahre weiter, hinab zum Rande des unteren Himmels. Er läßt sich berühren. Er ist naß. Ich stehe am Ufer eines der eigenartigsten Gewässer unserer Erde, am Magadi-See, und blicke irritiert auf einen riesigen Spiegel, in dem Himmel und Wolken ein genaues Abbild finden.

Es dauert Minuten, ehe ich merke, was mich irritiert: Obwohl ein kräftiger Passat weht, bleibt die Oberfläche des Sees völlig unbewegt, nicht die leiseste Kräuselung ist zu sehen. Das aber paßt nicht zusammen. Erfahrungen, die meine Sinne im Laufe des Lebens gesammelt haben, scheinen keine Gültigkeit mehr zu haben. Ich werde durch den Anblick des Magadi-Sees und durch die Notwendigkeit, mich in dieser eigenartigen Landschaft zurechtzufinden, geradezu gezwungen, über Funktion und Zusammenspiel von Sinnesorganen nachzudenken.

Beim Anblick der mehr oder weniger stark bewegten Oberfläche eines heimischen Gewässers hatte meine Haut

Das Ufer des Magadi-Sees am Grunde des Rift Valley wird von hohen gestaffelten Bruchstufen flankiert, die bei der Spreizung der Erdkruste entstanden

Die mit Salzen gesättigte dickflüssige Lauge des Magadi-Sees wirkt wie ein riesiger Spiegel, in dem Wolken und Himmel ein genaues Abbild finden

stets die dazu passende Windgeschwindigkeit registriert. Und auch umgekehrt war es mir immer selbstverständlich gewesen, beim Heulen eines Sturmes ein aufgewühltes Meer zu erblicken. Sieht man einmal von den sinnenverwirrenden Erlebnissen ab, die Helden von Science-Fiction-Romanen zu bewältigen haben, so gibt es auf der Erde nur ganz wenige Orte, an denen dieses Zusammenspiel der Sinne nicht mehr zu funktionieren scheint. Ich glaube, die meisten davon liegen im Großen Rift Valley Afrikas.

Ich strecke die Hand ins Naß, und obwohl ich nur kurz darin herumrühre, brennt die Haut und ist gerötet, als ich sie wieder herausziehe. Die Ufer des Magadi-Sees säumen hundert Quadratkilometer einer Flüssigkeit, die durch gelöste Mineralsalze zu einer ätzenden Lauge wurde. Das Wasser ist derart mit Salzen gesättigt, daß es zu schwer und dickflüssig ist, als daß es der Wind noch bewegen könnte.

Bei einem Nachtflug über den Natron-See, dem südlichen großen Nachbarn des Magadi-Sees, steigert sich die Verwirrung der Sinne zum Abenteuer. Das Gewässer im Norden Tansanias liegt in einer der entlegensten und heißesten Landschaften Ostafrikas. Es ist etwa 60 Kilometer lang. Seine Breite schwankt zwischen zwei und 20 Kilometern, je nach den Wassermengen, die in den Regenzeiten von den Hochplateaus und den Flanken gewaltiger Vulkane herabströmen und die Lauge verdünnen.

Während man bei einem Nachtflug über Mitteleuropa auf ein Meer von Lichtoasen blickt, beeindruckt der afrikanische Kontinent nachts durch seine Schwärze. Als die Lichter der kenianischen Hauptstadt Nairobi langsam am Horizont verschwinden, tauchen unter uns vereinzelt die einsamen Lagerfeuer der Massai auf. Mit jeder Bruchstufe, die wir überfliegen, versinken die Feuerstellen tiefer in der afrikanischen Nacht.

Vor uns liegt die kilometerlange, zuckende rote Schlange eines Steppenbrandes. Der Geruch verkohlter Vegetation dringt bis zu uns herauf. Die Massai legen diese Brände während der Trockenzeit; das frische Gras für ihre Rinderherden soll dadurch in der nächsten Regenzeit möglichst schnell die alte Vegetationsdecke durchdringen können.

Während der Pilot auf Höhenmesser und künstlichen Horizont blickt, bemerke ich durch das Auftauchen eines unteren Himmels, daß wir das Ufer des Sees überfliegen. Es ist gleichsam ein Überfliegen des Erdhorizontes — der Beginn eines Weltraumfluges.

Die Feuerstellen der Hirten weit hinter uns wirken wie der Feuerschein von Vulkanen, die Steppenbrände ähneln flammenden Kontinenten, von denen die Apokalypse spricht. Ich erblicke die kalte Klarheit des afrikanischen Sternenhimmels zum erstenmal gleichzeitig über mir und unter mir. Die Milchstraße schließt sich zu einem Ring, unser winziges Flugzeug wird zum Zentrum des Systems.

Die Szenerie steigert sich ins Phantastische. Vor uns tauchen Dutzende riesiger, spiralförmiger Gebilde auf wie aus der Schwärze des Alls. Sie scheinen unter uns im hellen Licht der Sterne matt zu fluoreszieren und hinter uns in die Nacht zurückzusinken. Ich habe das Gefühl, mit ungeheurer Geschwindigkeit durch die Tiefen des Alls, durch Ansammlungen von Galaxien zu fliegen.

Allmählich fällt auch das Empfinden für die zeitliche Dimension meines Daseins aus. Die Borduhr könnte statt Stunden auch Äonen anzeigen. Unsere Existenz ist von Instrumenten abhängig geworden, von Kompaß, Höhenmesser und vor allem von der grün schimmernden Linie des künstlichen Horizontes. Sie allein bietet abstrakte Gewähr dafür, daß wir uns noch im Bannkreis der Erde befinden. Würde dieses Instrument ausfallen, so wären wir in der Gefahr, das gleiche Schicksal wie alljährlich tausende nächtlicher Zugvögel zu erleiden, die, irritiert vom Spiegelbild der Sternbilder, nach denen sie sich orientieren, in den Laugensee stürzen. Ungewöhnlich viele Kadaver, die von Vogelkundlern auf der Oberfläche des Sees und an seinen Ufern gefunden worden waren, legen von der tragischen Sinnesverwirrung der Vögel Zeugnis ab. Die ätzende Flüssigkeit löst ihre Körper in kurzer Zeit bis auf die Skelette auf.

Wir nähern uns dem Ol Doinyo Lengai, einem knapp 3000 Meter hohen Vulkan am Südende des Natron-Sees, den die Massai als heiligen Berg verehren. Sein gewaltiger Kegel liegt wie eine schwarze Schablone vor dem Sternenhimmel. Aus seinem Krater steigen kaum sichtbar helle Wolkenfahnen in den Nachthimmel, die Ausdünstungen unseres Planeten.

Der Pilot legt die Maschine auf die Seite und wendet. Der Ring der Milchstraße, der uns umgibt, dreht sich einen Augenblick um ein imaginäres Zentrum, Sternbilder neigen sich auf die Seite. Über dem Ostufer des Sees, auf der Grenzlinie zwischen Erde und Weltall, zwischen Traum und Wirklichkeit, fliegen wir zurück. Die lodernden Vulkane schrumpfen wieder zu winzigen Lagerfeuern zusammen.

Dieser Flug, der mich in den Weltraum zu entführen schien, war nicht meine erste Begegnung mit dem Natron-See gewesen. Im Verlauf von neun Monaten habe ich ihn zwölfmal von oben inspiziert.

Das Abenteuer begann mit einem Zufall. Im kenianischen Teil des Rift Valley, im Massai-Mara-Wildreservat, fand eine gewaltige Tierwanderung statt. Mehr als eine Million Gnus waren aus der Serengeti herübergeflutet. Dieses seltene Schauspiel wollte ich mir nicht entgehen lassen. Nur aus der Luft war es möglich, derartige Tiermassen zu überschauen. Ich charterte also ein kleines Flugzeug, und da es kein großer Umweg war, bat ich den Piloten, über den Magadi- und den Natron-See zu fliegen.

Aus der Vogelperspektive wirkt das Rift Valley am eindrucksvollsten. Was am Boden schwierig ist, fällt einem in der Kanzel eines Flugzeuges zu: das Erkennen von Zusammenhängen. Ein Flug über den Teil der großen Erdspalte im Norden Tansanias wird besonders dann zu einer erdgeschichtlichen Offenbarung, wenn man einen wolkenlosen Tag mit klarer Fernsicht erwischt. Ich hatte dieses Glück.

Aus einer Höhe von mehreren tausend Metern betrachtet, hat der Natron-See am Grunde des Rift Valley zwischen den steil aufragenden, treppenartig gestaffelten Bruchstufen etwas von der gläsernen Stille eines norwegischen Fjords. Das Ufer, Grenzlinie zur Trockenheit der heißen Dornbuschsavanne, ist von auskristallisierten Salzen grellweiß markiert.

Bei meinem ersten Flug gibt es auf der Oberfläche des Sees noch keinen eindeutigen Hinweis auf die kommenden Veränderungen und dramatischen Ereignisse der nächsten Monate. Nur weißgraue, wolkenähnliche Gebilde treiben im See, Felder auskristallisierender Salze, nichts Ungewöhnliches für ein Gewässer im Rift Valley. Inmitten dieser treibenden Salzwolken liegen jedoch zahlreiche kleine, weiße Punkte, über deren Bedeutung ich mir noch nicht im klaren war.

Das Panorama der Bruchstufen jenseits des Natron-Sees ist unvergeßlich.

Weit im Osten ist der mit Schnee und Eis bedeckte Vulkankegel des fast 6000 Meter hohen Kilimanjaro zu erkennen, dessen Basisdurchmesser 80 Kilometer beträgt. Näher und etwas südlicher liegen die 4500 Meter hohen düsteren Flanken des Mount Meru mit seinem mehr als tausend Meter tiefen, geborstenen Kraterschlund. Unmittelbar am Ostufer des Sees steigt der Gelai empor, mit knapp 3000 Metern Höhe beinahe ein Zwerg unter Brüdern. Dieser Skyline von Einzelvulkanen gegenüber liegt westlich die gewaltige Masse des Kraterhochlandes. Sie umschließt den berühmten Ngorongoro-Krater, mit rund 20 Kilometern Durchmesser einer der größten der Erde.

Zwei Feuerberge erheben sich direkt am Grunde des Rift Valley: Die Vulkanruine des Shombole begrenzt den Natron-See im Norden, der schlanke Kegel des aktiven Ol Doinyo Lengai steht nahe dem Südufer.

Hunderte von Vulkanen im Bereich der großen Bruchspalte der Erdkruste bekunden, daß die steinerne Haut, die uns vom heißen, zähflüssigen Inneren unseres Planeten trennt, in Ostafrika besonders rissig ist. Die Vulkane sind riesige Überdruckventile inneren Aufruhrs kontinentzerreißender Kräfte. Während Gregory bereits im letzten Jahrhundert das Rift Valley als Senkungsgraben erkannte, sind die Geowissenschaftler heute damit beschäftigt, jene Vorgänge im Erdinnern aufzuspüren und zu erforschen, die zum Zerbrechen, Absinken und anschließendem Auseinanderdriften von Teilen der Erdkruste und letztlich zur Geburt neuer Ozeane führen können.

Bevor es, wie in Ostafrika, zum Aufbrechen der Erdkruste kommt, findet, wie die Geologen sagen, eine Aufdomung der Kruste statt. Gewaltige, aus tieferen Stockwerken der Erde, aus der sogenannten Asthenosphäre empordrängende Magmamassen, so meinen sie, beulen die Erdkruste auf. In diesem Stadium geht die Erde an einem Ozean schwanger. Wenn der Bauch der Erde eines Tages so weit anschwillt, daß die Dehnungsfähigkeit der steinernen Haut überschritten wird, reißt die Kruste auf. Wie es von nun an weitergeht, ist in diesem Stadium jedoch noch völlig offen. Es könnte sich um die allerersten Wehen der Geburt eines neuen Ozeans handeln, aber es kann auch zu einer Fehlgeburt kommen.

Dem deutschen Geologen Hans Cloos verdanken wir genauere Kenntnisse darüber, nach welchen Gesetzmäßigkeiten die Erdkruste in Ostafrika zerbricht und wie durch Absenkung das Rift Valley entstand. Während die Geophysiker heute mit immer raffinierteren elektronischen Geräten versuchen, die Erdkruste und das Innere der Erde zu erforschen, wandte Hans Cloos in den dreißiger Jahren noch Methoden an, die sich eher steinzeitlich ausnehmen; sie lieferten jedoch die erhofften und bis heute anerkannten Ergebnisse.

Als Erdkruste diente ihm in seinen zahlreichen Experimenten einfacher feuchter Lehm. Die vermuteten, an der Unterseite der Erdkruste empordrängenden Kräfte aus dem Erdinneren erzeugte er mit Hilfe einer Ballonhülle, die er dick mit dem Lehm bestrich und dann weiter aufblies. Dabei riß die sich emporwölbende Lehmkruste nicht einfach auf, sondern es bildeten sich stets wie im Rift Valley zwei parallel verlaufende Risse, zwischen denen ein Lehmpaket wie in einen Graben absank.

In diesem Modellversuch stimmten die Scheitelgräben in den Lehmdomen mit dem ostafrikanischen Grabenbruch so weit überein, daß sich selbst die für die auseinanderweichenden Wände des Rift Valley typischen, treppenartigen Abrutschungen zeigten. Das frappierendste aber war, daß in Cloos' emporgedrückter Lehm-Erdkruste, wenn die angenommenen Naturkräfte so genau wie möglich simuliert wurden, jeweils drei Scheitelgräben entstanden, die vom höchsten Punkt der Aufwölbung sternförmig auseinanderliefen. Auch das entsprach genau dem Vorbild in der Natur. Dieses Phänomen in den großen Grabenbrüchen wird von den Geologen als „triple junction", als Dreifachkreuzung, bezeichnet. „Das Experiment liefert Gräben", schrieb Hans Cloos in seiner berühmt gewordenen Arbeit „Hebung – Spaltung – Vulkanismus", „die bis ins einzelne hinein den großen irdischen vollkommen gleichen."

Noch ein anderes Phänomen in Ostafrika beschäftigte den Geologen immer wieder: Es gibt dort zwei große – und anscheinend nicht miteinander verbundene – Grabenbruchsysteme, ein östliches und ein westliches.

Das östliche Rift Valley, auch Gregory-Rift genannt, verläuft von Nordtansania bis zum Turkana-See und scheint sich von dort durch das äthiopische Rift und das Afar-Dreieck bis ins Rote Meer fortzusetzen. Noch nicht ganz geklärt ist die Verbindung zwischen diesen beiden östlichen Rift Valley-Teilen im Untergrund des Turkana-Sees.

Das westliche Rift Valley verläuft 600 Kilometer entfernt bogenförmig vom Mobutu-See, dem früheren Albert-See, über den Edward- und den Kivu-See bis ans Südende des langgestreckten Tanganjika-Sees. Über eine ebenfalls nicht restlos aufgeklärte Verbindung am Rukwa-See setzt es sich über das Malawi-Rift bis etwa zur Sambesi-Mündung fort. Auf dem Grunde des westlichen Rift Valley zwischen dem Edward- und dem Kivu-See erheben sich die Virunga-Vulkane mit dem Nyiragongo.

Zwischen diesen beiden Rift Valley-Systemen liegt der große Victoria-See, der einzige Ostafrikas außerhalb der

Dem deutschen Geologen Hans Cloos gelang es im Experiment, Modelle zu entwickeln, welche die Entstehung des ostafrikanischen Rift Valley verständlich machen

An der Spitze einer Halbinsel im Magadi-See haben Wasser- und Luftströmungen eine Spirale aus Natronschollen gebildet. Vor dem windgeschützten Ufer sind sie zu einem breiten Saum angetrieben

beiden Rift Valley-Systeme. Das hat seinen Grund: Unter dem Victoria-See lagert ein ausgedehnter, uralter Pluton, wie man Tiefengesteinskörper nennt; er zählt zu den größten der Erde und besteht aus Granit. Er entstand vor Milliarden Jahren, als sich gewaltige Granitmassen durch Gesteinsmetamorphose im Bereich der Asthenosphäre gebildet hatten; weil sie im Vergleich zum Magma eine geringere Dichte und damit ein geringeres Gewicht haben, stiegen sie an die Erdoberfläche empor. Dieser Vorgang ist den Ereignissen vergleichbar, wie ich sie bereits im ersten Kapitel über die Entstehung der zweilagigen Kruste der Urkontinente beschrieben

habe. Die Oberfläche des sogenannten ostafrikanischen Zentralgranits, in dem viele Geologen einen Überrest der Urkontinente aus den Anfängen der Erdgeschichte sehen, ist konkav — etwas flacher konvex als die Erdkrümmung — und füllte sich mit dem Wasser des Victoria-Sees.

Hans Cloos wies in seinen Experimenten nach, daß die starre und nur sehr schwer zerlegbare Masse des Plutons die an sich auf einer geraden Nordsüdlinie angelegte Grabenbruchbildung abgelenkt hatte. Seitlich des Plutons war ein östlicher und ein westlicher Rift Valley-Arm entstanden. Man kann in der durch die tiefen Grabenbrüche isolierten Gesteinsmasse

Auch im Kleinen lassen sich die Naturvorgänge studieren, welche dem Zerbrechen ganzer Kontinente und der Entstehung neuer Ozeane ähnlich sind. Auf der erkaltenden Oberfläche eines Lavasees im Vulkan Kilauea auf Hawaii hat sich durch unterschiedliche Bewegungen der Lavaschollen eine Verwerfung in dem glutflüssigen Riß gebildet, der die Schollen auseinandertreibt. An anderen Stellen brechen durch empordrängende Lavamassen eine einfache und eine doppelte triple junction in der Kruste auf

des ostafrikanischen Zentralgranits fast schon wieder eine eigene kleine kontinentale Platte sehen, deren Oberfläche völlig vom Victoria-See bedeckt ist.

Für Hans Cloos waren die Übereinstimmungen der Formen, die seine Experimente mit denen der Erdkruste ergaben, Inhalt einer geometrischen Weltordnung. Er schrieb: „Wenn der Reiz vieler Kunstwerke in den geometrischen Proportionen ihrer Maße und Linien begründet liegt, so wird auch, wer im Geiste das Erdbild betrachtet, wie in klaren Nächten den Mond, in der ästhetischen Schönheit der irdischen Großformen einen Ausdruck ihrer tief inneren geometrischen Ordnung verspüren."

Als mein Pilot die Maschine über dem Krater des Ol Doinyo Lengai abdreht, um ins Massai-Mara-Wildreservat zu fliegen, befinden wir uns genau über dem Scheitelpunkt einer triple junction im Gregory-Rift. Vom Hauptzweig, dessen Bruchstufen sich südlich des Manyara-Sees verlieren, strebt in südwestlicher Richtung der kurze Arm des Eyasi-Rifts. Einige Geologen sind der Meinung, daß sich an dieser Stelle der Erdkruste sogar eine sehr seltene Ausnahme von der Regel der triple junctions befindet. Sie sehen in dem sogenannten Kilimanjaro-Trog, der vom Hauptgrabenbruch nach Nordosten verläuft, einen weiteren Riftarm, der gerade entsteht. So besehen, flogen wir also über einer Viererkreuzung der aufgebrochenen Erdkruste.

Ob die durch die Aufwölbung der Erdkruste aufgeplatzten triple junctions sich weiten, die separierten Krustenteile auseinanderdriften und so im Laufe langer geologischer Zeiten Raum für die Entstehung neuer Ozeane geben, hängt davon ab, ob das erdumspannende Bewegungssystem der driftenden Platten die neu entstehenden Plattenteile aufnehmen und fortführen kann. Was die zukünftige Ent-

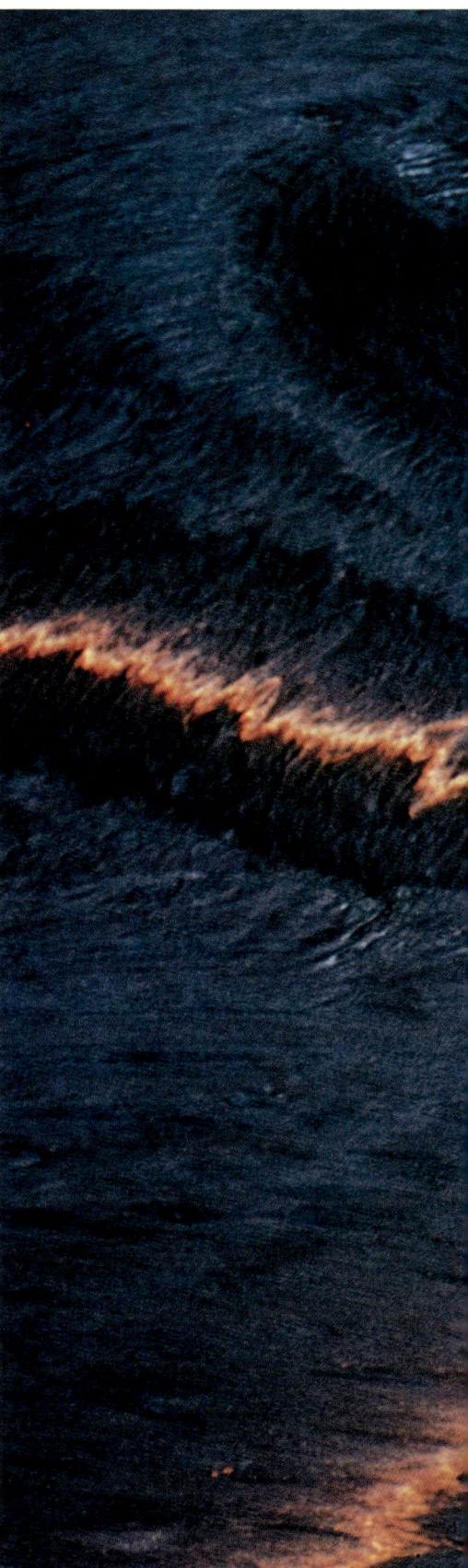

Der Ngorongoro-Krater ist mit 20 Kilometern Durchmesser einer der größten der Erde und berühmt wegen seines Tierreichtums. Seine Lage inmitten des Kraterhochlandes von Nordtansania zeigt diese Falschfarbaufnahme eines Landsat-Satelliten. Da Informationen im infraroten Strahlungsbereich, wie sie von der Vegetation dieses regenreichen Gebiets ausgesendet werden, vom menschlichen Auge nicht wahrgenommen werden können, sind sie rot wiedergegeben. Wie von einem bläulichen Eispanzer scheint der Natron-See am oberen Rand des Bildes bedeckt. Südlich davon liegt der Ol Doinyo Lengai. Im Gegensatz zu den anderen Vulkanen trägt er keine rote Vegetationskappe. Daraus läßt sich schließen, daß er aktiv ist

wicklung Ostafrikas anbelangt, so spalten sich die Geologen derzeit in mehrere Lager.

Zunächst sehen die meisten von ihnen in dem gesamten Bruchsystem vom Roten Meer durch Ostafrika bis zur Sambesi-Mündung eine Art Reißverschluß der Erdkruste. Wo er geöffnet ist, dehnt sich bereits ein junger Ozean, das Rote Meer. Die Verzahnung des Reißverschlusses beginnt derzeit im Afar-Bereich am Eingang zum äthiopischen Teil des ostafrikanischen Grabenbruches.

Die einen Geologen sind jedoch der Meinung, der Reißverschluß werde sich nicht weiter öffnen und Ostafrika werde sich nicht wie Arabien endgültig vom übrigen Teil des Kontinents lösen können, um nach Osten zu driften, weil der größte Teil des Kontinents wie zwischen den Zwingen eines Schraubstocks unter zweiseitigem Druck steht: Zum einen unter dem Druck der sich nach Osten ausbreitenden Bodenplattenhälfte des Atlantischen Ozeans, zum anderen unter dem Druck der sich nach Westen ausbreitenden Bodenplattenhälfte des Indischen Ozeans, die entlang des Carlsberg-Rückens produziert wird. Es kommt darauf an, ob die Spreizungskraft im ostafrikanischen Grabenbruchsystem ausreicht, um den Druck dieser beiden Zwingen zu überwinden. Die Befürworter der Theorie von der Abdrift Ostafrikas halten dem entgegen: Ein anderes Stück Afrikas, Madagaskar, hat es auch geschafft, weil die Spreizungskraft entlang des Carlsberggrabens zu erlahmen scheint. Sie entdeckten auch die triple junction, von der aus die Abdrift jenes Kleinkontinents vor etwa hundert Millionen Jahren begann. Genauer gesagt: Es waren drei kompliziert ineinandergreifende triple junctions am Südende des Malawi-Rifts, die dies bewirkten.

Die Geologen glauben sogar Spuren der triple junction für die Abspaltung einer viel größeren Landmasse von Afrika entdeckt zu haben – Südamerika, dessen Trennung von Afrika vor 170 bis 200 Millionen Jahren die Geburt des Atlantischen Ozeans einleitete. Ein Arm dieser triple junction ist das Benue-Rift in Westafrika, das vom Nigerdelta nach Nordosten verläuft. Von einem tief eingesunkenen Grabenbruch ist hier allerdings nichts mehr zu erkennen.

Das Benue-Rift ist ein sehr guter Beweis für die Erkenntnis der Geologen, daß sich in der Regel nur zwei Arme einer triple junction weiterentwickeln; der dritte Arm wird meistens inaktiv, er stirbt sozusagen ab. Als der Atlantik entstand, entwickelten sich

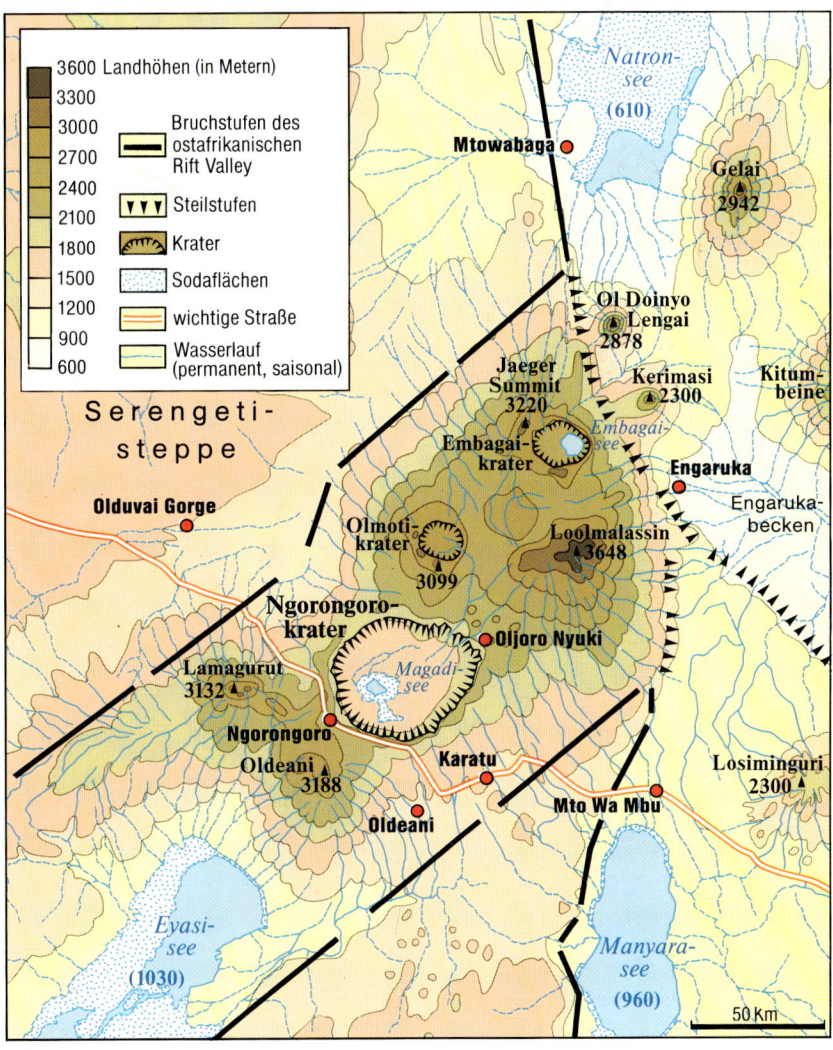

Die kartographische Auswertung des Satellitenbildes zeigt, daß es genau über dem Scheitelpunkt der südlichen triple junction des Gregory-Rifts aufgenommen wurde. Vom Hauptriß, dessen Bruchstufen sich südlich des Manyara-Sees verlieren, zweigt in südwestlicher Richtung der kurze Arm des Eyasi-Rifts ab. Die Ergüsse von Vulkanen haben es in ein Kraterhochland verwandelt

die aktiven Arme der zum Benue-Rift gehörenden triple junction zum mittelatlantischen Rücken, der die ozeanische Kruste produziert. Der dritte Arm – das Benue-Rift – starb ab und wurde vom Meer überflutet. Im Laufe der Zeit lagerten sich 4000 Meter mächtige Sedimente in dem hundert Kilometer breiten Trog ab und löschten seine ehemalige Natur im heutigen Oberflächenbild der Erde aus.

Mit 16 Aufdomungen der Erdkruste, 29 Rift Valleys und elf triple junctions besitzt der afrikanische Kontinent mehr dieser Strukturen, welche die Erdkruste sprengen, als jeder andere Kontinent. Die Vermutung liegt also nahe, daß Afrika eine Art Mutterkontinent ist, von dem unter ständiger Verkleinerung neue kleine und große Kontinente abgespalten werden, wodurch wiederum auch neue Ozeane entstehen. Auch in der Gegenwart gibt es eine aktive, sich weitende triple junction: Das Afar-Dreieck im Norden des ostafrikanischen Rift Valley-Systems. Über diese Region berichte ich im sechsten Kapitel.

Während meines zweiten Flugs zum Natron-See erkenne ich die Gegend kaum wieder. Wo ich vor Wochen einen blauen See sah, liegt eine Fläche wie aus schwarzem Spiegelglas, übersät mit riesigen weißen Spiralen. Sie haben sich anscheinend aus den kleinen weißen Punkten entwickelt, die mir bei meinem ersten Flug aufgefallen waren. Die Spiralen, von denen die größten einen Durchmesser bis zu zwei Kilometern aufweisen, sind Geysire fast reinen Natriumkarbonats, eines alkalischen Salzes, unter dem Namen Natron oder Soda bekannt, das von der Erde ausgeschwitzt wird und durch den großen Riß der Erdkruste an die Oberfläche quillt. In den dunklen Zwischenräumen entdecke ich unzählige, bläuliche, blasenartige Gebilde. Sie zeigen eine schillernde, helle Transparenz und erinnern mich an die reizvollen Lufteinschlüsse einer Glasbläserarbeit. Es sind ebenfalls Ausdünstungen unseres Planeten, riesige Gasblasen, die aus der schwarzen Tiefe des Sees langsam durch das dickflüssige Substrat an die Oberfläche steigen, wo sie ihren Inhalt an die Atmosphäre abgeben.

Von Gewässer kann bei diesem Flug keine Rede mehr sein. Soda und Gasausbrüche haben den Natron-See in eine ätzende, giftige Lauge verwandelt. Wir fliegen mehr als tausend Meter hoch über eine große und brodelnde Chemieretorte, die mit einer für fast alle Lebewesen tödlichen Flüssigkeit gefüllt ist.

Als der Pilot in steilen, engen Spiralen zu einem Tiefflug ansetzt, werde ich nervös. Hitze und beißender Gestank dringen durch das geöffnete Cockpitfenster in die Kabine. Eine Notlandung in diesem ätzenden, mineralischen Sumpf würden nur unsere Skelette längere Zeit überstehen.

Die Nadel des Höhenmessers klettert, und bald befinden wir uns wieder in sicherer Höhe über dem unheimlichen Geschehen. Unsere kleine Maschine nimmt Kurs auf das Ostufer der Retorte, auf den Vulkankegel des Gelai.

Die Szenerie ändert sich. Mit der Bemerkung: „Wir sind im Landeanflug auf einen fremden Planeten", formuliert der Pilot genau das, was ich empfinde. Unter uns liegt eine mehrere Quadratkilometer große, grüne Fläche. Ihre Struktur ist einem von Prielen durchzogenen Watt vergleichbar. Es sieht aus, als seien während der letzten Eruption des Gelai von seinen Flanken nicht Lava, sondern ungeheure Mengen grüner Farbe in den See hinabgeflossen.

Wir fliegen über dem Delta eines Flusses. Jetzt, am Ende der großen Regenzeit, ergießen sich noch immer gewaltige Süßwassermengen von den Hängen der Vulkane in die ätzende

Flüssigkeit des Natron-Sees; sie machen das zeitweilige Vordringen von Leben in eine sonst extrem lebensfeindliche Umwelt möglich. Die grüne Farbe stammt von Myriaden grüner Algen. Deutlich ist zu erkennen, wie die einzelligen Pflanzen vor den Eruptionen der Sodageysire zurückweichen, die inmitten des Deltas liegen. In diesem riesigen Farbtopf des Anorganischen wirkt – aus großer Höhe betrachtet – die Farbe des Lebens von allen am unwirklichsten und überaus giftig. Das grüne Delta eines anderen Flusses scheint übersät mit rosa Blütenblättern: Angelockt von der Algennahrung, haben sich dort etwa 300 000 Flamingos versammelt.

Wie aber sind die ungewöhnlichen geothermalen Aktivitäten der riesigen Geysire, die den Natron-See so dramatisch verändert haben, zu erklären? Und woher stammt das Natriumkarbonat?

Dieses alkalische Salz ist keinesfalls ein primäres Ausgasungsprodukt des Magmas im Erdinnern wie etwa Wasserdampf, Schwefel oder Kohlendioxid. Es mußte durch einen sekundären Vorgang entstanden sein. Diese bei-

Der afrikanische Kontinent ist durchzogen von Rift Valleys und triple junctions. Von drei ineinandergreifenden triple junctions am Südende des Malawi-Rifts driftete vor hundert Millionen Jahren die Insel Madagaskar ab. Von einer ehemaligen triple junction am Benue-Rift löste sich vor 170 bis 200 Millionen Jahren das jetzige Südamerika. An der triple junction von Afar begann vor 20 Millionen Jahren die Abspaltung Arabiens

den Fragen lassen sich nur im Zusammenhang mit einer anderen beantworten, welche die Geologen seit langem beschäftigt: Wie war es überhaupt möglich, daß das aus relativ leichtem, kontinentalen Material bestehende Gesteinspaket zwischen den parallelen Brüchen der Erdkruste mehr als eintausend Meter absinken konnte, wenn doch die Aufdomung der Erdkruste durch empordringendes schweres Magma aus dem Erdmantel verursacht wurde?

Das Gesteinspaket mußte aufschwimmen, statt abzusinken.

Die Geophysiker haben herausgefunden, daß in der Asthenosphäre wie in riesigen Schornsteinen sehr heiße thermische Fronten senkrecht aufsteigen. Ein solches Phänomen nennen sie einen „hot spot", einen heißen Fleck. Dieser einer Windhose vergleichbare thermische Auftrieb verflüssigt in seinem Einflußbereich das schwere basaltische Magma, das auch unter den Kontinenten lagert. Seine Dichte nimmt ab, es wird sogar noch etwas leichter als die kontinentale Kruste. So bekommt das Magma einen Auftrieb, über dem die kontinentale Kruste sich aufwölbt und bricht. In dieses verflüssigte, durch Ausdehnung leichter gewordene Magma kann nun ein kontinentales Gesteinspaket einsinken.

Die aufsteigenden Magma-Massen des „hot spot" besitzen die Eigenschaft, sich in eine pilzförmige, gestreckte Konvektionszelle zu verwandeln, welche die separierten Krustenteile auseinandertreiben kann. Ob und wie dies geschieht, entscheidet über das weitere Schicksal einer Aufdomung und einer triple junction.

Jedenfalls kommt es tief unter der Erdoberfläche, dort, wo das empordrängende Magma auf die verschiedenartigen Gesteine der starren, erkalteten Erdkruste trifft, zu gewaltigen, die ursprüngliche Materie chemisch und physikalisch verwandelnden Schmelz- und Entgasungsvorgängen. Kohlendioxid wird frei und verbindet sich mit einem anderen Element, mit Natrium, das ebenfalls im Magma reichlich vorhanden ist, zu Natriumkarbonat.

Während meines zweiten Fluges über den Natron-See wird mir eines klar: Um die riesigen Natrongeysire im See ausbrechen zu lassen, muß eine wahrscheinlich sehr seltene Kombination zweier Ereignisse stattgefunden haben. Einmal müssen die kontinentzerreißenden Vorgänge im Erdinneren im Moment ziemlich stark sein und Natriumkarbonat produzieren. Zum anderen muß ein großer Wasserkreislauf in der Erdkruste vorhanden sein, der das Natriumkarbonat durch tiefe Risse an die Oberfläche spült.

Während seines letzten großen Ausbruchs 1966 spie der Ol Doinyo Lengai nahe dem Südufer des Natron-Sees Lava aus, die so stark natronhaltig war, daß sie seine Flanken in eine Winterlandschaft verwandelte. An einen Lavastrom erinnert die ätzende Masse aus Natronschaum, die der Wind ans Ufer des Magadi-Sees gedrückt hat

Derartige Wasserkreisläufe sind in einer Landschaft wie dem Rift Valley in schwächerer Form ständig vorhanden. Regenwasser dringt auf dem ostafrikanischen Hochplateau beiderseits des Rift Valley durch unzählige tiefe Risse in die Erdkruste ein. Über den heißen Magmablasen erhitzt es sich. Wenn es dann unter hohem Druck, angereichert mit den verschiedenartigsten Mineralien aus den Gesteinen, in Geysiren am Grunde des Rift Valley an die Oberfläche schießt, hat es meist eine jahrelange Wanderung durch die Erdkruste hinter sich.

Die enormen Ausbrüche von Natrongeysiren, die ich beobachtet habe, waren wahrscheinlich auch die Folge einer besonders starken Regenzeit, die vielleicht schon viele Jahre zurücklag.

Da ich überzeugt war, Augenzeuge der ersten Wehen einer Ozeangeburt zu sein, beschloß ich, mit weiteren Flügen den faszinierenden Vorgang im Natron-See weiter zu verfolgen.

Dieses Mal charterte ich gleich zwei Maschinen. Während die eine ständig möglichst niedrig fliegen sollte, wollte ich sie aus der zweiten von oben beobachten und fotografieren. Nur so, schien mir, war es möglich, eine richtige Vorstellung von der Größe der Phänomene zu vermitteln. Ein stundenlanger Tiefflug über einem derart höllischen Ort war zwar riskant; außerdem würde es schwierig sein, den Flug beider Maschinen zu koordinieren, aber dennoch gelang es mir, zwei der erfahrensten ostafrikanischen Buschpiloten für den Plan zu begeistern.

Während ich mit der einen Maschine aufsteige, wartet die andere startbereit auf einer kleinen Buschpiste am Magadi-See. Aus großer Höhe beobachten wir ihren Start: ein winziger weiß-roter Punkt an der Spitze einer Staubfahne. Als wir die Uferzone des Natron-Sees überfliegen, ist der Punkt unter uns jedoch verschwunden — verschluckt von den bizarren Strukturen.

Wir sprechen per Funk mit dem Piloten der anderen Maschine, aber obwohl er uns genau beschreibt, über welchem Geysir er sich gerade befindet, sehen wir sie nicht. Aus seiner Perspektive ist er in einer völlig anderen Welt als wir. Selbst als mein Pilot unser Flugzeug fast bis auf die Höhe der unteren Maschine sinken läßt, entdecken wir sie nicht.

Uns bleibt nichts anderes übrig, als uns über einer bestimmten Landmarke neu zu verabreden. Wir wählen die hohe Bruchstufe westlich des Sees. Als wir sie erreicht haben, ohne daß das andere Flugzeug auftaucht, steuern wir eine markante Insel grüner Bäume am Fuße der Felswand an. In ihrer Nähe grast, weithin sichtbar, eine große Rinderherde — ein idealer, ein eindeutiger Treffpunkt.

Die Massaihirten, die zu uns emporblicken, wundern sich sicherlich, daß in dieser entlegensten Ecke Ostafrikas gleich zwei Flugzeuge mehrere Minuten ausgerechnet über ihren Köpfen kreisen, um dann zusammen an einen Ort zu fliegen, von dem ihre Sagen und Legenden Fürchterliches berichten und prophezeien: Dort haben gewaltige Feuersbrünste und Überschwemmungen ihre Vorfahren verschluckt. Die Legenden der Stämme im Rift Valley haben die Ergebnisse geologischer Forschung längst vorweggenommen: Einige der Absenkungen müssen sich während der letzten 30 000 Jahre ereignet haben, also innerhalb der Spanne des kollektiven Gedächtnisses der afrikanischen Völker. Auch für die Zukunft sprechen ihre Mythen von großen Fluten und Untergang.

Wieder über dem See angelangt, lasse ich die andere Maschine tief unter uns nicht mehr aus dem Auge. Ihre Winzigkeit steigert das, was wir nun erblicken, ins Unfaßbare. Der embryonale Ozean hat sich abermals völlig verwandelt. Der gigantische Spiegel ist zerbrochen. Helle Scherben, die das

Sonnenlicht silbern reflektieren, treiben auf einer schwarzen Flüssigkeit. Da in ihr das atomare Feuer der Sonnenscheibe ebenfalls reflektiert, scheint es, als trieben die Scherben im Raum. Spiegel auf Spiegeln. Die Welt wird zu einer optischen Täuschung, in der die Unterscheidung zwischen horizontalen und senkrechten Dimensionen nicht mehr möglich ist.

Wir müssen hinunter, um die Erscheinungen näher zu erforschen. Der Pilot der tieffliegenden Maschine berichtet über Sprechfunk begeistert, er befinde sich über silberfarbenen Packeisfeldern eines polaren Ozeans.

Auch die einst milchfarbenen Spiralen der Geysire haben sich verwandelt. Sie scheinen jetzt aus durchgerührter weißer, roter und blauer Farbe zu bestehen, ihre äußeren Arme aus Packeis. Bei meinem nächtlichen Weltraumflug über den See Wochen zuvor waren mir die milchfarbenen Spiralen wie Galaxien vorgekommen. Im Tiefflug kann ich die wahre Natur der treibenden Packeisfelder erkennen: Jetzt, in der Trockenzeit, verdunstet das Wasser des Sees, und wie bei einer lange kochenden Suppe dicken die festen Bestandteile mehr und mehr ein. Die Lauge wird zunehmend mineralischer, und das Soda kristallisiert an den Außenwindungen der Geysire zu silberfarbenen Schollen, die der Monsun forttreibt.

Eine besonders bunte „Galaxie" im Südteil des Sees, von ausgedehnten „Packeisfeldern" umgeben, erregt meine Aufmerksamkeit. Ihren Durchmesser schätze ich auf vier Kilometer. Aus 3000 Metern Höhe sieht ihr Zentrum seltsam unstrukturiert, diffus aus. Ich bitte den Piloten der anderen Maschine, die in nur zehn Metern Höhe fliegt, das Zentrum der Spirale zu erkunden. Als das Flugzeug, aus unserer Höhe betrachtet nicht mehr als ein winziger Punkt, die äußeren Arme der Riesenspirale erreicht hat, verliere ich es aus den Augen. Nach einer Weile meldet sich sein Pilot plötzlich aus dem Zentrum der Spirale.

Er muß sofort abdrehen, denn es wird unerträglich heiß. Während er seine Maschine hochzieht, fliegen wir, neugierig geworden, in steilen Schleifen hinunter. Mir wird schwindlig. Die winzigen „Spiegelscherben" vergrößern sich rasch zu Sodaschollen von mehreren hundert Metern Kantenlänge. Die äußeren Arme der Galaxie, die beim nächtlichen Flug vor ein paar Wochen noch Lichtjahre zu umspannen schienen, schrumpfen auf die begreifbare Dimension mehrerer Kilometer zusammen.

Aus einer Höhe von 500 Metern blicke ich schließlich in einen kochenden Farbtopf. In seiner Mitte wallen, quellen, schwappen Tonnen kochenden Natriumkarbonats an die Oberfläche. Dieser Ort liegt genau auf der Linie der Vulkane Shombole und Lengai. Vom Lengai ist bekannt, daß seine Lava ungewöhnlich große Mengen Natron enthält. Während seines letzten großen Ausbruchs im Jahre 1966 waren zehntausende von Tonnen Natron aus seinem Schlot gequollen und hatten seine Flanken bis in die angrenzenden Steppen in eine weiße Winterlandschaft verwandelt. Es scheint mir durchaus möglich, daß das Geschehen inmitten des Riesengeysirs die Geburt auch eines neuen Vulkans ankündigt.

Dem visuellen Erleben sind in dieser Region unseres Planeten keinerlei Grenzen gesetzt. Bei einem meiner nächsten Flüge ist wieder alles anders.

Zuerst fällt mir die Veränderung beim Überfliegen des Magadi-Sees auf. Der Grund des Rift Valley sieht aus, als wäre er mit Blut bedeckt. Nie habe ich etwas Derartiges gesehen noch jemals davon gehört. Der embryonale Ozean des Natron- und Magadi-Sees erstarrt jetzt, in der Trockenzeit, langsam in seinen eigenen mineralischen Ausscheidungen.

Das Flugzeug vermittelt eine Vorstellung von der Größe der Natronschollen, die am Rande eines Doppelgeysirs entstehen und wie Packeis wegdriften. Sie zerbrechen und lösen sich auf, um sich an anderer Stelle neu zu formieren

Während der Trockenzeit bauen die Natronmassen, die auch aus den Rissen im Seeboden zungenförmig empordringen, am Rande der großen Geysire eigenartig strukturierte Bögen auf. Auf dem flachen Wasser, das sich in der folgenden Regenzeit in den von Purpurbakterien besiedelten See ergießt, spiegeln sich die Wolken

Flächen von mehr als hundert Quadratkilometern sind tiefrot und durchzogen von einem Netz von Trockenrissen, die sich mit weißem Natron gefüllt haben. Die Risse bilden wabenartige Polygone mit einer Kantenlänge von 20 bis 30 Metern und haben sich an den Rändern hochgebogen. Das Spiel der Farben und Reflexionen verwirrt. Von Hellrot bis zum dunklen Purpur sind alle Abstufungen vorhanden. Einige Waben sind noch von einer dünnen Schicht klarer, durchsichtiger Lauge bedeckt, andere scheinen trocken zu sein. Auf beiden aber spiegelt sich die Sonne. Ich schließe daraus, daß die trockenen Flächen aus Myriaden roter Carnalit-Kristalle − einem Magnesium-Kalium-Doppelsalz − bestehen, während die dunklen, roten und noch nassen Flächen ihre Färbung von Purpurbakterien erhalten. Sie allein sind noch in der Lage, die ätzende Flüssigkeit des embryonalen Ozeans zu beleben.

Durch die rote, rissige und eintrocknende Haut des Seebodens schwitzt die heiße Erde weiterhin ihre Elemente und Mineralien aus. Tausende kleiner Sodageysire dringen durch das Netz der Risse oft zungenförmig an die Oberfläche. Man erkennt, daß sie alle genau auf Linien liegen, die von Nord nach Süd verlaufen. Sie zeigen somit die Richtung der tiefen Risse in der Erdkruste an. Einige haben sich bereits wieder zu großen Spiralen mit einem Durchmesser von mehreren hundert Metern entwickelt, durch deren weiße Windungen der rote Untergrund schimmert. Während in der Lauge an den äußeren Windungen das emporgequollene Natron als „Eisschollen" fortgetrieben wurde, baut es jetzt mächtige Riffbögen auf dem trockenen Seeboden auf.

Das Wetter ändert sich. Der Monsun treibt Wolken über das Rift Valley, rote Wolken, wie hätte es in dieser merkwürdigen Gegend auch anders sein können? Die roten kristallinen Wabenflächen reflektieren so viel Sonnenlicht, daß die Unterseite der Wolken davon angestrahlt wird. Da die gleichen roten Wolken auch unter uns auf dem Spiegel des Sees treiben, fühle ich mich von ihnen umhüllt.

Länger als sechs Monate unternehme ich inzwischen diese Beobachtungsflüge. Jetzt erreichen sie ihren Höhepunkt. In der Mitte des Sees, wo der Wasserspiegel noch nicht so stark gesunken ist, starren mich riesige Augenpaare schalenloser Hirne aus blauschwarzer Tiefe an. Es sind die freigelegten Förderschlote in den Ruinen inzwischen erloschener Natrongeysire. Daß diese Schlote paarweise aufragen, ist mir physikalisch völlig unerklärlich. Durch einen Polarisationsfilter, der den Spiegeleffekt der Laugenoberfläche ausschaltet, kann ich sehr gut die in dunkle Tiefen hinabreichenden Sokkel der Geysire erkennen. In der Form ähneln die Natronablagerungen zusammengepreßten Polsterfedern.

Meine Sinne werden noch von einem anderen Ereignis gefangen: Große, braune Trockenflächen im Nordosten des Sees durchlaufen eine eisige Verwandlung. Ein lokaler Sturm peitscht Massen weißer Natronkristalle über das riesige Wabenmosaik und erloschene Geysire und verschluckt sie. Die weißen Grate an den hochgebogenen Rändern der Waben wirken wie Schaumkämme hoher Wogen.

Eines Tages ist alles wie ein Spuk vorbei. Als ich drei Monate später während der Regenzeit den Natron-See ein letztes Mal aus der Luft inspiziere, liegt unter mir ein ruhiges, blaues Gewässer, dessen Oberfläche sich kaum von der des Bodensees unterscheidet. Keine Spur mehr von den dramatischen Veränderungen der letzten neun Monate.

Wahrscheinlich werden bis zu den nächsten Geburtswehen dieses Ozeans viele Jahre vergehen.

Planet der Spezialisten

*Extrem lebensfeindlich können die Bedingungen
am Grunde des ostafrikanischen Rift Valley sein, das sich zu einem neuen Ozean
zu weiten beginnt. Viele der Gewässer sind mit giftiger Lauge durchsetzt.
Trotzdem haben Pflanzen und Tiere faszinierende
Formen der Anpassung entwickelt*

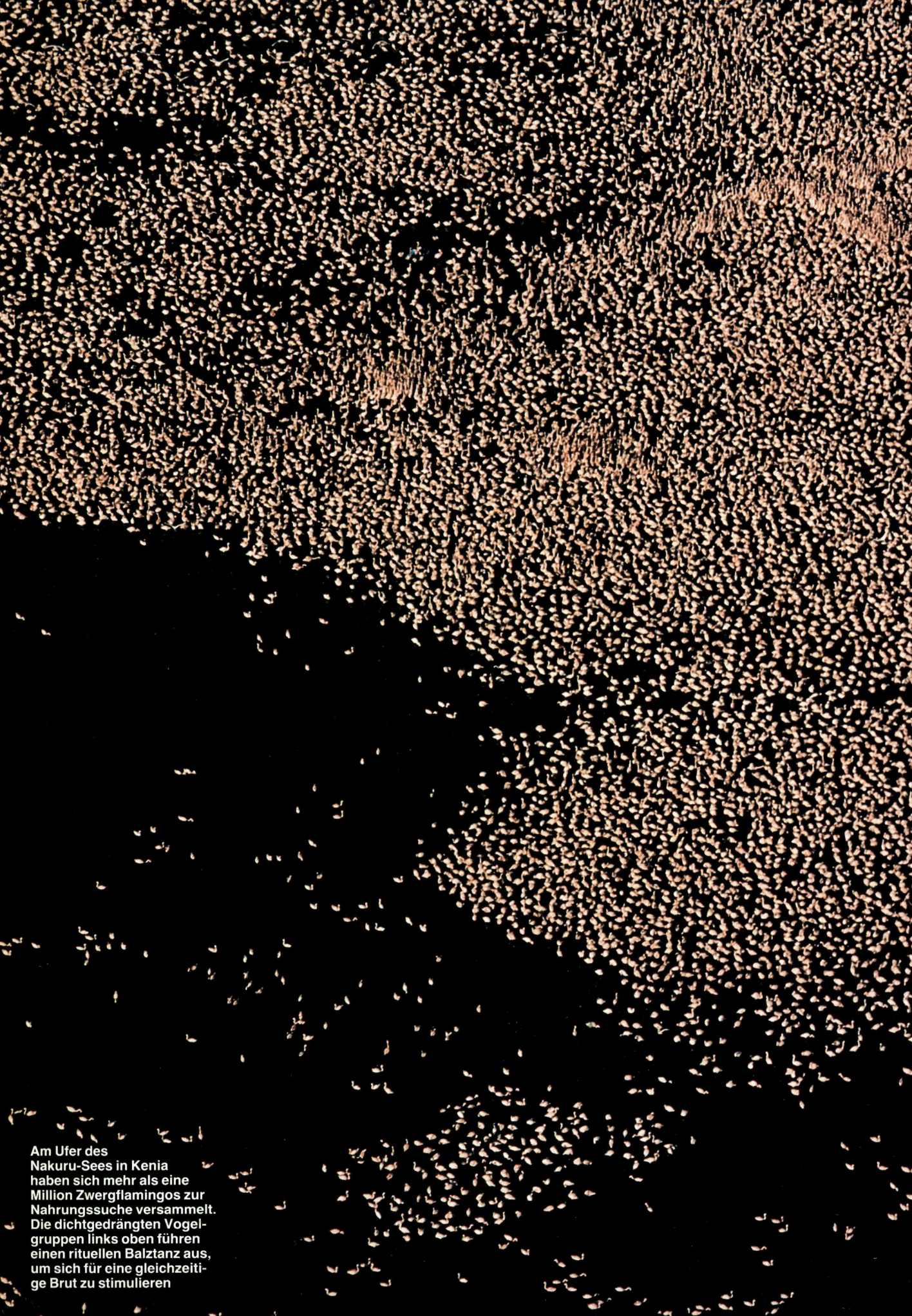

Am Ufer des Nakuru-Sees in Kenia haben sich mehr als eine Million Zwergflamingos zur Nahrungssuche versammelt. Die dichtgedrängten Vogelgruppen links oben führen einen rituellen Balztanz aus, um sich für eine gleichzeitige Brut zu stimulieren

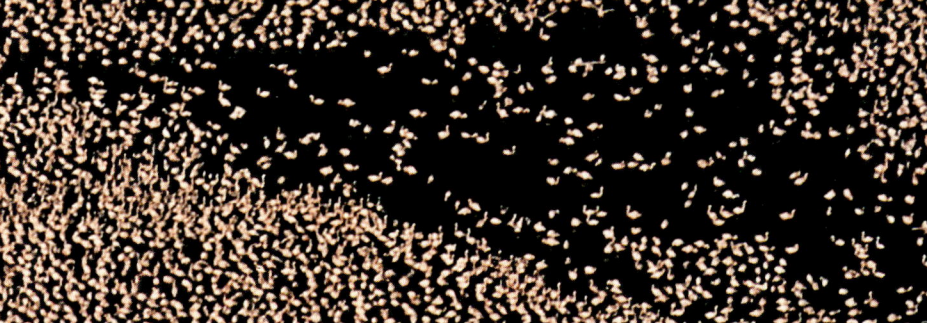

Zwergflamingos und Pelikane fliegen dicht über dem Nakuru-See, der von Algen grün gefärbt ist. Die Energie des Sonnenlichts läßt hier täglich etwa 500 Tonnen Algen wachsen. Sie sind die Existenzgrundlage für ein Heer von Vögeln

Während der Nahrungssuche hängen die Zwergflamingos ihre Köpfe ins Wasser. Eine spezielle Schnabelkonstruktion versetzt sie in die Lage, die winzigen Algen aus der Salzlauge herauszufiltern

Noch vor dreißig Jahren rätselten die Wissenschaftler, wo die Brutplätze der Flamingos liegen. Selbst die Eingeborenen wußten das nicht. Erst 1954 wurde diese Brutkolonie des Großen Flamingo auf einer Insel im kenianischen Elementaita-See entdeckt

In ihrer Tagesruhe gestört — oder auf der Jagd —, offenbaren die vorwiegend nachtaktiven Nilkrokodile eine ungeahnte Behendigkeit. Dieses vier Meter lange und eine halbe Tonne schwere Tier läuft mit erstaunlicher Geschwindigkeit

Die Turkana, einst nomadisierende Hirten, die heute am Ufer des nach ihnen benannten Sees als Fischer und Jäger leben, haben ein Krokodil erbeutet. Erst die Jagd von Wilderern, die es nur auf die Häute abgesehen haben, brachte diese Tierart an den Rand der Ausrottung

173

Schattige Plätze für einen Mittagsschlaf sind im Lande der Turkana selten und klein. Die Männer tragen ihr „Kopfkissen" — einen Schemel aus poliertem Hartholz — immer bei sich

Es ist ein ungewöhnlich kühler, ein fast kalter Morgen, obwohl ich mich nur 40 Kilometer südlich des Äquators befinde. Ich stehe in 2000 Metern Höhe am Rande der senkrechten inneren Bruchstufe des Rift Valley.

Vom Nakuru-See, der 250 Meter tiefer am Grunde des Grabenbruches liegt, ist an diesem Morgen noch nichts zu sehen. Seine 60 Quadratkilometer große, runde Fläche deckt eine dichte Nebelbank zu.

Wie der Natron-See, 250 Kilometer weiter südlich, liegt auch der Nakuru-See fast genau im Scheitelpunkt einer triple junction. Ihre beiden geologisch aktiven Arme sind der nördliche und der südliche Teil des Gregory-Rifts. Der dritte Arm, das nach Westen in Richtung des Victoria-Sees abzweigende Kavirondo-Rift, in dem der Nakuru-See liegt, ist inaktiv — abgestorben. Dieser Bruch der Erdkruste hat sich in der starren Masse des ostafrikanischen Zentralgranits, über dem der Victoria-See liegt, nicht fortsetzen können.

Die Nebelbank über dem See und seinen Ufern ist nur wenige Meter dick. Drei Giraffenköpfe auf unsichtbaren Hälsen und Körpern ragen daraus empor. Sie fressen an den schirmartigen Kronen der Akazien, die wie grüne Inseln inmitten des Nebelmeeres liegen. Wie durch einen Zauber tauchen aus der Nebelbank hin und wieder kleine Flamingotrupps auf und versinken nach kurzem Flug irgendwo wieder im Nebel. Über den grauweißen Schwaden wirkt das unvergleichliche Rosarot ihrer Flügeldecken plakativ wie eine schrille Leuchtfarbe.

Ich kann es kaum erwarten, an das noch ferne Ufer des Nakuru-Sees zu gelangen. Wieder bin ich nach Ostafrika geflogen, um mir ein Schauspiel am Grunde des Rift Valley anzusehen, das sich, den geothermalen Ereignissen am Natron-See vergleichbar, nur alle paar Jahre ereignet.

Mit meinem Landrover fahre ich die steilen Serpentinen der Piste zum unsichtbaren Ufer des Sees hinunter. Nach kurzer Fahrt nimmt mich inmitten des Akazienwaldes der Morgennebel auf. Nur schemenhaft tauchen Umrisse grasender Wasserböcke beiderseits der Piste auf. Eine Paviansippe kreuzt den Weg. Während einige junge Männchen vorauslaufen, um das Gelände zu erkunden, begleiten die älteren, kräftigen die Weibchen, die ihre Säuglinge an der Brust und die größeren Jungen auf dem Rücken tragen. Die imposanten Männchen sind jederzeit bereit, bei Gefahr für die Sippe mit ihren furchteinflößenden Fangzähnen ein wehrhaftes Spalier zu bilden.

Die Paviane sind an diesem Morgen auffallend nervös. Meine Gegenwart kann nicht der Grund sein, denn alle Tiere sind hier an Fahrzeuge mit Insassen gewöhnt. Der Nakuru-See und ein breiter Uferstreifen stehen seit vielen Jahren unter Naturschutz. Der Morgennebel ist es, der die Sicherheitszone der Paviansippe auf ein für sie unerträgliches, lebensgefährliches Maß verengt. Irgendwo im Nebel könnte ihr Todfeind, der Leopard, lauern.

Daran, daß die Piste nach einigen Kilometern schlammig wird, merke ich, daß sie die Uferlinie des Sees tangiert. Ich halte an und steige aus. Die einzigen erkennbaren Strukturen sind schmale, weiße Salzbänder vor meinen Füßen. Sie sind von dem während der Trockenzeit sinkenden Wasserspiegel des Sees zurückgelassen worden.

Die Welt vor mir läßt nur ein einziges Geräusch hören, ein unheimliches aquatisches Gemurmel, dem diffusen Grollen einer fernen Meeresbrandung vergleichbar. Je mehr ich mich auf dieses Geräusch konzentriere, desto mehr scheint es anzuschwellen. Bald habe ich das Gefühl, vor einer undurchdringlichen akustischen Wand zu stehen.

Um acht Uhr verfärbt sich die Nebelbank, in die ich starre, in ein zartes, kaum wahrnehmbares Rosa. Dann, nur wenige Minuten später, reißt sie auf und gibt den Blick auf eine unabsehbare rosarote Federmasse frei: Flamingos. Sie sind die Quelle der Geräusche.

Ich versuche gar nicht erst, die Anzahl der Vögel zu schätzen. Von den Wildhütern des Nakuru-Nationalparks weiß ich, daß sich hier am Südufer des Sees mindestens eine Million Flamingos versammelt haben. Wahrscheinlich sind es sogar anderthalb Millionen Vögel. Die stelzenartigen, purpurroten Beine der Tiere stehen so dicht, daß es unmöglich ist, durch sie hindurchzuschauen. Mein Fernglas scheint sich in eine starke Lupe zu verwandeln, mit der ich mir einen kleinen Ausschnitt eines rotbeinigen Tausendfüßlers anschaue, der über einen Spiegel läuft. Die Flamingo-Ansammlung, die das Ufer säumt, etwa hundert Meter breit und fünf Kilometer lang, ist in ihrem Spiegelbild auf der Oberfläche des Wassers ein zweites Mal vorhanden. Von den schlanken, eleganten Vogelleibern, die von den Stelzbeinen fast einen Meter über die Wasseroberfläche erhoben werden, hängen lange, schlauchförmige Hälse herab. Die großen, klobigen, seltsam abgewinkelten Schnäbel an ihrem Ende, aus denen fast der ganze Kopf zu bestehen scheint, seihen durch das nur wenige Zentimeter tiefe Wasser, während die Vögel langsam voranschreiten.

Wie aufblasbare Papierschlangen recken die Flamingos regelmäßig ihre langen Hälse empor, um sie kurz darauf wieder zu senken. Die Bewegungen der Vogelmasse gleichen der einer Flüssigkeit. Während der ufernahe Streifen nach links fließt, ist dahinter eine breite Gegenströmung zu erkennen. Darauf folgt dann seewärts wieder ein nach links gerichteter Strom. Nur durch die ständige Umlenkung der Vogelströme sind innerhalb einer derart großen Vogelansammlung die für die Nahrungsaufnahme notwendigen Bewegungen noch möglich.

Die Flamingos gehören zu den wenigen höher entwickelten Lebewesen, die sich den mit ätzender Natronlauge gefüllten Gewässern des embryonalen Ozeans auf dem Grunde des ostafrikanischen Rift Valley angepaßt haben. Von den rund sechs Millionen Flamingos auf der ganzen Erde, die in fünf verschiedene Arten unterteilt werden, leben mindestens die Hälfte an den Seen des Rift Valley. Diese gewaltige Vogelkonzentration besteht aus nur zwei Arten, deren Namen ihrer körperlichen Erscheinung entsprechen — dem Großen und dem Zwergflamingo. Von den drei Millionen afrikanischen Flamingos gehören nur etwa 50 000 der großen Art an. Obwohl sie ihre kleinen Verwandten an Größe weit übertrifft, fällt sie in der rosaroten Vogelmasse am Nakuru-See kaum auf. Zwischen den rund anderthalb Millionen Zwergflamingos befinden sich nur etwa 30 000 große Vettern.

Es ist erstaunlich, wovon sich diese Vogelmassen aus der alkalischen Lauge des Nakuru-Sees ernähren; es sind primitive Lebensformen, die bereits vor drei Milliarden Jahren in den Ur-Ozeanen entstanden und die zu den allerersten Bausteinen der Entwicklung von Leben auf unserem Planeten gehörten: einen Zehntelmillimeter lange blaugrüne Algen. Ihre eigenartige spiralige Gestalt gab ihnen den wissenschaftlichen Namen Spirulina platensis. Sie gehören zu der Gruppe der Blaualgen, die nach den Bakterien als die am niedrigsten entwickelten Pflanzen gelten. Die Gruppe der Blaualgen, die ihre Anpassungs- und Widerstandsfähigkeit auch durch alle Zeiten der Erdgeschichte bewiesen hat, bringt es fertig, sich noch in stark salzigen, alkalischen Gewässern zu behaupten. Zusammen mit noch robusteren Organismen wie etwa den Purpurbakterien sind sie die charakteristischen pflanzlichen Lebensformen für alle stark natronhaltigen Seen des Rift Valley. Die extremen Lebensbedingungen, zu denen auch die starke Erhitzung der Seen durch die Sonne und geothermische Aktivitäten gehören, machen ihnen nichts aus. Da sie in den natronhaltigen Seen ohne Freßkonkurrenz sind, können sie sich in ungeheurer Zahl vermehren. Am Nakuru-See sind für sie die Lebensbedingungen sogar besonders günstig. Sein Natrongehalt ist – verglichen mit dem des Magadi-Sees oder gar des Natron-Sees – noch relativ gering, und 1755 Meter über dem Meeresspiegel gelegen, empfängt der See eine für das Algenwachstum ideale Mischung des vielschichtigen Sonnenlichtspektrums.

Wie alle grünen Pflanzen, produzieren auch die Blaualgen sich selbst, ihre Nahrung und damit ihre Lebensenergie mit Hilfe des Sonnenlichtes, aus anorganischen Substanzen in ihrer Umwelt, aus Wasser und aus Kohlendioxid.

Wie schon am Anfang der Erdgeschichte, stehen diese Algen auch am Nakuru-See als sogenannte Primärproduzenten am Beginn jeder Lebens- und Nahrungskette.

Das Problem für die Flamingos war, wie sie an das nahrhafte Gemüse herankommen konnten, ohne solche giftige Brühe, in der es schwamm, mitzuschlucken. Im Laufe ihrer Millionen Jahre währenden Existenz entwickelten sie in ihrem Schnabel einen hochwirksamen Filterapparat, dessen Umfang und Funktion dem Schnabel die klobige Form gaben. Die futtersuchenden Vögel hängen diesen Filter kopfüber ins Wasser. Der Schnabel ist in der Mitte wie ein Bumerang abgeknickt. Deshalb taucht der vordere Teil des Oberschnabels ins Wasser. Diese eigenartige Haltung hat den Flamingos auch die Bezeichnung „Verkehrtschnäbler" eingebracht. Der geöffnete Schnabel eines Zwergflamingos sieht wie das Maul eines Bartenwales aus, der Plankton aus dem Meer siebt. Die beiden Schnabelhälften sind mit Tausenden borstenähnlicher Lamellen besetzt, die ineinandergreifen, sobald der Schnabel geschlossen ist. Dieser Filter kann kleinste Partikel bis zu einem Fünfhundertstelmillimeter zurückhalten. Davor, ganz außen an den Schnabelkanten, sitzt eine Reihe kleiner Hornzähnchen, die verhindern, daß Gegenstände von mehr als einem halben Millimeter in den Schnabel eindringen und den Feinfilter verstopfen.

Das Wasser wird durch einen schmalen Schlitz bei fast geschlossenem Schnabel eingesogen. Den Kolben dieser Art Pumpe bildet die dicke, fleischige Zunge des Vogels, die sich vor und zurück bewegt. Wird sie zurückgezogen, so entsteht im Schnabel ein Unterdruck: Wasser strömt ein.

Während die äußere, grobzähnige Reihe des Vorfilters geschlossen bleibt, senken sich die elastischen Borsten des inneren Filters und lassen die algenreiche Lauge passieren. Wird die Zunge dann vorwärtsgepreßt, strömt die giftige Brühe durch den oberen Teil des Schnabelspalts wieder aus. Die Algen bleiben jedoch an dem nun durch den Überdruck aufgerichteten, geschlossenen Borstenfilter hängen.

Die nur etwa ein Zehntel Millimeter große Algenart Spirulina platensis erhielt ihren Namen nach ihrer gebogenen, meist aufgewundenen Gestalt. Kolonien von Purpurbakterien, fünffach vergrößert, bilden roten Farbstoff, um sich damit vor einer tödlichen Überdosis von Sonnenstrahlen zu schützen

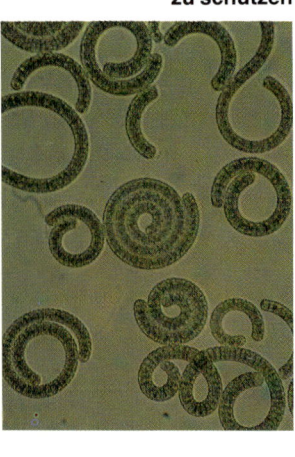

Geht die Zunge abermals zurück, um wieder Wasser anzusaugen, so streift sie dabei zugleich mit ihren gerillten Rändern die Algen ab und nimmt sie mit in den Mundraum. Von dort gelangen sie in den Magen.

Da die Zwergflamingos die Nasenlöcher ihres etwa drei Zentimeter tief eingetauchten Knickschnabels möglichst an der Luft halten, bevorzugen sie bei der Nahrungssuche ruhiges Wasser. Das ist durch die mit Salzen gesättigte, vom Wind schwer bewegbare Lauge meistens gewährleistet. Mit ihrer in der Welt einzigartigen Schnabelkonstruktion haben sich die Flamingos eine ökologische Nische erschlossen, die von keiner anderen Tierart besetzt werden konnte. Man hat berechnet, daß die 1,5 Millionen Zwergflamingos täglich 270 Tonnen Algen allein aus dem Nakuru-See holen.

Die Nahrungskette verzweigt sich indes bereits oberhalb der blaugrünen Algen. Von ihnen leben nicht nur die Zwergflamingos, sondern auch mikroskopisch kleines Plankton – besonders häufig Ruderfußkrebse, und Rädertierchen, die sich mit Wimpernkränzen fortbewegen.

Auch für diese Tierchen gibt es zahlreiche Überlebensprobleme in der alkalischen Natronlauge. Gefahr droht ihnen ausgerechnet aus dem ältesten Lebensmedium – aus dem Wasser. Seine hohe Konzentration von Salzen droht ihren Körpern ständig jenes Wasser zu entziehen, das ihre Lebensprozesse erhält. Um ihre Körperflüssigkeit ständig ergänzen zu können, müssen sich die Tierchen – je nach Art – entweder die salzarme Zellflüssigkeit der gefressenen Algen zunutze machen, oder sie müssen das Wasser des Sees mit komplizierten Membranen entsalzen. So wird auch vom tierischen Plankton dieses extremen Lebensraumes ein hoher Grad von Spezialisierung verlangt, die nur wenige Arten aufweisen.

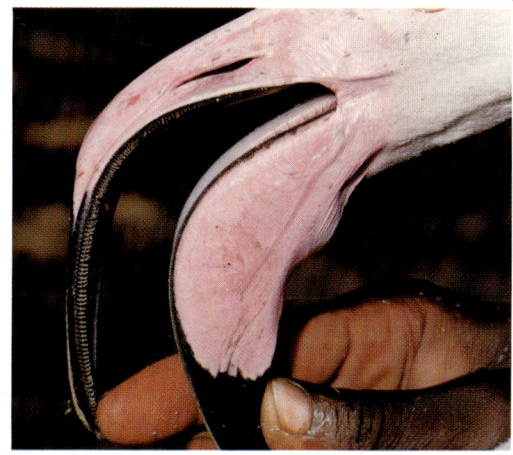

An dem geöffneten Schnabel eines Großen Flamingos sind auf den Kanten zähnchenartige Hornlamellen zu erkennen, die während der Futtersuche als Filter wirken

Von diesem tierischen Plankton ernähren sich die Großen Flamingos. Sie wenden dabei die gleiche Methode an wie ihre kleineren Vettern, nur mit einer anderen Konstruktion. In ihrem Schnabel fehlt der feine Borstenfilter. Ihn ersetzt ein wesentlich gröberer Filter aus zähnchenartigen Hornlamellen, durch die das eingesogene Wasser herausgepreßt wird. Das tierische Plankton bleibt daran hängen, während die noch winzigeren Algen wieder ausströmen.

Im seichten Wasser nahe dem Ufer tretteln die Großen Flamingos mit ihren langen Beinen, um den Schlamm aufzuwühlen und die darin verborgenen Nahrungstierchen herauszutreiben. Sie suchen ihre Nahrung aber auch oft schwimmend weiter draußen auf dem See. Nach Art gründelnder Schwäne senken sie dabei ihren langen Hals tief in das Wasser.

Die unterschiedliche Konstruktion des Filterapparates weist den beiden Arten eigene ökologische Nischen in ein- und demselben Lebensraum zu. So vermögen sie ohne Nahrungskonkurrenz zusammenzuleben. Sowohl die pflanzliche wie auch die tierische Nahrung enthalten die chemische Verbindung Canthaxanthin, die dem Vitamin A sehr ähnlich ist. Sie verleiht den Flamingos ihre einzigartige rosarote Farbe.

Anfang der sechziger Jahre kam es am Nakuru-See zu einer ökologischen Veränderung größten Ausmaßes. Fischfressende Vogelarten, die es zuvor nicht gegeben hatte, weil hier keine Fische lebten, fanden sich in kurzer Zeit in immer größeren Massen ein, und zwar nicht zur Rast auf dem Durchzug, wie es einige kleine Schwärme gelegentlich getan hatten, sondern um zu bleiben. Plötzlich gab es Nahrung auch für sie, und sie hatte sich im See explosionsartig vermehrt. Die Fische waren von Menschen in kleinen Süßwassertümpeln der Umgebung und in den Einmündungen kleinerer Süßwasserbäche ausgesetzt worden, um die im Wasser lebenden Larven der Malariamücke zu bekämpfen. Von dort aus gelang es ihnen, den See mit seiner alkalischen Lauge zu erobern. Das war kein Wunder. Man hatte nämlich eine der Arten ausgesetzt, die zu den widerstands- und anpassungsfähigsten gehört, den Buntbarsch Tilapia grahami. Er lebt in vielen alkalischen Seen des Rift Valley, meist in der Nähe von Süßwasserquellen. Nimmt der Natrongehalt in den Gewässern während der Regenzeiten durch Zufuhr reinen Wassers ab, so breiten sich die Buntbarsche schlagartig aus, denn sie finden dann überall ideale Lebensbedingungen – wenigstens für kurze Zeit. Wenn dann während der Trockenzeit die Lauge zunehmend wieder eingedampft wird, ziehen sich die Fische auf die Süßwasserquellen zurück. Im Laufe ihrer Entwicklung hat es diese Fischart geschafft, Temperaturen von 40 Grad zu ertragen – und einen Salzgehalt, der dreimal so hoch wie in den Weltmeeren sein kann. So fanden die Buntbarsche im Nakuru-See geradezu ideale Lebensbedingungen. Da auch Algen als Nahrung im Übermaß vorhanden waren, kam es in kürzester Zeit zu einer Massenvermehrung.

Die Ansiedlung der Fische im Nakuru-See ist eines der ganz seltenen Beispiele dafür, daß Eingriffe des Menschen in die Natur nicht immer zu einer ökologischen Katastrophe führen müssen, sondern durch Differenzierung der Biozönose das Ökosystem auch bereichern können. Der Grund für diesen Erfolg ist die anscheinend unbegrenzte Vermehrung der Algen, die als Primärproduzenten die Basis der Lebenspyramide des Nakuru-Sees bilden.

Wie die beiden Flamingoarten, hat sich auch das Heer der fischfressenden Vogelarten sein gemeinsames Nahrungsreservoir aufgeteilt: durch unterschiedliche Fangtechniken. Die Reiher lauern vom Ufer aus ihrer Beute auf. Stundenlang können sie völlig unbeweglich in angespannter Haltung ausharren. Gerät ein Fisch in ihre Reichweite, so schnellen sie ihren federartig zurückgebogenen Hals mit einer für unser Auge kaum erfaßbaren Geschwindigkeit vor, um die Beute mit dem spitzen Schnabel blitzschnell zu packen.

Unter Einsatz eines anderen Sinnesorgans verfolgen Nimmersatt und Löffler ihre Beute im ufernahen Flachwasser. Während die Reiher reine Augentiere sind, die warten müssen, bis sich ein Fisch nahe der Oberfläche zeigt, ertasten diese beiden Storchenvögel ihre Beute blindlings. Mit eingetauchtem, leicht geöffnetem Schnabel rennen sie oft im Zick-Zack zwischen den Scharen der Flamingos umher. Stößt ihre Schnabelspitze, deren Ränder mit hochempfindlichen Tastzellen besetzt sind, gegen einen Fisch, so packen die Vögel blitzschnell zu. Der Nimmersatt versucht außerdem durch eigenartige vorausgreifende und scharrende Bewegungen der Füße, die Fische aufzuscheuchen und vor seinen Schnabel zu treiben. Ist sein Jagdeifer besonders groß, breitet er zusätzlich seine Flügel aus. Ihr Schatten schreckt weitere Fische auf, die flüchtend gegen seinen Schnabel stoßen können.

Ebenfalls in Ufernähe, aber im tieferen Wasser, jagt der Schlangenhalsvogel. Sein Kopf und sein langer, s-förmig gebogener Hals erinnern an einen Reiher. Er stellt seiner Beute jedoch schwimmend und tauchend nach. Beim Schwimmen ragt meist nur sein langer Hals aus dem Wasser. Der Körper bleibt unter der Wasseroberfläche. Wie eine Harpune stößt der Schlangenhalsvogel seinen Schnabel durch den Fisch, indem er den Kopf beim Tauchen blitzartig vorschnellt. An der Oberfläche schleudert er den aufgespießten Fisch mit einer schnellen Bewegung des Halses in die Luft, um ihn dann aufzufangen und zu verschlucken.

Ein naher Verwandter, der Kormoran, sucht seine Beute weit draußen auf dem See. Beim Tauchen packt er die Fische mit seinem zähnchen- und hakenbewehrten Schnabel. Da das Federkleid der Schlangenhalsvögel und Kormorane in Anpassung an die Tauchjagd nicht so wasserabweisend ist wie etwa das der Enten, sondern sich wie ein Schwamm mit Wasser vollsaugt, um dem Körper die nötige Schwere zu geben, sieht man beide Arten oft mit triefendem Gefieder und ausgebreiteten Flügeln zum Trocknen in der Sonne sitzen.

Die imposantesten Fischer des Nakuru-Sees sind die Rosapelikane. Sie jagen ihre Beute im Team. Rund ein Dutzend der mächtigen Vögel schließen sich zu einer Flottille zusammen. Im Halbkreis treiben sie Fische zu ganzen Schwärmen in ihre Mitte. Dann plötzlich, wie auf ein geheimes Zeichen, das dem Beobachter verborgen bleibt, kippen sie alle gleichzeitig mit vorgestreckten Hälsen ins Wasser. Untertauchen können die Pelikane jedoch nicht, da die Körper der guten Segelflieger viel Luft enthalten und darum spezifisch zu leicht sind. Mit ihrem Unterschnabel, der zu einem riesigen Fangsack umgebaut ist, schöpfen sie die Fische aus dem Wasser. Der Oberschnabel dient nur als Deckel für diesen Kescher.

Seit der Morgennebel den Blick auf die Vogelmassen am See freigegeben hat, ist erst eine Stunde vergangen. In dieser Zeit habe ich so vielfältige Verhaltensweisen der unterschiedlichsten Vogelarten bei der Nahrungssuche studieren können, daß ich das Gefühl habe, bereits seit Tagen am Nakuru-See zu sein.

Gegen neun Uhr läuft eine Pelikanflottille nach der anderen in die Mündung eines Süßwasserbaches in meiner Nähe ein. Die Vögel beginnen ausgiebig zu baden, um das Salz aus dem Gefieder zu waschen. Mit dem Deckel ihres Schnabelkeschers schöpfen sie literweise Wasser über ihr aufgeplustertes Rückengefieder, und mit den Flügeln schlagen sie so kräftig die Wasser-

Die fischfressenden Vogelarten haben sich das Nahrungsangebot in den Seen des Rift Valley mit unterschiedlichen Fangtechniken aufgeteilt. Während der farbenprächtige Eisvogel aus dem Flug auf seine Beute hinabstößt, der Schlangenhalsvogel ihr tauchend nachstellt und anschließend seine Flügel in der Sonne trocknet, der Nimmersatt sie mit geöffnetem Schnabel langsam voranschreitend ertastet, lauern die zahlreichen Reiherarten unbeweglich am Ufer, um blitzschnell zuzupacken, sobald ein Fisch in ihre Nähe gelangt

Der junge Rosapelikan steckt seinen Kopf in den Schlund des Altvogels, um an die vorverdaute Nahrung zu gelangen. Pünktlich um zehn Uhr starten die Pelikane am Nakuru-See, um mit ihrer Fischfracht zu ihren Jungen auf einer Insel im Elementaita-See zurückzukehren

oberfläche, daß ein dumpfes Knallen zu hören ist. Nach einer Viertelstunde steigen die ersten Vögel auf ihren großen Füßen schwerfällig an Land, um sich an der Sonne zu trocknen und Gefiederpflege zu betreiben. Es mutet fast grotesk an, wie die Pelikane eine Federlage nach der anderen mit der Spitze ihres riesigen Schnabels glätten und ordnen.

Um zehn Uhr – es haben sich inzwischen mehr als 600 Pelikane auf dem Ufer versammelt – fliegen die ersten auf. Es ist ein schwerfälliger Start. Die mit Futter überladen wirkenden Vögel gewinnen nur sehr langsam Höhe – auf hundert Metern Strecke kaum fünf Meter. In etwa 30 Metern Höhe gelangen sie in den Aufwind. Ohne Flügelschlag, getragen von warmer Luft, segeln sie nun in engen Spiralen nach oben. Binnen kurzer Zeit hat sich eine 2000 Meter hohe Säule aus weißen Vögeln aufgebaut. Während unten die letzten Pelikane an den Start gehen, verlassen oben die ersten den Thermikturm.

Mit ihrer Fischfracht segeln sie südöstlich zu ihren hungrigen Jungen auf einer Insel inmitten des Elementaita-Sees. Sie bietet den nistenden Pelikanen zwar Schutz vor gefährlichen Feinden wie Hyänen und Schakalen; im See selbst aber leben wegen des sehr hohen Natrongehaltes kaum Fische. So müssen die Pelikane in einer Art Pendelverkehr ständig zwischen beiden Seen hin- und hersegeln, um zu fressen und Nahrung für ihre Jungen zu holen. Brüten können sie im Nakuru-See nicht, weil er keine Inseln hat.

Während meiner wochenlangen Beobachtungen am Nakuru-See zeigt sich, daß der Thermikflug der Pelikane an jedem Vormittag pünktlich um zehn Uhr beginnt. Genau zur gleichen Zeit waren sie am Vortag von ihrer Brutinsel gestartet. Den Rest des Tages und die Nacht bis zum Rückflug am nächsten Morgen verbringen sie dann fischend, mit kleinen Schlafpausen, auf dem See.

Während ich den imposanten Thermikflug der Pelikane beobachte, erinnere ich mich an eine lebensgefährliche Begegnung mit ihnen. Bei meinen Beobachtungsflügen mit einer kleinen Maschine über den Natron-See wären wir in gut 3000 Metern Höhe um Haaresbreite mit Pelikanen zusammengestoßen. Der Pilot hatte die weißen Vögel im gleißenden Gegenlicht nicht rechtzeitig erkennen können. Durch den Zusammenstoß seines Flugzeuges mit einem Geier über dem Rift Valley ist der Sohn von Bernhard Grzimek vor Jahren auf tragische Weise ums Leben gekommen.

Mit der einsetzenden Thermik um zehn Uhr kommen auch die Todfeinde der Flamingos auf ihren drei Meter spannenden Schwingen herbeigesegelt, die Marabus. Beim Anblick dieses mächtigen, kahlköpfigen Storchenvogels kommen mir Gedanken an Tod und Begräbnis. Normalerweise handelt es sich bei Marabus um Aasfresser, die sich mit Geiern, Schakalen und Hyänen um Kadaver streiten. Auch Frösche, Mäuse, Heuschrecken und unbewachte Jungvögel gehören zu ihrer Beute. Am Nakuru-See jedoch haben sich die Marabus auf lebende ausgewachsene Vögel spezialisiert – eine seltene Erscheinung.

Ich beobachte einen Marabu, der wie ein düsteres Segelflugzeug in fünf Metern Höhe über den rosaroten Teppich der Zwergflamingos dahingleitet. Vor seinem Schatten läuft eine wellenartige Bewegung durch die Vogelmasse: Angst und Flucht drängen sie für einen Moment zusammen. Dann landet der riesige Storch, und die Flamingos branden in Panik nach allen Seiten

Wehrlos muß ein Großer Flamingo zusehen, wie ein Marabu, der in die Brutkolonie eingefallen ist, sein Junges frißt. Der Flamingo kann sich mit seinem Schnabel, der für die Suche nach mikroskopisch kleiner Nahrung konstruiert ist, nicht gegen den furchteinflößenden Spitzhackenschnabel des Räubers verteidigen

auseinander. Zum Auffliegen ist kein Platz. Einer der Vögel kann bei der Flucht nicht Schritt halten; er lahmt. Blitzschnell, mit ein paar Sprüngen, ist der Marabu heran. Der Flamingo hat mit seinem Schnabel, der für die Suche nach mikroskopischer Nahrung gebaut ist, keine Möglichkeit zur Verteidigung gegen den Spitzhackschnabel des Marabus. Das Opfer wird auf der Stelle zerrissen und verschluckt.

Auch der Schreiseeadler, normalerweise darauf spezialisiert, mit seinen kräftigen Klauen dicht unter der Oberfläche schwimmende Fische aus dem Wasser zu greifen, scheut hier nicht davor zurück, Zwergflamingos zu schlagen. Hin und wieder gelingt es auch Schakalen und Hyänen, sich an Flamingo-Ansammlungen heranzuschleichen, die ufernah Algen filtern. Aus ihrem Versteck heraus preschen sie blitzschnell durch das flache Wasser, um einen Vogel zu packen. Aber im Vergleich zu ihrer Menge werden die Flamingos von nur wenigen Räubern bedroht.

Am frühen Nachmittag beginnen die Flamingos, in die Mündung des Süßwasserbaches zu drängen, um zu trinken und zu baden. Der Bach kann sie gar nicht alle auf einmal aufnehmen, aber die Vögel sind geduldig. Schon nach kurzer Zeit hat sich vor der Mündung eine etwa fünf Meter breite und 500 Meter lange Schlange gebildet; die badende Schar an der Spitze ist eine einzige rosa Wolke aufgeplusterter Federn. Ein Grollen und Tosen dringt von dem Vogelbad an mein Ohr.

Für eine Weile ordnen sich die Flamingos nach ihrem Bad wieder in die Strömungen der nahrungssuchenden Vögel ein, doch dann erfaßt eine neue Bewegung die Masse der Körper. Dutzende von Tieren drängen sich so eng zusammen, wie es nur irgend geht. Mit hochgereckten Köpfen wandern sie laut schnatternd zwischen ihren nahrungssuchenden Artgenossen umher. Eigentümlich ruckartige, seitliche Bewegungen des Schnabels und ein rhythmisches Auf und Ab des Kopfes verraten Erregung. Ich bin Augenzeuge des Balzrituals der Zwergflamingos. Immer mehr Tiere schließen sich der Gruppe an, und bald sieht das Ganze wie ein riesiges rosa Ungeheuer aus, dessen vielhundertköpfiger Körper dahinschwebt.

Vermutlich kommt es bei diesem Tanz noch nicht zur Paarbildung. Er dient vielmehr dazu, eine gemeinsame Brutstimmung zu schaffen, die mit Än-

Der Schreiseeadler schwebt fast lautlos heran und greift nahe der Wasseroberfläche schwimmende Fische mit seinen mächtigen Klauen

derungen des Hormonhaushaltes verbunden ist. Wenn die Mitglieder einer solchen Balzgruppe dann gemeinsam ein Brutgebiet aufsuchen, ist gewährleistet, daß auch der Nestbau und die Eiablage gleichzeitig beginnt. Somit kann in der Kolonie ein soziales Brutleben mit allen seinen Vorteilen entstehen.

Im Laufe des Nachmittags entstehen immer neue Balzgruppen, die immer mehr Flamingos anziehen. Dann, am Abend – die Sonne ist bereits vor einer Viertelstunde untergegangen –, geht ein Rauschen durch den Außenrand der Flamingo-Ansammlung. Tausende von Vögeln breiten ihre Schwingen aus, rennen über das Wasser, um ihre Startgeschwindigkeit zu erreichen, und erheben sich schließlich laut rufend in die Luft. Ihr rauhes und krächzendes Geschrei erinnert mich stark an die Laute der Graugänse in der Heimat. Ein Schwarm nach dem anderen fliegt auf. Eine Weile kreisen sie wie rote Moskitoschwärme hoch über dem See, ziehen dann nach Süden davon. Obwohl mindestens 30 000, wenn nicht gar 50 000 Vögel den Nakuru-See an diesem Abend verlassen haben, wurde die verbliebene Vogelmasse nicht merklich geringer. 50 000 Vögel, das sind nur etwa drei Prozent aller Flamingos am Ort.

Auch als an den nächsten drei Tagen die abendliche Massenabwanderung der Flamingos anhält, wird die Ansammlung kaum kleiner. Jeden Morgen, wenn ich von der steilen Bruchkante auf den Nakuru-See schaue, sehen seine Ufer aus, als wären sie mit rosarotem Schaum bedeckt.

Am vierten Tag beschließe ich, den abwandernden Flamingos zu folgen. Ich bin sicher, daß sie den Nakuru-See verlassen, um irgendwo anders zu brüten. Nun will ich diese Brutplätze suchen.

Über Nairobi fahre ich 250 Kilometer weit nach Süden zum Magadi-See.

Nachdem sich eine Hyäne im Schutz der Ufervegetation nahe genug an eine große Flamingo-Ansammlung herangeschlichen hat, prescht sie heraus, um einen der Vögel zu packen

185

Von der hohen östlichen Bruchstufe herab kann ich im ganzen nördlichen Teil des Sees nicht einen einzigen Flamingo ausmachen. Aber das enttäuscht mich nicht. Ich vermute die Vögel im entlegenen Südteil, der von hier aus nicht einsehbar ist. Ich muß hinab zum Ufer des Sees.

Es ist glühend heiß. Das Thermometer zeigt 42 Grad im Schatten. Vom Boden aus ist der See fast nicht zu erkennen. Luftspiegelungen verzerren alles bis zur Unkenntlichkeit. Die steile Bruchstufe des westlichen Rift Valley hat sich in mehrere wabernde, linsenförmige Gebilde aufgelöst.

Ein paar zuckende schwarze Flecken und Striche vor mir fließen, als ich mich ihnen nähere, zu drei Zebras zusammen. Die einsame Piste zur tansanischen Grenze führt über das salzverkrustete, schlammige Ufer des Sees. Immer wieder versinken die Räder meines Landrovers unter klirrende Salzschollen im stinkenden Morast.

Ich will bei dieser Gelegenheit einige heiße Süßwasserquellen am südöstlichen Ufer des Sees suchen, von denen ich gehört hatte. Da ich sie unmittelbar am Fuß einer Steilstufe vermute, beginne ich dort — ohne jedes Ergebnis. Als ich die Suche abbreche, um weiterzufahren, bemerke ich an mehreren Stellen des Sees kleine, eigentümliche, silberfarbene Wölkchen über der alkalischen Lauge. Selbst mit dem Fernglas ist ihre Natur jedoch nicht zu erkennen. Ich ziehe meine säurefesten Gummistiefel an und wate durch die nur wenige Zentimeter tiefe Lauge darauf zu.

Plötzlich steigt eine der Silberwolken unmittelbar vor meinen Füßen empor. Sie besteht aus tausenden winziger Fliegen von metallischem Glanz. Mir ist sofort klar, daß es sich um eine Anpassung an das höllische Klima handeln muß: Die Färbung ermöglicht den Fliegen, eine Überdosis tödlicher Sonnenstrahlen zu reflektieren. Der aufge-

Beiderseits der Mündung eines kleinen Süßwasserbaches am Nakuru-See haben sich Warteschlangen aus tausenden von Flamingos gebildet. Geduldig stehen sie an, um einen Platz in dem Bad zu erhalten, wo sie trinken und ihr Gefieder von Salz säubern können

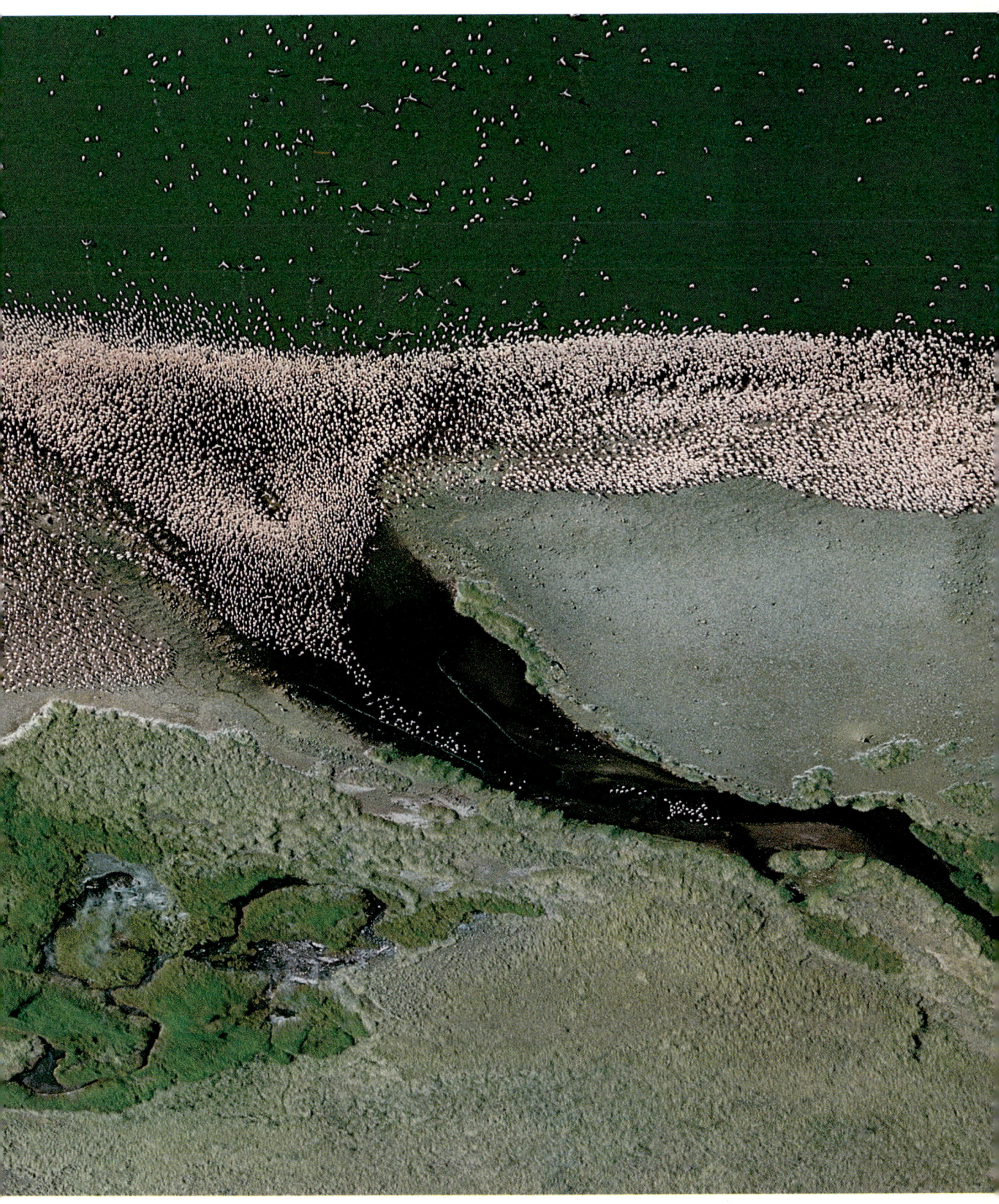

scheuchte Fliegenschwarm schwebt über einer der Süßwasserquellen, etwa 50 Meter vom Ufer entfernt. Das glasklare Wasser quillt so heiß aus dem Seegrund empor, daß ich die Hand nicht hineinhalten kann. In der Quelle aber entdecke ich, wie erhofft, Fische – winzige, nur drei bis fünf Zentimeter lange Buntbarsche der Art Tilapia grahami; es ist eine Zwergform der gleichen Art, die im Nakuru-See so erfolgreich eingebürgert worden war. Die Fische, nicht mehr als insgesamt ein paar Hundert, bewohnen nur ein Dutzend kleiner heißer Süßwasserquellen im Magadi-See. Im benachbarten Natron-See lebt, ebenfalls in isolierten Süßwasserquellen, die verwandte Art Tilapia alcalica.

Als ich näher an die Quelle herantrete, um die Fische zu betrachten, fliehen sie. Ich verfolge den Schwarm, um sein Verhalten zu beobachten. Die Fische fliehen nicht in den See hinaus, sondern schwimmen immer um das heiße Zentrum der Quelle herum. Das Zentrum selbst können sie nicht bewohnen, denn es ist siedend heiß, und nach außen ist ihrer Verbreitung durch die ätzende Lauge des Sees eine unsichtbare, aber unüberwindliche Grenze gesetzt. Sie bewohnen also nur die schmale Mischwasserzone zwischen extrem heiß und extrem giftig. Ihr Lebensraum ist aber immer noch so warm und so salzig, daß jede andere Fischart darin umkommen würde.

Die kleinen Buntbarsche mit dem wahrscheinlich kleinsten Lebensraum unter allen irdischen Lebewesen ernähren sich von besonderen Algen und Pilzen, die in den Süßwasserquellen reichlich gedeihen. Von Stoffwechselprodukten dieser pflanzlichen Lebensformen, die stellenweise einen dicken, schaumigen Teppich auf der Oberfläche der Quellen bilden, leben die silberfarbenen Fliegen.

Wie diese ersten Fische in den embryonalen Ozean des Magadi- und Natron-Sees gelangt sind, läßt sich nur vermuten. Wahrscheinlich ist ihr Laich vor langer Zeit im Gefieder von Flamingos in die Quellen verschleppt worden, als die Vögel hier badeten. Durch die lange Isolation und die Anpassungen an ihre extreme Umwelt sind die kleinen Buntbarsche auf dem Wege, sich zu eigenen Arten zu entwickeln.

Vereinzelte rote Flecken, die in den heißen, wallenden Luftschichten tanzen, entpuppen sich als Flamingos. Ich kann in diesem Irrgarten der optischen Täuschungen jedoch nicht mehr als ein paar Hundert von ihnen entdecken. Keine Spur von den Massen, die am Nakuru-See aufgebrochen waren.

Auch am Natron-See, den ich am nächsten Tag mit dem Flugzeug mehrere Stunden lang absuche, finde ich keine Ansammlungen, die auf eine bevorstehende Brut schließen lassen.

Noch vor dreißig Jahren war nicht bekannt, wo die drei Millionen Flamingos des Rift Valley brüten. Im Jahre 1951 schrieben Wissenschaftler in der damals neuesten Ausgabe eines Werkes über die Vogelwelt Ostafrikas: „Es gibt auf der ganzen Welt keine Vogelart von der Größe und der Zahl des Zwergflamingos, über die so wenig bekannt ist." In der berühmten Sammlung des Zoologischen Museums in London gab es von dieser Art weder ein einziges Ei noch einen nicht flüggen Jungvogel – ein Fall ohne Beispiel in der Zoologie. Ganze Generationen von Forschern hatten versucht, das Geheimnis der Flamingo-Brutplätze zu lüften, erfolglos. Wie rätselhaft die Vermehrung der Flamingos war, zeigt wohl am eindrucksvollsten, daß selbst die Eingeborenen, die sonst jedes Detail und jeden Zusammenhang ihrer natürlichen Umwelt kennen, nichts darüber wußten. Die Massai am Ufer des Magadi- und des Natron-Sees hatten ihre eigene Erklärung dafür entwickelt. Hin und wieder hatten sie flügge Jungvögel, die noch ihr graues

Jugendgefieder trugen, am Rande der Seen gesehen, niemals aber Nester oder Gelege gefunden. Daraus zogen sie den Schluß, daß Flamingos nicht aus Eiern schlüpfen, sondern dem Wasser des Sees entsteigen.

Daß das Geheimnis der Brutplätze schließlich doch noch gelüftet wurde, ist dem Schotten Leslie Brown zu verdanken. Dieser hervorragende Biologe leitete in den fünfziger Jahren die Landwirtschaftsbehörde von Kenia, das damals noch eine britische Kolonie war. Brown hatte sich mehr als zehn Jahre mit den Wanderungen der Flamingos im Rift Valley beschäftigt. Obwohl sich beide Flamingoarten oft in ungeheuren Massen am Nakuru-See aufhielten, war in dieser leicht zugänglichen Gegend niemals eine Brut beobachtet worden. Genauso plötzlich und unregelmäßig, wie die Flamingos am Nakuru-See erschienen, verschwanden sie wieder, um andere Seen des Rift Valley aufzusuchen. Leslie Brown sah einen Zusammenhang dieser Wanderungen mit der unregelmäßigen Vermehrung der pflanzlichen und tierischen Nahrung der Flamingos. Das schwankende Nahrungsangebot erklärte er wiederum mit dem Salzgehalt der Seen im Rift Valley, der sich je nach Regen- und Trockenzeiten ständig ändert. Aber: Wie sollten die Vögel erfahren, in welchem See sich gerade, oft in wenigen Tagen, ihre Nahrung explosionsartig vermehrt hatte, so daß sich ein Besuch lohnte?

Der Biologe vermutete, daß die Flamingos – wie etwa die Bienen – ein hochentwickeltes Informationssystem besitzen, mit welchem einzelne Kundschafter-Vögel ihren Artgenossen signalisieren, wo die Nahrungsbedingungen am besten sind. Kundschafterbienen lassen ihre Artgenossen durch einen komplizierten Tanz, der auf Sonnennavigation beruht, wissen, in welcher Himmelsrichtung sich ergiebige Blüten befinden. Inzwischen scheint erwiesen, daß die Wanderungen der Flamingos mit der Nahrungsverknappung und der traditionellen Kenntnis anderer Nahrungsplätze zusammenhängt.

Leslie Browns bevorzugter Beobachtungsort war der Hannington-See, der heute wieder den afrikanischen Namen Bogario trägt. Dieses extrem alkalische Gewässer liegt nur wenige Kilometer südlich des mit Süßwasser gefüllten Baringo-Sees, an dem im vorigen Jahrhundert John Walter Gregory seine geologischen Forschungen über die Entstehung des Rift Valley angestellt hat.

Was seine Lage anbelangt, ist der schmale, langgestreckte Bogario-See wohl der eindrucksvollste aller Seen im Rift Valley. Sein Ostufer bildet die senkrecht mehr als tausend Meter abstürzende Wand des Rift Valley. Das Westufer ist flankiert von Dutzenden kleiner kochender Seen und Geysiren, deren Fontänen meterhoch in die Luft schießen.

Wie der Nakuru-See, ist auch der Bogario-See berühmt für seine in unregelmäßigen Abständen erscheinenden Flamingomassen. Bis zu zwei Millionen Vögel auf engstem Raum wurden hier beobachtet.

Als einzige Süßwasserquelle stehen den Flamingos die kochenden Geysire zur Verfügung. Leslie Brown hat beobachtet, wie die Tiere in die Ausflüsse der Geysire, deren Temperatur immer noch 70 Grad beträgt, bevor sie in den See münden, hineindrängen, um Nahrung zu suchen, zu trinken und zu baden. Bei besonders großem Andrang gerieten die Vögel sogar bis an den Rand der brodelnden Quellen und tranken dort fast siedendes Wasser. Diese Beobachtungen machen deutlich, daß die Flamingos einzigartige Anpassungen an ihre extrem heiße Heimat entwickelt haben; auch hohe Lufttemperaturen – über dem Boden des Rift Valley wurden mehr als 70

Grad Celsius gemessen – machen ihnen nicht viel aus.

Am Bogario-See fand Leslie Brown nach langer Suche 5000 Flamingonester – etwa dreißig Zentimeter hohe, im Flachwasser aus Salzschlamm erbaute Kegel, obenauf mit einer Mulde für die Eier. Nur 5000 Nester: Das freilich paßte nicht zusammen mit den 150 000 Jungvögeln, die sich in der Umgebung aufhielten. Da sie bereits flügge waren, konnten sie vielleicht zugeflogen sein. Denn so sehr der Forscher suchte, er entdeckte weder Reste von Eiern, aus denen die Jungvögel geschlüpft waren, noch Vögel, die noch nicht fliegen konnten.

1953 endlich fand Leslie Brown am Bogario-See eine kleine Gruppe von Nestern, in denen jeweils ein Ei lag. Er konnte auch beobachten, wie der Zwergflamingo seinen Nestkegel baut. Die Vögel sammeln mit geöffnetem Schnabel Salzschlamm, um ihn dann, vergleichbar einer Zahnpastatube, die man ausdrückt, über dem Nistplatz abzuladen. Noch erstaunlicher war jedoch, daß einige Vögel eine ganz andere Methode anwandten. Sie schoben den Schlamm einfach mit ihrem klobigen Schnabel zusammen.

Als Leslie Brown einige Wochen später zu dieser Brutkolonie zurückkehrte, wurde seine Hoffnung bitter enttäuscht. Eier und Nester waren verlassen und niedergetrampelt von Flamingos auf der Suche nach Nahrung. Aber an anderer Stelle waren etwa 3000 Vögel dabei, neue Nester zu errichten. Als der Forscher seinen einheimischen Begleiter vom Stamme der Tugen zu den neuen Nestern führte, in denen

An dem von kochenden Geysiren flankierten Bogario-See in Kenia vermutete der schottische Biologe Leslie Brown die Brutplätze der Zwergflamingos. Erst nach mehr als zehnjähriger Suche entdeckte er sie dann inmitten des Natronsees in Tansania

noch keine Eier lagen, war der nicht überrascht und sagte: „Du erzählst mir, daß die Flamingos Eier auf diese kleinen Hügel legen, aber sie können keine Eier legen." Der Afrikaner sagte, der Vogelnachwuchs komme weit draußen im Wasser zur Welt, und die Jungen seien voll ausgewachsen und flugfähig wie ihre Eltern, wenn sie an die Oberfläche kämen.

Dieser Legende widersprach, daß die Flamingos in der neuen Kolonie alle Verhaltensweisen brutbereiter Vögel zeigten. Sorgsam glätteten sie die Ränder und das Innere der Nistmulde mit ihren Füßen. Sie probierten das Sitzen auf dem Kegel aus, und sie verteidigten ihr Brutrevier gegen die Nachbarn. Vor Erregung hatten die Vögel ihr Gefieder aufgeplustert. Leslie Brown beschrieb sie als riesige rosa Chrysanthemen.

Wegen eines längeren Aufenthaltes in England zur Behandlung einer Tropenkrankheit mußte der Forscher gerade jetzt seine Beobachtungen abbrechen. Er nahm an, daß nach seiner Rückkehr das gesamte Brutgeschäft abgeschlossen sein und er nur noch flügge Jungvögel antreffen werde. Er übertrug die weiteren Beobachtungen an einen anderen Flamingo-Enthusiasten, an William Percy. Mit seinen 70 Jahren unternahm der Lord mehrmals die beschwerliche Reise von Nairobi zum Bogario-See, aber er fand die Kolonie letztlich verlassen vor. Dabei war sein Zeitplan perfekt. Eine erfolgreiche Brut hätte ihm nicht entgehen können. Er hätte Eier oder gerade geschlüpfte Junge sehen müssen – aber er fand, wie Leslie Brown zuvor, nicht einmal ein Stück zerbrochener Eierschale zum Beweis dafür, daß die Vögel überhaupt Eier gelegt hatten.

Auffallend war, daß alle bis dahin entdeckten Brutkolonien fast ausschließlich von weniger als drei Jahre alten Vögeln besetzt worden waren. Ein- und zweijährige Vögel kann man

Am Bogario-See bauen junge, im Alter von ein bis zwei Jahren noch nicht geschlechtsreife Zwergflamingos sogenannte Spielnester, mit denen sie das Brutgeschäft üben

leicht an ihrem blasseren Gefieder erkennen; das dunklere Rot der erwachsenen Flamingos stellt sich erst im dritten Lebensjahr ein. Die Forscher kamen zu dem Schluß, daß sie sogenannte Spielnester gesehen hatten, mit denen junge, noch nicht geschlechtsreife Flamingos das Brutgeschäft nur übten. Selbst wenn sie Eier legten, waren diese nicht befruchtet. Das Geheimnis um die wahren Brutplätze der Flamingos war nach diesen Folgerungen größer als je zuvor.

Leslie Brown kam schließlich zu der Erkenntnis, daß der Bogario-See, genauso wie der Nakuru-See, für eine erfolgreiche Brut nicht geeignet war. Die flache Uferzone – nur dort ist der Bau der Kegelnester möglich – war zu vielen Feinden zugänglich.

Die Flamingos, so vermutete Brown, mußten an einem Ort brüten, der so abgelegen und unzugänglich war, daß er von vierbeinigen Räubern und von Menschen nicht erreicht werden konnte. Zugleich aber mußte genug Nahrung für Eltern und Junge vorhanden sein. Diese Bedingungen schien nur ein Gewässer zu erfüllen: der große, mit unzähligen Salzschlammbänken und Inseln erloschener Sodageysire angefüllte Natron-See. An diesem Ort der Luftspiegelungen und optischen Täuschungen waren Beobachtungen vom Boden aus jedoch unmöglich.

1954 charterte Leslie Brown ein kleines Flugzeug und flog zum Natron-See. Es war sein erster Flug zu diesem Gewässer. Die Szenerie, die sich unter ihm auftat, erschien ihm schier unbegreiflich. Er sah riesige rotweiße Spiralen, die starr im See zu liegen schienen. Später schrieb er darüber: „Weiß Gott, welche fremden und unbekannten Kräfte diese Gebilde schufen. Sie bewegen sich nicht, und es fällt mir schwer zu glauben, daß sie von einem Tornado oder einer Windhose in die Oberfläche der Sodamasse geprägt wurden. Noch schwerer fällt es, mir irgendeine andere Kraft vorzustellen, die sie geschaffen hat, doch sie existieren wirklich."

Hunderttausende Flamingos standen im See, doch so angestrengt der Forscher und sein Pilot auch schauten, sie entdeckten keine der charakteristischen Nestkegel. Über dem südwestlichen Ufer wendete der Pilot und steuerte den 3000 Meter hohen Gelai am Ostufer an. Sie überflogen den See entlang einer Sodazunge, die wie eine

trügerische Halbinsel vom Westen in das Gewässer hineinragt.

Am Ende der Sodazunge mitten im See tauchte ein dunkler Fleck auf. Er entpuppte sich als eine Ansammlung von etwa tausend noch flugunfähigen Daunenjungen des Zwergflamingos – die ersten, die je von einem Menschen gesehen wurden. Der Nachwuchs wurde von wenigen Altvögeln geführt und bewacht.

Bei weiteren Flügen entdeckte der hartnäckige Forscher an derselben Stelle immer neue Jungengruppen. Sie zogen in dichten Herden und in glühender Mittagshitze durch den bodenlosen, ätzenden Morast. Süßwasser, das sie hätten trinken können, gab es im Umkreis von zehn Kilometern nicht. Ihre Spuren im Schlamm ließen sich bis an die Brutplätze zurückverfolgen.

Im Tiefflug über der Sodazunge entdeckte Leslie Brown die Nestkegel von 150 000 Paaren des Zwergflamingos und von 500 Paaren des Großen Flamingos. Auf vielen wurde noch gebrütet. Damit war nicht nur erstmals eine wirkliche Brutkolonie des Zwergflamingos entdeckt, sondern zugleich die

Die aus Salzschlamm erbauten Kegelnester einer verlassenen Brutkolonie des Zwergflamingos liegen auf den flachen Erhebungen erloschener Sodageysire im Natron-See. Die Jungen schließen sich zu großen „Kindergärten" zusammen, bewacht und geführt von wenigen Altvögeln. Scheint Gefahr zu drohen – wie hier vom Flugzeug –, so drängen sie sich dicht zusammen und wirken wie ein einziges Lebewesen, dessen Spur den Schlamm des Natronschollen-Mosaiks durchzieht

These widerlegt, die große Art brüte in Afrika überhaupt nicht, sondern sei nur Besuch auf dem Durchzug von anderen Kontinenten.

Die Brutkolonie lag zehn Kilometer von jedem Ufer entfernt, in der Mitte des Sees. Sie mußte wegen der Luftspiegelungen vom Ufer aus unsichtbar sein. Das war der Grund, weshalb die Eingeborenen behaupteten, die Flamingos entstiegen dem See.

Leslie Brown beschloß eine Expedition zum Westufer des Natron-Sees. Von dort aus wollte er versuchen, die Kolonie zu Fuß zu erreichen. Dieser Fußmarsch sollte zu einem der dramatischsten Höhepunkte zoologischer Feldforschung werden. Niemand kann seine Geschichte besser erzählen als er selbst:

„*Bevor die Tageshitze zu stark wurde, war ich in recht guter Verfassung an der Stelle angekommen, die gegenüber der Flamingo-Kolonie lag, und ich vermutete, daß mich nur noch ein etwa einstündiger Marsch von den Nestern trennte. . . Wegen der Luftspiegelung konnte ich die Kolonie natürlich nicht sehen, doch ich nahm an, daß ich sie erblicken würde, wenn ich mich ihr bis auf etwa anderthalb Kilometer genähert haben würde.*

Ich ging ein kleines Stück hinaus auf die weiße Natronkruste, die sich am Ufer entlangzog; sie war hart und fest, man hätte hier mit einem Flugzeug landen können. Ich spürte, wie die Hitze, die von der Oberfläche reflektiert wurde, mir ins Gesicht schlug, doch ich hatte mich dick eingefettet und trug eine Sonnenbrille, um mich gegen diese Gefahr zu schützen.

Ich marschierte hinaus auf den See über die harte Natronkruste bis zu der Stelle, wo das schlammige rosafarbene Wasser begann. Dann brach ich durch die Kruste, die über dem tieferen Wasser offenbar dünner wurde, und sank in den Schlamm darunter ein. Jeder meiner Schritte hinterließ einen nach Fäulnis riechenden schwarzen Fleck. Ich konnte mich im Schlamm ziemlich gut fortbewegen, und solange er naß war, konnte ich meine Stiefel relativ leicht aus dem Schlamm ziehen. . . Die Hitze wurde von Minute zu Minute größer. . . Nach ungefähr 800 Metern durch diesen wäßrigen Schlamm wurde es wieder flacher, und ich dachte, daß das Schlimmste nun vorüber sei.

Jenseits des Wassers war das Natron nicht flach und hart wie in der Nähe des Ufers, sondern hier hatten sich vieleckige Schollen mit hochgebogenen Rändern gebildet, die eher gigantischen Blättern von Wasserlilien glichen. So schnell ich konnte, kletterte ich über diese Ränder und versuchte auf den Schollen meinen Weg fortzusetzen. Doch sie erwiesen sich als unzuverlässig. Sie hatten schwache Stellen, an denen ich durchbrach in den Schlamm. Beim Weitergehen stellte ich fest, daß sie immer dünner und brüchiger wurden . . . Der Schlamm unter der Kruste war wie Gelantine, außerordentlich zäh und klebrig und umschloß meine Füße in den Schutzstiefeln mit einer solchen Hartnäckigkeit, wie ich es noch nie zuvor erlebt hatte. Die Anstrengung, um einen Stiefel herauszuziehen, war so groß, daß sie oft genügte, um den anderen so tief im Schlamm zu begraben, daß ich ihn wieder nur mit mehreren ruckartigen Bewegungen befreien konnte . . . Ich blieb alle vier oder fünf Schritte stecken. Ich konnte nicht stehenbleiben, weil der Boden an keiner Stelle trocken genug war, um mein Gewicht zu tragen, und ich konnte es nicht wagen, zu tief einzusinken . . .

Dann erreichte ich endlich einen kleinen Hügel weißen Natrons und glaubte, daß ich hier für einige Augenblicke stehenbleiben könne. Doch gerade, als ich diesen Zufluchtsort erreicht hatte, krachte ich mit beiden Füßen durch die Natrondecke. Taumelnd vor Müdigkeit, kroch ich auf Händen und Knien wieder heraus. Ich nahm einen Schluck aus meinem Wassersack. Zu meinem Entsetzen war das Wasser darin so bitter wie eine starke Dosis Bikarbonat, und ich konnte es nur mit Widerwillen hinunterschlucken. Als ich mich durch den konzentrierten Natronschlamm vorwärtskämpfte, hatte mein Wassersack aus Segeltuch wohl eine Menge Spritzer abbekommen, die durch den Stoff gedrungen waren. Ein paar Minuten später wäre das Wasser wohl ungenießbar gewesen. So trank ich fast alles aus. Ich ließ nur noch einen kleinen Rest übrig, weil ich glaubte, daß ich ihn noch bitter nötig haben würde.

Die Brutkolonie war immer noch nicht in Sicht, und mir wurde klar, daß ich, selbst wenn ich weiterkämpfen und sie erreichen würde, vermutlich nicht mehr die Kraft für den Rückweg aufbrächte – vor allem später am Tag, wenn die Hitze noch extremer würde und ich praktisch total ausgetrocknet wäre, was ohne Wasser unweigerlich der Fall sein würde. Da wußte ich, daß ich umkehren und das Ganze verschieben mußte.

Nun begann eine furchtbare Tretmühle. Demoralisiert, voller Enttäuschung und viel erschöpfter, als ich mir bewußt war, mußte ich mich durch den stinkenden zähen Schlamm zurückkämpfen... Ich quälte mich vorwärts, nach fünf oder sechs Schritten taumelte ich vor Erschöpfung und war kaum in der Lage, den Blick zu heben und irgend etwas zu erkennen, so daß ich sogar den von mir getretenen Pfad verlor und nur noch generell die Richtung zu der sich schwach abzeichnenden Masse des Gelai einhielt...

Wäre ich nicht ein so kräftiger Mann mit so großer Erfahrung gewesen, mich auf schlammigem Untergrund fortzubewegen, dann würde ich wohl jetzt noch dort liegen, das Fleisch von den Knochen gelöst und das Skelett würde im Schlamm stecken."

So weit das Horror-Erlebnis Leslie Browns, der, als er wieder festen Boden unter den Füßen hatte, noch einen Schock erlebte, denn: *"Ich zog meine Gummistiefel aus und schaute mir meine Füße an. Mir war klar, daß sie von Natriumkristallen böse zerschnitten worden waren, doch ihr Anblick versetzte mir einen ziemlichen Schock. Die gesamte Oberfläche und auch die Knöchel, die sich in den Stiefeln aufgescheuert hatten, waren mit riesigen knallroten Blasen bedeckt, die sich vor meinen Augen langsam dunkelbraun färbten und dann an der Luft schwarz wurden."*

Vor ihm lagen immer noch elf Kilometer beschwerlichen Fußmarsches über die Lavafelder am Fuße des Gelai zu seinem Camp und seinem Auto. Seine verätzten Beine brannten und schmerzten immer mehr. Bei Dunkelheit erreichte er, zu Tode erschöpft, sein Camp.

Am Morgen waren seine Füße und Beine erschreckend angeschwollen. Die Blasen hatten sich entzündet und begannen aufzuplatzen. Leslie Brown fuhr mit dem Auto nach Norden. Er wollte versuchen, das Salzbergwerk der Magadi Soda-Company zu erreichen. Dort gab es ein kleines, von Europäern geleitetes Krankenhaus. Die 70 Kilometer wurden zur schlimmsten Geländefahrt seines Lebens. Er fieberte stark. Krämpfe, die seine Glieder zunehmend schüttelten und lähmten, ließen ihn fürchten, er werde am Wundstarrkrampf sterben. Die Lähmungen griffen auf seine Augenlider über. Als er schließlich am Magadi-See ankam, konnte er nur noch mit einem Auge sehen, dessen Lid er mit dem Finger geöffnet hielt.

Drei Tage lag er halb bewußtlos im Krankenhaus. Eine weitere Woche verbrachte er in dicken Verbänden. Es bestand die düstere Aussicht der Amputation beider Beine. Sechs Wochen dauerte es, ehe sie geheilt waren. Danach mußten mehrere Hauttransplantationen vorgenommen werden.

Im Jahre 1957 unternahm Leslie Brown erneut eine Expedition zum Natron-See. Diesmal gelang es ihm, über festere Sodaschlammbänke zu einer näher am Ufer gelegenen Kolonie brütender Flamingos vorzudringen. Danach schwor er sich, nie wieder seinen Fuß auf die Oberfläche des Sees zu setzen.

Noch vor seinem verhängnisvollen Fußmarsch über die gefahrvolle Oberfläche des Sees hatte er im Elmentaita-See eine Brutkolonie der Großen Flamingos entdeckt.

Die für die Flamingonester typischen Schlammkegel gab es hier nicht. Den Vögeln stand dafür nicht genügend Baumaterial zur Verfügung. Rund 5000 Vogelpaare hatten ihre 5000 Eier auf den nackten, schwarzen Lavafels abgelegt, nur gepolstert mit ein paar Federn. Als die Jungen geschlüpft waren, hatte Leslie Brown die einzigartige Möglichkeit, inmitten einer relativ lebensfreundlichen Umwelt die Aufzucht zu beobachten. Seither weiß man, daß die Jungen der Flamingos mit einer leuchtend roten Flüssigkeit ernährt werden, die beide Elternteile in den weit geöffneten Schnabel der Jungen hineinlaufen lassen. Diese Flüssigkeit besteht zu einem Prozent aus Blut und wird von Drüsen im Bereich der Speiseröhre abgesondert.

Im Alter von zwei Wochen verlassen die Jungen den Platz, an dem sie er-

Wenn sie noch klein sind, werden die Flamingos mit einer Nährflüssigkeit gefüttert, welche die Eltern in den Schnabel der Jungen hineinträufeln. Im Alter von zwei Wochen gehen sie dann, angeleitet von einigen Altvögeln, selber auf Nahrungssuche

brütet wurden, und schließen sich zu großen Gruppen zusammen. Sie stehen und laufen dichtgedrängt und bieten so geflügelten Feinden die denkbar geringste Angriffsmöglichkeit. Während die Elterntiere weit draußen im See ihre mikroskopische Nahrung aus dem Wasser herausfiltern, werden die Jungengruppen von wenigen Altvögeln geführt, die als „Kindermädchen" tätig sind.

Die Jungen, die einen starken Nahrungsbedarf haben, werden noch etwa sieben Wochen lang gefüttert. Ob die Altvögel dabei ihr eigenes Junges herausfinden, oder ob sie beliebige Jungvögel füttern, ist unbekannt. Mit elf Wochen werden die Tiere flugfähig.

Wohl nur wenige Vogelarten auf der Erde haben schon unter normalen Umständen so große Schwierigkeiten wie die beiden afrikanischen Flamingoarten, ihren gesamten Brutzyklus erfolgreich zu beenden. Anfang 1961 aber gab es selbst die schwierige Normalität nicht: Über die Brutplätze der Zwergflamingos am Natron-See brach eine Katastrophe herein. Eine lange Trockenzeit ließ den See auch in seiner Mitte austrocknen. Damit versiegte die Nahrungsquelle der brütenden Flamingos. Rund eine halbe Million Vögel, die während der Zeit des Brütens und der Jungenaufzucht ihr Gefieder wechseln und daher viele Wochen flugunfähig sind, fanden den Tod; das wa-

ren mehr als 15 Prozent des Gesamtbestandes.

Am Ende jenes Schreckensjahres ließen dann die stärksten Regenfälle seit Menschengedenken den Spiegel des Sees rund anderthalb Meter ansteigen. Wo die Flamingos sonst genistet hatten, konnten sie nun nur noch schwimmen.

Die kleine Buntbarschart Tilapia alcalica dagegen, die normalerweise nur in den wenigen heißen Süßwasserquellen am Ufer des Sees lebte, breitete sich im ganzen See aus und vermehrte sich in neun Monaten zu astronomischer Zahl.

Angelockt von den zwar kleinen, aber in ungeheuren Massen auftretenden Fischen, kam nun eine Vogelart zum Natron-See, für die dieses Gewässer normalerweise keinerlei Lebensgrundlage bietet — der Rosapelikan. Auf ufernahen Felsen, die durch die Überflutung zu Inseln geworden waren, gründeten sie Brutkolonien mit mindestens 10 000 Paaren.

Dann, im August 1962, kam es erneut zu einer ökologischen Katastrophe: Die Fischmassen wurden Opfer ihrer eigenen Übervölkerung. Sie verhungerten und erstickten durch Nahrungs- und Sauerstoffmangel. Ihre Körper bildeten einen mehrere Meter breiten Saum um den ganzen See. Nun waren auch die Pelikane durch Nahrungsmangel gezwungen, ihr Brutgeschäft abzubrechen. Die reichen Fischgründe des Nakuru-Sees, an denen sich seither anscheinend ein ökologisches Gleichgewicht herausgebildet hat, existierten damals noch nicht, sonst hätten die Pelikane eine Luftbrücke herstellen können, wie sie heute zwischen ihrer Brutkolonie auf der Insel im Elmentaita-See und dem Nakuru-See besteht.

Die Masse der Zwergflamingos floh vor der Überflutung des Natron-Sees zum weniger überschwemmten Magadi-See. Im Juli 1962 gründeten sie dort Hunderte zusammenhängender Brutkolonien, deren Gesamtbestand binnen weniger Wochen auf mehr als eine Million Paare wuchs. Mehr als zwei Millionen Vögel baggerten etwa 20 000 Tonnen Salzschlamm zusammen, um ihre Kegelnester zu errichten. Um ein gemeinsames Koloniebrüten zu ermöglichen, wird die Eiablage übrigens synchron in mehreren Gruppen von jeweils etwa 6000 Paaren durchgeführt.

Die Brutplätze im Magadi-See waren längst nicht so entlegen wie die am Natron-See. Tagsüber wurden sie daher viel häufiger von Adlern, Geiern und Marabus heimgesucht, und nachts fraßen Schakale und Hyänenrudel ganze Schneisen in die Kolonie. Trotzdem schlüpften nach einer Brutzeit von 28 Tagen insgesamt etwa 850 000 Junge.

Massaikrieger kamen nun zu Hunderten zu der leicht zugänglichen Kolonie und sahen zum erstenmal, daß Flamingoküken aus Eiern schlüpfen. Ihr Staunen bewies, daß Flamingos seit Menschengedenken nie am Magadi-See gebrütet hatten.

Vogelpaare, die sich nicht der synchronen Eiablage angeschlossen, sondern sich später am Außenrand der Kolonie angesiedelt hatten, verließen zu Tausenden ihre Brut, die kurz vor dem Schlüpfen war, als ihre Nachbarn das Brutgeschäft beendeten und aufbrachen, um Nahrung für ihre Jungen zu holen. Aus vielen der verlassenen Eier schlüpften die Jungen noch in der Sonnenglut. Der amerikanische Vogelkundler John Williams schrieb in seinem Exkursionsbericht über das tragische Schicksal der verlassenen Jungen: „Es ist das fürchterlichste Erlebnis meines Lebens als Ornithologe, durch dieses Gebiet verlassener Nester zu gehen und das Rufen von abertausenden von Jungen in ihren Nestern oder noch im Ei nach ihren Eltern zu hören, die niemals zurückkehren werden. Geier am Tage und Hyänen bei Nacht erscheinen mir wie Gnadenengel, um dieses Leiden zu beenden."

Am Magadi-See offenbarten die Flamingos den herbeigeeilten Vogelkundlern dann eine neue Variante ihrer anscheinend unerschöpflichen Anpassungsfähigkeit. Für zwei Millionen Altvögel und fast eine Million Jungvögel reichte die Nahrung im Magadi-See nicht aus. Das hätte normalerweise eine Hungerkatastrophe wie ein Jahr zuvor am Natron-See zur Folge gehabt, doch diesmal hatten die Flamingos ihr Gefieder während der Zeit der Brut und Jungenaufzucht nicht gewechselt. Sie blieben flugfähig und wechselten allnächtlich zum Natron-See hinüber, um Nahrung für sich und ihre Jungen zu holen.

So erstaunlich eine derartige Steuerung physiologischer Vorgänge ist — man kann sie inzwischen erklären. Bei den meisten Vogelarten erfolgt der Gefiederwechsel, wie auch die Brut oder der Zug, nach einem feststehenden Zeitschema, das im Laufe unzähliger Generationen durch Erfahrungen entwickelt wurde. Viele Vogelarten, die genau festgelegte Brutzeiten haben, wechseln in dieser dafür günstigen Zeit zugleich ihr Gefieder. Abhängig von ihrer extrem lebensfeindlichen Umwelt eines embryonalen Ozeans, brüten die Flamingos jedoch sehr unregelmäßig, also nur, wenn die Bedingungen günstig sind. Wahrscheinlich ist bei ihnen die Ruhe, die sie während des Brütens haben, der Auslöser für den Gefiederwechsel. Sie brauchen jetzt nicht zu fliegen, da normalerweise in der unmittelbaren Umgebung ihrer Brutplätze Nahrung im Überfluß vorhanden ist. Überraschende Dürrekatastrophen werden dann natürlich zur tödlichen Gefahr.

Als die Flamingos jedoch am Magadi-See mit ihrer Brut begannen, reichte die Nahrung schon für die zwei Millionen Altvögel nicht aus. Sie waren

Als die Zwergflamingos 1962 überraschend am Magadi-See brüteten, kamen Massai herbeigeeilt. Nie zuvor hatten sie Flamingoküken aus Eiern schlüpfen sehen. Die ufernahe Brutkolonie wurde von Geiern und Hyänen heimgesucht, und die Jungen waren durch die hohe Konzentration von Salz bedroht, das an ihren Beinen dicke Klumpen bildete

von vornherein darauf angewiesen, allnächtlich zum Natron-See hinüberzufliegen, um zu fressen. Der Gefiederwechsel, der auslösende Faktor der Flugruhe, stellte sich also gar nicht erst ein.

Dann aber kam es doch zu einer Katastrophe, die den Nachwuchs bedrohte: Die Salzkonzentration der Lauge in jenem Teil des Sees, in dem die Vögel gebrütet hatten, war zu hoch. Das Salz kristallisierte und blieb an den Beinen der Jungvögel haften; dort bildete es genau in Höhe des Wasserspiegels dicke, ständig wachsende Klumpen. Deren Gewicht machte die Tiere zunehmend unbeweglich; so waren fast eine

Million Flamingoküken einem grausamen Tod geweiht. Sie konnten den Angriffen der Adler und Geier nicht mehr ausweichen, sie stolperten und stürzten, ihr Gefieder sog sich dabei mit Salzlauge voll, und in der Sonne erstarrten sie dann buchstäblich zur Salzsäule, als das Gefieder trocknete.

Glücklicherweise wurde der britische Zoologe Alan Root Augenzeuge dieser Katastrophe. Er organisierte eine große Rettungsaktion. Eine Schar von Helfern – die meisten kenianische Schulkinder mit ihren Lehrern – befreite die Küken von ihren Klötzen am Bein. Die Jungen waren leicht zu ergreifen; man legte ihre Beine auf den harten Rand eines Nestes – und ein leichter Hammerschlag ließ die Sodaklumpen zerspringen.

Als die Helfer bereits 27 000 Küken gerettet hatten, wurde ihnen bewußt, daß dies nur ein Tropfen auf dem heißen Stein war. Zudem gerieten die befreiten Vögel sofort wieder in Gefahr. Da fiel den Rettern etwas Wirkungsvolleres ein: Sie trieben die Vögel in großen Scharen in den Südteil des Sees, wo die Salzkonzentration geringer war und sich die Sodaklumpen nicht bilden konnten. Zusätzlich pumpte die Magadi Soda-Company große Mengen Süßwasser in diesen Teil des Sees, um die Lauge zu verdünnen.

400 000 Junge überlebten, davon etwa die Hälfte durch Hilfe des Menschen. Wäre eine derartige Katastrophe im Natron-See passiert, hätte man sie wohl nie bemerkt – abgesehen davon, daß Rettungsmannschaften selbst ein Opfer des Sodas geworden wären.

Das Staunen der Massai war ein sicherer Hinweis dafür, daß die Flamingos in jüngerer Zeit nie am Magadi-See gebrütet haben. Die gleiche Kombination von Trockenheit und Überschwemmung aber, die ihnen ihre Brutstätten am Natron-See während zwei aufeinanderfolgender Nistzeiten vorenthalten hatte, mußte in der Stammesgeschichte der Flamingos nach dem Gesetz der statistischen Wahrscheinlichkeit öfter aufgetreten sein.

Der Wissenschaftler Derek Fleetwood entdeckte dafür einen interessanten fossilen Hinweis. Als er nahe dem Magadi-See höhlenähnliche Hyänenbauten untersuchte, die hunderttausende Jahre alt waren, stieß er auf eigenartige kugelförmige Steine mit einem Loch in der Mitte, die er für Werkzeuge oder Schmuckgegenstände prähistorischer Menschen hielt. Nach jener Katastrophe von 1962 aber war klar, daß es sich um versteinerte Sodaklumpen von Flamingobeinen handelte. Die Knochen der von den Hyänen in ihre Behausungen verschleppten Beute waren längst zu Staub zerfallen.

Nach einer Dekade von Forschungen zog Leslie Brown für die Population des Zwergflamingos im Rift Valley Bilanz. Sie umfaßte nach seinen Zählungen dreieinhalb bis vier Millionen Vögel. Mit zwei Ausnahmen – am Magadi-See und auf einer Insel im Turkana-See – hatten sie immer im Natron-See gebrütet. Sie hatten, so schätzte er, 3 190 000 Eier abgelegt und 1 290 000 bis 1 360 000 Junge aufgezogen. Daraus ergibt sich ein Bruterfolg um 42 Prozent. Jedes Flamingopaar benötigt etwa 23 Jahre, um sich selbst zu reproduzieren. 80 Jahre wird ein Flamingo alt, vermuten die Forscher.

Nur an sehr wenigen Seen des Rift Valley endet die Nahrungs- und Lebenskette, an deren Beginn einzellige Lebensformen stehen, beim Menschen. Der 250 Kilometer lange und 50 Kilometer breite Turkana-See im Norden Kenias gehört dazu. Er liegt inmitten heißer Lava- und Sandwüstensteppen; von seiner Oberfläche verdunstet jährlich eine Wasserschicht von etwa zwei Metern. Der See wird vom Omo gespeist, dessen Wasser aus dem regenreichen äthiopischen Hochland kommt.

Die Sonne steht bereits seit drei Stunden am Himmel, als meine fünf Begleiter vom Stamme der Turkana den langen, schmalen Einbaum aus Hartholz durch die Brandung am sandigen Westufer des Sees schieben. Während sie das Boot mit dem Bug gegen die Brandung halten, weisen sie mir einen Platz in der Mitte zu. Bereits kurz nach dem Ablegen haben sie mit ihren Stechpaddeln einen gemeinsamen Rhythmus gefunden, der sie für die nächsten Stunden wie ein einziges, vielgliedriges Lebewesen erscheinen läßt. Nur drei der Männer sind mit einem schmalen braunen Hüfttuch bekleidet. Ihre Köpfe bedecken wunderschöne, blau und rosa gefärbte Lehmkappen, die mit Federn geschmückt sind. Alle tragen am rechten Handgelenk rasiermesserscharfe, armreifenförmige Rundmesser, und an einer Lederschnur um den Leib hängt ein kleiner hölzerner Bock, der ihnen als Kopfstütze dient, wenn sie ruhen. Zwei der Männer haben die bei einigen Stämmen Nordkenias verbreiteten Lippenpflöcke. Während der des einen Mannes aus Elfenbein besteht, hat sich der andere eine Filmdose durch die Unterlippe gesteckt. Sie dient ihm weniger als Schmuck, denn vielmehr zur Verwahrung seines Kautabaks.

Schon nach kurzer Zeit glänzen die tiefschwarzen Körper von Schweiß. Kaum merklich und unmittelbar gleichen die Männer meine ungeschickten, verkrampften Bewegungen aus, die das schmale Gefährt kentern lassen könnten. Mit zunehmender Anstrengung haben sie einen dumpfen, rhythmischen Gesang angestimmt; das Boot wirkt wie ein Resonanzkörper.

Die Farbe des Sees, die mir von der Höhe der Uferdünen herab blau erschienen war, hat sich aus dieser Perspektive, nur knapp über dem Wasser, in ein eigenartiges rötliches Grün verwandelt. Die Farbe wird, vermute ich, durch Bakterien und Algen hervorgerufen. Die Luft riecht nach Salz. Eine meterhohe ölige Dünung steigt und fällt wie ein sanftes Atmen und versperrt den Blick auf unser Ziel. Nur ab und zu, wenn der Einbaum emporgehoben wird, ist es sichtbar. Luftspiegelungen haben es in eine schwarze, flache Linse verwandelt, die über dem Wasser treibt.

Ich habe Angst vor diesem Binnenmeer. Seine Tiefe, seine mir unbekannten Kreaturen, seine Färbung und die Bewegung seiner Oberfläche erscheinen mir fremd, ja bedrohlich. In dieser Unwirklichkeit fühle ich mich wie der Zeitreisende in H. G. Wells Roman „Die Zeitmaschine" an einen roten, langsam in Salz erstarrenden End-Ozean einer sterbenden Erde versetzt. Ich erwarte, was der Zeitreisende gesehen hat: Riesige, monströse, krebsartige Kreaturen, die dem Wasser entsteigen.

Nach drei Stunden, nach zwölf Kilometern Fahrt über das unheimliche Salzgewässer, trägt eine letzte Welle den Einbaum auf den schwarzen Aschenstrand von Central Island. Diese Insel besteht aus drei zusammengewachsenen Vulkankegeln, deren Krater im Wasser ertrunken sind.

Es ist glühend heiß. Ein bestialischer Gestank schlägt mir entgegen. Der Landeplatz ist bedeckt mit einer dicken Schicht ausgebleichter Gebeine. An einigen hängen noch faulende Fleischfetzen, von denen sich schwarze Fliegenwolken erheben. Solche Knochen habe ich nie zuvor gesehen. Zwischen faustgroßen Wirbeln und Haufen langer, dünner Rippen liegen riesige, zahnlose Kiefer – aufgesperrte Mäuler, die ins Nichts schnappen. Das Ganze sieht aus wie ein Friedhof gewaltiger Frösche. Überall trete ich auf große, schuppenähnliche Platten.

Nach einer Weile nähert sich uns ein anderer langer Einbaum. In ihm sitzen zwei nackte Turkana, vorn und hinten. Der ganze Raum zwischen ihnen wird

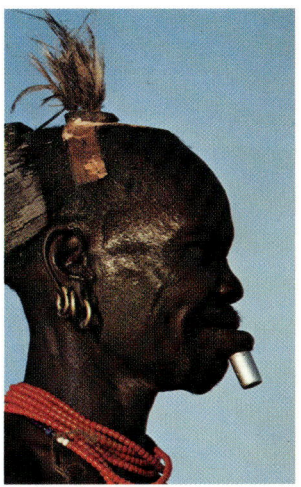

Bei den Turkana sind schmückende Lippenpflöcke alter Brauch. Neuerdings werden leere Filmdosen benutzt, in denen sich der Kautabak aufbewahren läßt

Das aus drei Vulkanen bestehende Central Island im Turkana-See suchen die Eingeborenen nur auf, um zu fischen und ihren Fang zu verarbeiten. Dieser Mann hat einen mehr als hundert Kilo schweren Nilbarsch harpuniert

von einem silberfarbenen Fisch ausgefüllt. Er liegt auf dem Bauch, eingezwängt zwischen die Wände des Einbaums. Den riesigen Körper bedecken Schuppen, jede fast so groß wie eine Hand. Das Maul ist weit aufgesperrt, die großen, trüben Augen starren nach vorn. Die spitze, aufgestellte Rückenflosse mit ihrem dolchartigen Stachel erinnert an das Segel einer Dhau.

Die Männer sind aufgeregt. Man merkt ihnen an, daß sie einen derart großen Nilbarsch selten fangen. Zu viert schleifen und schieben sie den etliche Zentner schweren Fisch auf den Strand. Mit ihren Rundmessern vom Armgelenk schneiden sie den Fisch auf und weiden ihn aus. Dann trennen sie die dicke Haut vom Fleisch und das Fleisch vom Skelett. Anschließend zerschneiden sie das Fleisch in lange, dünne Streifen, die zum Dörren über Gestelle aus vertrockneten Ästen gehängt werden.

Ich will auf der Insel bleiben. Die Turkana verlassen mich am späten Nachmittag, um ans Westufer zurückzukehren. Als Fracht nehmen sie in den Einbäumen dicke Bündel Trockenfisch von früheren Fängen mit. Ich habe mit ihnen ausgemacht, daß sie mich in zwei Tagen abholen sollen.

Die Männer haben mir in seltsam eindringlicher Weise geraten, unbedingt inmitten des Fischfriedhofs zu übernachten. Sie haben mir ihre kleinen, in den Sand gewühlten Schlafkuhlen gezeigt, in denen sie manchmal übernachten. Ihr einziger Schutz hier besteht in einem primitiven, aus vertrockneten Gräsern geflochtenen Windschirm.

Ein unzumutbarer Übernachtungsort, so meine ich. Gebeine, Gestank und Ungeziefer vertreiben mich. Ich ziehe am Ufer entlang und wähle einen Schlafplatz etwa 30 Meter oberhalb der Wasserlinie.

Es ist die Zeit des Neumondes. Eine Nacht bricht an, in der man die eigene Hand vor Augen nur sehen kann, weil sie die Sterne verdeckt.

Irgendwann weckt mich ein Geräusch. Es hört sich an, als werde etwas Schweres ganz in meiner Nähe durch den Sand gezogen. Der Strahl meiner Taschenlampe läßt ein großes Auge aufleuchten und wird dann von dem glänzenden, nassen Schuppenpanzer eines vier Meter langen Krokodils reflektiert. Es schreitet langsam auf erstaunlich langen Beinen, während der Schwanz über den Boden schleift und eine tiefe Rinne in den Sand pflügt. Die Panzerechse ist der Inbegriff des Archosauriers. Sie gehört zu einer Tiergruppe, die fast unverändert seit 200 Millionen Jahren überlebt. Krokodile sind stammesgeschichtlich die nächsten Verwandten der Dinosaurier, die Millionen Jahre die Erde beherrschten.

Die Begegnung veranlaßt mich auf der Stelle, meinen Übernachtungsplatz zu wechseln. Mit meiner Lampe suche ich mir mitten in der Nacht mühsam einen Weg zum hundert Meter hohen Kraterrand. Dabei begegne ich noch einem halb so großen Tier, das vor mir die Flucht ergreift. Ich höre es ins Wasser klatschen.

Am nächsten Morgen sieht die Welt freundlicher aus. Vom Kraterrand herab beobachte ich ein halbes Dutzend kleiner und großer Krokodile, die wie nasse Baumstämme im glasklaren Kratersee tief unter mir treiben. Nur ihre Nasen und Augen ragen über die Oberfläche. Eines der Tiere versucht, sich mit langsamen Bewegungen seines Schwanzes an eine Gruppe Großer Flamingos anzuschleichen, die wie rosarote Blütenblätter auf dem Wasser schwimmen. Doch die wachsamen Vögel achten darauf, daß sich der Abstand zwischen ihnen und dem Krokodil nicht um einen einzigen Meter verringert.

Jetzt erkenne ich auch, wo ich übernachtet habe: Unterhalb einer sattelähnlichen Vertiefung des Kraterrandes. Im Fernglas sehe ich mehrere frische, gewundene Rillen am Hang, flankiert von Spuren, die vom See über den Paß zum wassergefüllten Krater führen. Ich wußte, daß die Krokodile die Kraterseen von Central Island aufsuchen, um ihre Eier im feinen, weichen Sand ihrer Ufer abzulegen, war aber der Meinung gewesen, sie täten dies nur in einem Krater, der einen direkten Zugang zum See hat. Mir fielen die eindringlichen Worte und Gesten der Turkanafischer wieder ein.

Im Turkana-See leben noch etwa 10 000 Krokodile und damit mehr als an jedem anderen Ort der Welt. Früher, so schätzt man, könnten es mehr als 20 000 gewesen sein. Sie wurden durch Wilderer dezimiert. Fast sechs Meter lange und nahezu eine Tonne schwere Tiere wurden beobachtet und erbeutet. Die Reptilien leben vorwiegend von den großen Nilbarschen. Diese wiederum fressen die kleineren Tilapia-Arten.

Jahrhundertelang waren die Turkana nomadisierende Hirten. Erst Hungersnöte durch die zunehmende Verwüstung ihrer Umwelt ließen sie immer mehr zu Fischern werden. Heute hat eine Art Genossenschaftswesen Tausende zu Berufsfischern gemacht, und innerhalb der letzten zehn Jahre sind Dutzende neuer Dörfer am See entstanden. Die luftgetrockneten Fische werden inzwischen bis in die ferne Hauptstadt Nairobi verkauft.

Die traditionellen Fischer und Jäger am Turkana-See sind die El Molo. Mit nur 400 Menschen gehören sie zu den kleinsten Völkern der Welt. Sie besiedeln einen Uferstreifen und eine kleine Insel im Südosten unterhalb des Mount Kulal und leben auf einer steinzeitlichen Entwicklungsstufe. Der britische Afrikaforscher Hillaby, wohl der erste Europäer, der diesem Völkchen begegnete, schrieb: „Ich hatte den Eindruck, daß wir auf eine Grup-

Am brackigen Turkana-See inmitten glühendheißer Lava- und Sandsteppen ist jede Pfütze, die von verirrten Regenwolken stammt, ein Labsal

Gruppenbild der El Molo: Hier ist fast ein Zehntel des ganzen Volkes versammelt. Diese traditionellen Fischer befahren den Turkana-See mit Flößen, von denen aus sie Krokodile und Fische harpunieren. Oder sie lauern stundenlang am Ufer: Nähert sich ein Fisch, stülpen sie schnell einen Korb darüber

pe Menschen gestoßen waren, deren Lebenslicht nur noch brannte, weil die Zeit vergessen hatte, es auszulöschen."

Die Herkunft der El Molo verliert sich im Dunkel der Vergangenheit. Wie bei vielen Völkern, die statt schriftlicher nur mündliche Überlieferungen besitzen, in denen sich Legende und Wirklichkeit mischen, lassen sich darüber nur Vermutungen anstellen.

Während einige Völkerkundler der Meinung sind, bei den El Molo handele es sich um Überreste der Urbevölkerung Afrikas, zweifeln andere die ethnische Eigenständigkeit des Stammes an. Sie sehen in den El Molo eher Abkömmlinge vom großen Stamm der nomadisierenden, kamel- und rinderzüchtenden Rendille, die sich auf

tert ein wenig in der Hand und blitzt auf, wenn die Sonnenstrahlen auf die Metallspitze fallen. Von ihren primitiven Flößen aus harpunieren Knaben und Männer Nil- und Buntbarsche mit unglaublicher Geschwindigkeit. Aber der Anblick dieser Idylle trügt. Auch hier lauern Gefahren, denn in Minutenschnelle brauen sich um das Massiv des 2300 Meter hohen Mount Kulal Stürme zusammen, die den See zum Toben bringen. Nur wenige Schiffer verstehen es, einem solchen Sturm zu entkommen. Dann werden die massigen, schwer lenkbaren Flöße manchmal mitten auf den See getrieben und bleiben mit der Mannschaft für immer verschollen. Solche Verluste treffen die kleine Gemeinschaft schwer."

An die Jagd der Reiher erinnert eine andere Fischfangmethode der El Molo. Stundenlang stehen die Männer oft auf einem Bein völlig unbeweglich im seichten Wasser in Ufernähe und halten einen grobmaschig geflochtenen Korb in der Hand. Schwimmt ein Fisch vorbei, so stülpen sie den Korb blitzschnell ins Wasser. Dann stecken sie ihren Arm durch das Flechtwerk und ziehen ein Band aus Pflanzenfasern durch die Kiemen des Opfers.

Fischfang, Krokodil- und Flußpferdjagd spezialisiert haben.

Die El Molo befahren den See mit Flößen aus zusammengebundenen Stämmen der Dumpalme. Da das faserige Holz sich wie ein Schwamm schnell mit Wasser vollsaugt, werden die Flöße durch das Gewicht ihrer Mannschaft oft unter Wasser gedrückt. Die El Molo-Fischer sehen dann aus, als stünden sie mitten im See auf der wallenden Dünung.

„Der Anblick eines El Molo-Fischers ist unvergeßlich", schreibt der kenianische Ethnologe Brian Tetley in seinem Werk über den Turkana-See und fährt fort: „Unbeweglich wie ein Reiher lauert er über dem Wasser. Nur seine Harpune aus gehärteter Akazienwurzel mit abnehmbarem Widerhaken zit-

Ihre größere Beute, Krokodile und Flußpferde, jagen die El Molo vom Ufer aus. Lautlos, verborgen im Schilf, halb eingetaucht in das schlammige Wasser, schleicht sich eine kleine Gruppe von Männern an die Tiere heran und erlegt sie mit Harpunen.

Ein einziger Fehler, und das Krokodil könnte in einem blitzschnellen Angriff mit einem Schlag seines muskulösen Schwanzes einen der Jäger töten. Nicht minder gefährlich können die Flußpferde sein. Sie sind zwar von plumper Gestalt, aber sie entwickeln während ihrer Attacken unvermutete Geschwindigkeiten und Reaktionen. Schon so mancher Brustkorb eines Jägers ist von der Muskelkraft ihres Maules zerquetscht worden.

Die Riesen vom Ruwenzori

*Das Ruwenzori-Massiv in Ostafrika ist ein sichtbares
Zeugnis für die ozeanische Schwangerschaft der Erdkruste. Während sich der
Kontinent zweiteilte, wurde es emporgehoben. Unzugänglich und
wenig erforscht, ist dieses Ufer eines embryonalen
Ozeans ein Reich der Riesenpflanzen*

Dieser Wald in 4000 Metern Höhe besteht aus baumdicken, bis zu zwölf Meter hohen Senecien aus der Familie der Asterngewächse. Zum Schutz vor Kälte werfen die riesigen Blumen ihre verwelkten Blätter nicht ab, sondern hüllen damit den Stamm ein

Im düsteren, wegelosen Wald des Ruwenzori hängen dichte Flechtenschleier von den Ästen der Rapanea-Bäume herab. Während es in anderen Hochgebirgen — wie etwa den Alpen — in dieser Höhe nur noch Steinwüsten und ewigen Schnee gibt, registrierten Botaniker hier die größte Vegetationsdichte der Erde

Die mannsdicken, bis zu 15 Meter hohen Heidekrautgewächse und die Felsen, zwischen denen sie wurzeln, sind eingepackt in kubikmetergroße, kugelförmige Moospolster. In ihnen wiederum haben sich Farne, Flechten und Orchideen angesiedelt. Ein Vorankommen in diesem Labyrinth ist kaum möglich

Nur an wenigen Tagen im Jahr sind die Gipfel des Ruwenzori nicht in Wolken gehüllt. Wochen-, ja monatelang fällt heftiger Regen. In unzähligen Kaskaden stürzen die Wassermassen über die Felsen, dringen in tiefe Moospolster ein, sammeln sich in Seen und speisen schließlich die Quellflüsse des Nil

Moose bedecken dieses Felsplateau wie ein dicker Teppich. Hier wächst auch die Lobelia bequaertii. In ihren Blattrosetten stehen winzige Regenwasserteiche, die der pflanzeneigene Chemismus in eine Frostschutzflüssigkeit verwandelt. Ebenfalls zum Schutz gegen die Kälte ist die Knospe der Lobelia wollastonii von wolligen Fasern umhüllt

Der steile Anstieg über schlüpfrige Felsen und umgebrochene Stengel von Senecien zum 4374 Meter hohen Scott-Elliot-Paß, der fast immer in Regenschleiern und Nebel verborgen ist, gehört zu den schwierigsten Strecken im Ruwenzori

Senecien, Strohblumenbüsche, Moose und Lobelien mit ihren vier Meter langen kerzenförmigen Blütenständen sind auf schmalen Felszinnen an den steilen Flanken des Stanley-Massivs auf fast 5000 Meter Höhe vorgedrungen

Neuschnee bedeckt stellenweise den Elena-Gletscher auf dem Stanley-Plateau. Seine Schründe sehen in ihrer schwärzlichen Färbung wie ein erstarrter Lavastrom aus. Sie stammt von eingelagerter Asche, die der Wind ins Gebirge weht, wenn in den Trockenzeiten die Steppe brennt

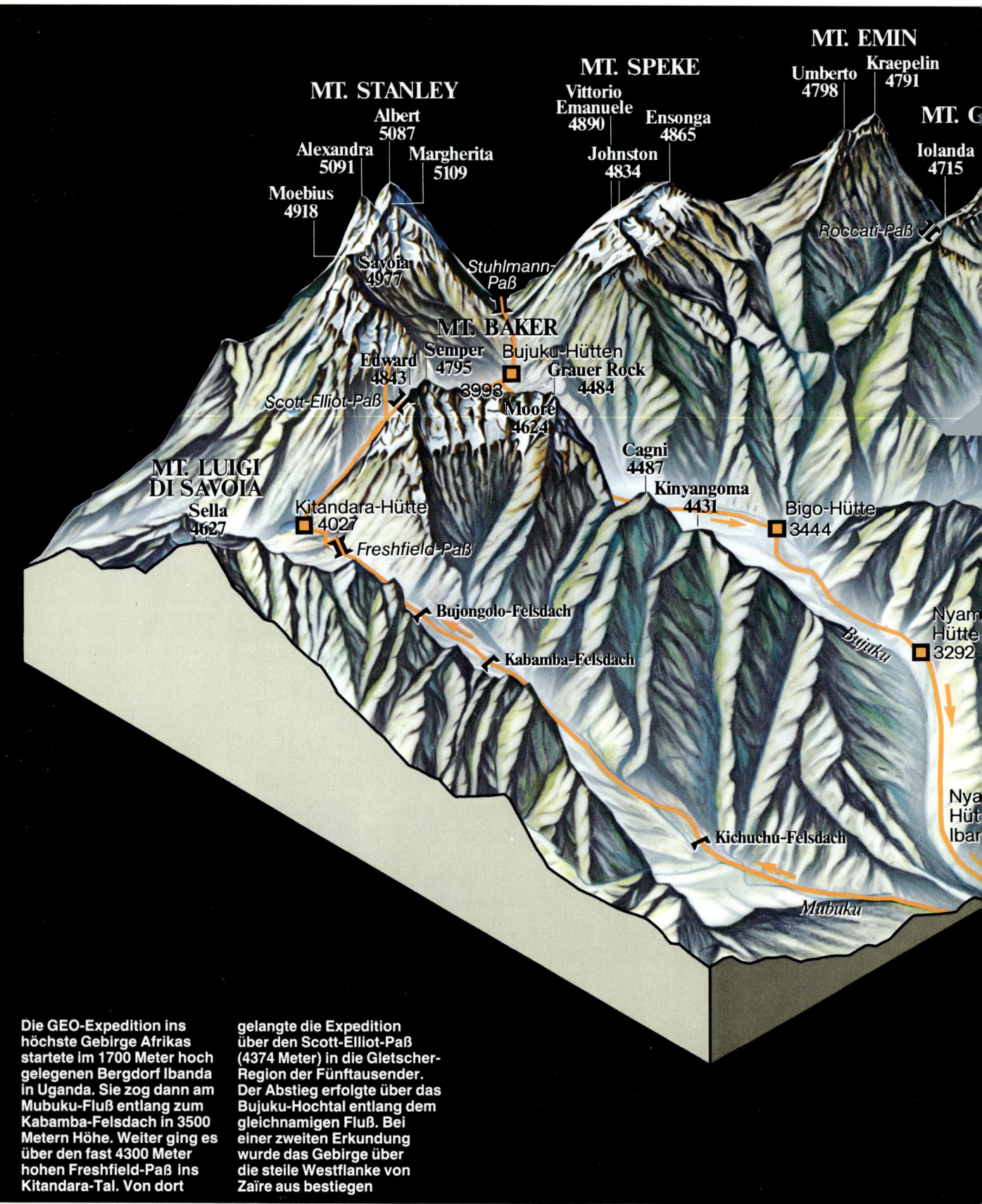

Die GEO-Expedition ins höchste Gebirge Afrikas startete im 1700 Meter hoch gelegenen Bergdorf Ibanda in Uganda. Sie zog dann am Mubuku-Fluß entlang zum Kabamba-Felsdach in 3500 Metern Höhe. Weiter ging es über den fast 4300 Meter hohen Freshfield-Paß ins Kitandara-Tal. Von dort gelangte die Expedition über den Scott-Elliot-Paß (4374 Meter) in die Gletscher-Region der Fünftausender. Der Abstieg erfolgte über das Bujuku-Hochtal entlang dem gleichnamigen Fluß. Bei einer zweiten Erkundung wurde das Gebirge über die steile Westflanke von Zaïre aus bestiegen

Der schmale Pfad war kaum zu erkennen; er war nicht mehr als ein alter Wildwechsel und fast zugewachsen, seit die Elefanten und Büffel in dieser Gegend durch eingeborene Jäger ausgerottet wurden. Seine Steigung, die Pflanzenschlingen, die sich bei fast jedem Schritt um Füße und Beine legten, unter Moder verborgene, schlüpfrige Felsen und bis zu einem Meter lange, daumendicke, wie Perlmutt schillernde Regenwürmer, auf denen man ausrutschte, machten das Fortkommen zur Qual. Daß der Pfad hoch oben in einer düsteren Wolkendecke verschwand, gab ihm den Anschein des Endlosen.

Irgendwo in dem dichten Pflanzengewirr über mir kletterten der Kameramann Reiner Schäffer, sein Assistent Ulf Thomas und der Toningenieur Axel Svoboda. Unter mir, verborgen im Dunkel des Waldes, kämpften sich die beiden Botaniker der Expedition, Dr. Gisela Dreyling von der Universität Hamburg und Dr. Anthony Katende von der Makarere-Universität in Kampala, voran. Den Schluß bildete der eingeborene Headman. Als ortskundiger Führer paßte er auf, daß in dieser Wildnis niemand verloren ging.

Die Marschgeschwindigkeit der Botaniker war abhängig von der Vielfalt pflanzlichen Lebens entlang des Weges. Anthony ist Systematiker. Seine Aufgabe bestand darin, die Pflanzen zu bestimmen und die Artenvielfalt festzustellen. Er leistete damit die Vorarbeit für Frau Dreyling, die sich als Pflanzensoziologin hauptsächlich für die vielfältigen Wechselbeziehungen und Abhängigkeiten innerhalb der Pflanzengesellschaften interessierte.

Am ersten Tage kamen die beiden Botaniker nur langsam voran. Im dichten Tropischen Regenwald kämpfen tausende verschiedener Pflanzenarten, die alle miteinander in Abhängigkeit verwoben sind, um einen Platz an der

Sonne. Viele Pflanzen versuchen gar nicht erst, einen eigenen dicken Stamm zu entwickeln, um so höher ans Licht zu kommen. Zahlreiche Orchideen und Farnarten wurzeln in großer Höhe auf den Ästen der Urwaldgiganten in kleinen Humusansammlungen, die sich durch herabfallendes Laub gebildet haben.

Wir waren spät am Tage in dem kleinen, 1700 Meter hoch gelegenen Bergdorf Ibanda am Fuße des Ruwenzori-Gebirges aufgebrochen. Es hatte vom ersten Tagesschimmer an bis zum Mittag gedauert, um fast eine Tonne Expeditionsausrüstung auf vierzig Träger gleichmäßig zu verteilen – wissenschaftliche Geräte, Filmkameras mit Material, Lampen, Kocher, Stromaggregate zum Aufladen der Kameras, Schlafsäcke und Verpflegung für drei Wochen, um nur das Wichtigste zu nennen. Dem Aufbruch waren lange Verhandlungen über den Trägerlohn mit dem Häuptling des Bakonjo-Stammes und den jungen Männern von Ibanda vorausgegangen. Und eines der schwierigsten Probleme hatte ich schon auf einer Vorbereitungsreise mit Hilfe von Karl Wipfler, einem in Uganda lebenden Freund, bewältigt: die Beschaffung von einheimischen Lebensmitteln für vierzig hart arbeitende Träger in dem an Nahrungsmangel, politischen und sozialen Unruhen leidenden Uganda. Sechs Zentner Maniokmehl, einen Zentner Erdnüsse, 50 Pfund Zucker und große Mengen Tee hatten wir in Kampala kaufen können. 480 geräucherte und getrocknete Fische, jeder von der Größe eines Karpfens, und das in vielen tropischen Ländern rare Salz stammten vom Edward-See im Süden des Gebirges.

Völlig erschöpft erreichten wir kurz vor Einbruch der Dunkelheit die Nyabitaba-Hütte in 2650 Metern Höhe. Sie war nicht mehr als eine verwahrloste Wellblechruine – Relikt aus der Zeit, als Uganda noch britische Kolonie war und die weißen Herren versuchten, einen Mountain Club of Uganda zu etablieren. Sieben Hütten wurden damals in den einigermaßen zugänglichen Teilen des Gebirges errichtet; bis auf zwei sind sie im Laufe der Jahre alle verkommen, von Wilderern ausgeplündert und in Brand gesteckt.

Zu unserer Überraschung war die Hütte bereits voller Leben. Unsere Träger waren nämlich schon Stunden zuvor angekommen. Leichtfüßig hatte jeder von ihnen eine Last von 50 Pfund an einem Stirnband aus Fasern wilder Bananenstauden vom Tal heraufgeschleppt. Jetzt saßen sie um ihre drei riesigen Kochtöpfe und bereiteten Maniokbrei mit gerösteten Erdnüssen und gekochtem Trockenfisch zu.

Wir Europäer waren viel zu müde, um noch zu essen. Wir verkrochen uns in die Schlafsäcke, aber einschlafen konnte so schnell niemand. Das angeregte Palaver der Träger, die sich darüber wunderten, daß wir Musungi – wie sie uns Weiße nannten – partout in dieser Wildnis umherstreifen wollten, hielt uns ebenso wach wie die Überanstrengung und der beißende Qualm des Lagerfeuers. Aber auch die Erlebnisse des vergangenen Tages gingen noch durch den Kopf. Wie würde es morgen weitergehen?

Unsere GEO-Expedition wollte die einzigartige Pflanzenwelt des Ruwenzori-Gebirges erforschen. Damit hatten wir uns eine Menge vorgenommen: Das Ruwenzori, auf der Grenze von Uganda und Zaïre, zwischen dem Albert-See im Norden und dem Edward-See im Süden, ist das höchste Gebirge Afrikas; den knapp einhundert Meter höheren Mount Kenya und den fast 6000 Meter hohen Kilimanjaro zählen die Geographen nicht zu den Gebirgen. Sie gehören als isolierte Einzelvulkane zu den Inselbergen. Drei Gipfel des Ruwenzori erreichen mehr als 5000 Meter Höhe, und obwohl hier der Äquator verläuft, sind sechs seiner

Massive von mächtigen Gletschern bedeckt.

Das Gebirge gehört zu den letzten wenig erforschten Gebieten der Erde. Viele seiner abgelegenen Höhen und Täler sind wahrscheinlich noch nie von Forschern betreten worden. Das höchste Gebirge Afrikas ist bis heute selbst im Bewußtsein vieler Geographen ein weißer Fleck geblieben. Ursache dafür ist wohl in erster Linie seine abweisende Natur.

Das wildzerklüftete Massiv stellt eine der regenreichsten Regionen der Erde dar. Das Wort Ruwenzori, der Bakonjosprache entlehnt, bedeutet Regenmacher. An mehr als 300 Tagen im Jahr sind die Berge in dichte Wolkenmassen gehüllt, und wochen-, ja monatelanger Dauerregen macht dann jede Besteigung unmöglich. Nur während zweier kurzer Perioden im Jahr – von Mitte Dezember bis Mitte Februar und von Mitte Juni bis Mitte August – besteht die Chance, die Flanken und Täler des Gebirges zu betreten, ohne wieder heruntergespült zu werden.

Hinzu kommt die Abgelegenheit des Gebietes im Herzen des Kontinents. Eine Anreise durch den wenig erschlossenen Ostteil von Zaïre ist sehr schwierig, und von der Seite Ugandas hielt die langjährige Schreckensherrschaft Idi Amins Besucher fern.

Dennoch ist die Faszination, die von dieser Gegend ausgeht, schon sehr alt. Bereits 500 Jahre vor Christi Geburt schrieb der griechische Tragödiendichter Äschylos, „Gottes großer Garten", das Nildelta, werde von einem fernen Schneegebirge im Innern des Kontinents gespeist. Vor fast zweitausend Jahren sprach der griechische Geograph Ptolemäus ebenfalls vage von einem hohen Gebirge im Herzen des Schwarzen Kontinents, das er Lunae Montes – Mondgebirge – nannte. Seither versuchten Forscher immer wieder, das mysteriöse Gebirge als Quellgebiet des Nil zu entdecken.

Der erste Europäer, der das Mondgebirge zu Gesicht bekam, war wahrscheinlich Henry Morton Stanley. An einem der seltenen wolkenarmen Tage, im Jahre 1876, sah der britische Journalist in sehr großer Entfernung auffallend geformte, weiße Hügel am Horizont. Er schrieb in sein Tagebuch: „Sie hatten die Proportionen und das Aussehen eines hohen, schneebedeckten Gebirges". Ein Afrikaner in Stanleys Begleitung, dem Schnee und Eis unbekannt waren, vermutete, die Spitzen der Berge seien mit großen Mengen Salz bedeckt.

1906, dreißig Jahre später, machte sich die erste wissenschaftliche Expedition zum Ruwenzori auf. Sie wurde von dem italienischen Herzog Luigi Amedeo di Savoia geleitet, der die Gipfel bestieg und die ersten genauen Karten fertigte.

Anders als viele Hochgebirge der Erde, zum Beispiel die Alpen, ist das Ruwenzori nicht durch Zusammenschübe und Verfaltungen der Erdkruste entstanden. Vielmehr bildet es als Überrest der ozeanischen Schwangerschaft der Erdkruste die Ostflanke des westlichen Rift Valley. Als der Boden des Spaltentales zwischen den zwei parallelen Rissen immer tiefer absank, wurde sie durch Kräfte im glutflüssigen Innern der Erde aus dem Niveau der Erdkruste herausgebrochen und immer höher emporgehoben. Die obersten Schichten des Gesteinspaketes, Sedimente, die sich im Laufe langer erdgeschichtlicher Zeiträume auf dem Kontinent abgelagert hatten, wurden von Wind und Wetter abgetragen. Tiefengesteine wie Granit und Gneis, die den Unterbau des Kontinentes bilden, kamen an die Oberfläche. Aus diesen Urgesteinen modellierten dann die Kräfte der Verwitterung das heutige Gebirge heraus. In den letzten eine Million Jahren waren dann Gletscher die wichtigste landschaftsprägende Kraft; unter Einfluß der Eiszeiten auf der nördlichen Hemisphäre der Erdkugel dehnten sie sich auch in diesem äquatornahen Gebirge mehrmals aus und zogen sich wieder zurück.

Einige Geologen sehen die Entstehung des Ruwenzori-Gebirges weniger als das Ergebnis langer, stetiger Hebung dieses Teiles der Erdkruste. Sie sind der Meinung, daß der Gesteinskoloß, während sich das Rift Valley bildete, seinen Zusammenhalt mit den übrigen Teilen der Erdkruste verlor und, im glutflüssigen Magma schwimmend, kenterte. Granit und Gneis, die normalerweise mehrere tausend Meter tief unter jungen Sedimentgesteinen begraben liegen, kamen, so kann man vermuten, an die Oberfläche und bildeten die Flanken, Grate und Gipfel des Gebirges (Karte Seite 136/137).

Spät in der Nacht, als die Glut des Lagerfeuers längst erloschen war und die Träger um die noch wärmende Asche lagen, muß ich dann doch eingeschlafen sein. Als ich am Morgen erwachte, waren die ersten Bakonjo bereits aufgebrochen. Wir Musungis beeilten uns, ihnen zu folgen.

Nach den Strapazen des Vortages führte zunächst ein sanft ansteigender Pfad durch ebenso schönen wie unheimlichen nebligen Wald auf einen Grat. Von den Ästen der hohen Podocarpus-Bäume, die mit blühenden Orchideen bedeckt waren, hingen graugrüne Vorhänge meterlanger Bart-

flechten herab. Auf den Wald folgte eine breite Bambuszone. Diese tropischen Riesengräser wachsen täglich bis zu 50 Zentimeter. Mit ihren Macheten hatten die Träger eine Schneise hindurch geschlagen.

Nach stundenlangem Marsch durch eine weglose Wildnis, durch Sumpf, über schlüpfrige Felsen, durch Bäche, Flüsse und nach Überwindung einer zweihundert Meter hohen Steilstufe erreichten wir ein Hochtal. Die Nadel des Höhenmessers zeigte 3300 Meter.

Wir hatten endgültig die uns vertraute Welt verlassen und traten in eine neue, völlig anders beschaffene ein, in der die bewährten Erfahrungswerte über Formen und Zustände von Dingen nicht galten. Das Erstaunen hätte bei Weltraumreisenden, die einen unbekannten Planeten betreten, nicht größer sein können.

Zögernd betraten wir einen düsteren Wald, von dem etwas unbestimmbar Abweisendes, Fremdes ausging. Die fast meterdicken, bis zu fünfzehn Meter hohen Stämme und die Äste der Urwaldgiganten waren eingepackt in kubikmetergroße, kugelförmige, rote, gelbe und grüne Moospolster, in denen wiederum zahlreiche Farne, Flechten und Orchideen wuchsen.

In den wenigen Lichtoasen am Grunde des Waldes unter den Mooskuppeln des Baumkronendaches gediehen eigenartige, sechs Meter hohe blumen-

Nur noch die Kronen der Senecien ragen aus umgebrochenen, meterhoch übereinandergestapelten Stengeln empor. Die bergerfahrenen Träger balancieren barfuß, mit ihren Lasten am Stirnband, über den schlüpfrigen Grund. Am Abend kochen sie sich unter Felsüberhängen ihren Brei aus Maniok

ähnliche Gewächse. Alles in diesem Wald war wie ein Schwamm mit Feuchtigkeit vollgesogen. Es herrschte eine unheimliche Ruhe. Die wattige Beschaffenheit des Waldes schien jedes Geräusch zu schlucken.

Die Botaniker bestimmten die moosbedeckten Bäume als eine Art der Gattung Philippia und als Erica arborea: Sie sind nichts anderes als die gigantische Form eines Heidekrautgewächses, nächste Verwandte der europäischen Schneeheide Erica carnea.

Wir krochen durch ein Labyrinth aus Wurzeln, niedergebrochenen Stämmen und Ästen, moosbedeckten riesigen Felstrümmern und mühten uns im bodenlosen Morast voran. Die Grenze zwischen lebender und toter Substanz war nicht mehr zu definieren. Abgestorbene Pflanzen hatten sich im Laufe der Zeit meterhoch übereinandergestapelt. Hier verrottet alles viel langsamer als im tropischen Tiefland.

Ein Vorankommen außerhalb des kaum begehbaren Pfades war unmöglich, so daß Anthony auf die Inspektion mancher Art verzichten mußte, die fast greifbar in der Nähe wuchs. Ich hatte das Gefühl, in Moosen zu ertrinken, eingeschlossen zu sein in der verwirrenden Pflanzenmasse, von ihr absorbiert zu werden. Zwischen Wurzeln und überwucherten Felsen taten sich tiefe Klüfte auf, deren Grund nicht zu sehen war. Wie an unsichtbaren Fußangeln sanken wir in den Mooren der Lichtungen immer wieder bis über beide Knie ein und blieben stecken. Wir zogen die Füße aus den Gummistiefeln und gruben sie mit den Händen aus.

Nach der Überwindung einer weiteren Steilstufe und dem Marsch durch zweieinhalb Meter hohe Strohblumendickichte erreichten wir, neun Stunden nach dem Aufbruch und der totalen Erschöpfung nahe, die 3500 Meter hoch gelegene Kabamba-Höhle, eine Zuflucht unter weit vorspringendem Felsdach. Unsere Träger saßen bereits wieder um ihre Kochtöpfe, unter denen sie Feuer aus armdicken Ästen der Baumheide schürten. Am Ende der Höhle ergoß sich wie ein Vorhang ein tosender Wasserfall über die Felskante – eine der zahlreichen Quellen des Nil, die von allen Seiten in das imposante Kabambatal hinabstürzen.

Wir saßen noch ein paar Stunden um die wärmenden Lagerfeuer, bevor wir in die Schlafsäcke krochen. Die erste Hälfte der Nacht war klar. Der volle Mond erhob sich zwischen den moosbedeckten Heidekrautbäumen am Ostausgang des Tales, so daß die Wände des fast 4500 Meter hohen Cagni-Massivs im Norden mit seinen großen Mengen von Glimmerplättchen wie poliertes Silber erstrahlten. Spät in der Nacht zogen kalte Nebel in das Tal. Es begann zu regnen.

Wir blieben einen ganzen Tag im Kabambatal, um wissenschaftliche Untersuchungen und Filmaufnahmen zu machen. Inmitten des Tales beiderseits des Mubuku-Flusses lag ein Moor, übersät mit blau blühenden Lobelien. Unsere Botaniker bestimmten sie als Lobelia bequaertii. Im Unterschied zu den blauen Lobelien daheim im Blumenkasten, deren Blütenpracht sich nur wenige Zentimeter erhebt, besaßen diese Pflanzen bis zu drei Meter hohe kerzenförmige Blütenstände, die mich an die hohen Säulenkakteen der amerikanischen Wüsten erinnerten. Bis auf die Form und den Aufbau der einzelnen Blüte ist jede Ähnlichkeit dieser Lobelien mit den in Europa heimischen Verwandten verlorengegangen; ihr Aussehen wurde durch die spezifischen Klimabedingungen dieses tropischen Hochgebirges geprägt. Monatelang unterschiedliche Jahreszeiten gibt es in Äquatornähe nicht. Auf den Höhen des Gebirges herrscht ein sogenanntes Tageszeitenklima: Jeder Tag ist Sommer, jede Nacht Winter.

Natürlich können die Lobelien nicht jeden Tag, der einem kurzen Sommer entspricht, eine neue Generation ausbilden; so mußten sie eine ganze Reihe von besonderen Anpassungen entwickeln, um die nächtlichen Winter zu überleben. Wir wollten wissen, wie sie das schaffen.

In der nächsten Nacht verließen wir mit Meßgeräten und zwei Petromaxlampen unsere Höhle, um physiologische Untersuchungen an den Moorpflanzen durchzuführen. Zunächst mußten wir den moos- und flechtenbedeckten Heidekrautwald durchqueren, durch den wir uns am Tag einen Pfad getreten und geschlagen hatten. Es war vollkommen still. Für nachtaktive Insekten und Baumfrösche, die in tiefer gelegenen Urwäldern für eine ständige Geräuschkulisse sorgen, war es in dieser Höhe bereits zu kalt.

Die Stille, die Nässe, das Auftauchen und Verschwinden moosbedeckter Äste und Stämme im schwankenden Lichtkegel unserer Lampen ließen mich an eine Tauchfahrt zu einem Schiffswrack denken, dessen Masten und Rahen von Korallen und bizarrem Meeresgetier überwuchert wurden. Der allnächtliche, zwölfstündige Winter hatte vor zwei Stunden begonnen: Die am Tage weit geöffneten Blattrosetten der Lobelien ohne Blütenstände zogen sich zum Schutz gegen die Kälte kugelförmig zusammen. Unsere Botanikerin führt die lange, nadelförmige Sonde eines Thermometers, welches die Temperatur bei Berührung sofort anzeigt, in den Pflanzenkörper ein.

Im Inneren der Lobelie herrschten jetzt immer noch vier Grad Celsius, während die Außentemperatur bereits empfindlich unter den Gefrierpunkt abgesunken war. Diese vier Grad plus in der Pflanze erwiesen sich auch bei späteren Messungen als beständig, gleich, welche Außentemperatur gerade herrschte.

Die Lobelien igeln sich jedoch nicht nur ein. Am Tage hatten wir gesehen, daß sich im Inneren der geöffneten Blattrosetten kleine Regenwasserteiche befinden. Auch dieser Wasservorrat, der Sonnenwärme speichert, trägt nachts zum Schutze der empfindlichen Blatt- und Blütentriebe bei. Außerdem verwandeln die Lobelien das Wasser ihrer kleinen Teiche durch Substanzen, die man noch nicht analysiert hat, regelrecht in eine Art Frostschutzmittel.

Durch ein eigenartiges Geräusch wurden wir auf eine weitere wichtige Anpassung der Lobelien an das nächtliche Winterklima aufmerksam. Es hörte sich an, als prasselten schwere Regentropfen auf ein Wellblechdach. Das Geräusch wurde von winzigen Hagelkörnern verursacht, die gegen die meterhohen Blütenstände der Riesenblumen schlugen. Über jeder Blüte steht das steife Tragblatt der nächsthöheren Blüte wie ein Dach und hält Regen, Hagel und Schnee von den empfindlichen Gebilden ab.

Nach dieser nächtlichen Exkursion hatten wir wieder nur wenig geschlafen; dennoch brachen wir am Morgen sehr früh zur nächsten Etappe auf. Wir wollten über den fast 4300 Meter hohen Freshfield-Paß ins 4000 Meter hoch gelegene Kitandara-Tal. Da wir die Strecke nicht an einem Tag würden bewältigen können, beschlossen wir, unterwegs eine Nacht in der Bujongolo-Höhle zu kampieren.

Oberhalb Bujongolo beginnt das Reich der Carex-Seggenmoore. Die mehr als einen Meter hohen Seggenbuckel erheben sich in regelmäßigen, engen Abständen über einem schwammigen Meer farbiger Moose, unter denen sich bodenloser Morast verbirgt. Zunächst versuchten wir, uns springend von Buckel zu Buckel fortzubewegen, aber nachdem wir immer häufiger abrutschten und in den Sumpf stürzten, mußten wir uns auf den stiefelausziehenden Kampf mit dem Morast einlassen, Stunde um Stunde, Meter für Meter, jeder Schritt eine Qual.

In 4000 Metern Höhe beginnt das Reich der Carex-Seggenmoore. Jeder Schritt wird hier zur Qual, denn die mannshohen Buckel dieses Sauergrases erheben sich über farbige Moose, unter denen sich bodenloser Morast verbirgt. An manchen Stellen erheben sich Senecien und Strohblumen und die Ruinen von Heidekrautbäumen

Nach glitschigen Steilstufen und weiteren großen Mooren erreichten wir schließlich den Freshfield-Paß, der in dichte Wolken gehüllt war.

Wir zogen über ein kaltes Felsplateau. Schneeflocken trieben uns ins Gesicht. Unzählige, streng symmetrisch aufgebaute, schneegefüllte Blattrosetten von Lobelien waren in einen dicken, teilweise ebenfalls schnee- und eisbedeckten Moosteppich eingebettet, der die Senken zwischen den Geröllflächen bedeckt. Wie Phantome tauchten aus dem dichten Nebel die Träger mit ihren schweren Lasten auf, hasteten barfuß über vereistes Geröll an uns vorbei und verschwanden wieder im Nebel. Sie wollten so schnell wie möglich ans wärmende Lagerfeuer.

Der steile Abstieg ins 200 Meter tiefere cánonartige Kitandara-Tal, an dessen Grund glasklare Seen schimmerten, war riskant und strapaziös insbesondere für die Träger, die alle Mühe hatten, sich und ihre Last heil hinunterzubringen.

Nach hundert Metern Abstieg tauchten wir in einen Wald aus riesigen, völlig fremdartig anmutenden blumenartigen Gewächsen ein, der fast das gesamte Tal ausfüllt. Er besteht aus baumdicken, bis zu zwölf Meter hohen Senecien – sie gehören zur Familie der Asteraceae wie auch unser Huflattich, das Kreuzkraut und die Astern –, aus riesigen Lobelien und aus 15 Meter hohem Johanniskraut, das übersät ist von leuchtend gelbroten, tulpengroßen Blüten. Die Gewächse waren so hoch, daß ihre baumdicken, zu Stämmen verholzten Stengel und die Blattrosetten fast im Nebel verschwanden. Mir war, als sähe ich sie aus der Perspektive eines Käfers, der am Grunde einer Wiese krabbelt. Auch unsere Fortbewegung entsprach eher der eines Insekts zwischen Gräsern als der von aufrecht gehenden Menschen. Stellenweise krochen wir über umgebrochene, mehr als meterhoch übereinandergestapelte glitschige Senecien- und Blumenstengel, immer in Gefahr, abzurutschen und zwischen ihnen im Moder einzusinken.

Am Nachmittag erreichten wir endlich die noch relativ gut erhaltene Kitandara-Hütte, das Hauptquartier unserer Expedition. Da unsere Lasten durch den Verbrauch der Lebensmittel täglich abnahmen, entlohnte ich fünfzehn Träger und entließ sie zurück nach Ibanda.

Zwei Stunden später stieß Tom Struhsacker mit seiner Frau und seiner Trägergruppe zu uns. Sie hatten, wie verabredet, zwei Tage nach uns Ibanda verlassen. Die Aufteilung der 56köpfigen Expeditionsmannschaft in zwei Gruppen war erforderlich gewesen, weil in den anderen Hütten und unter den Felsüberhängen nicht genügend Schlafplatz für alle vorhanden war. Struhsacker und seine Frau sind Ökologen; sie untersuchen seit vielen Jahren im Auftrag der New Yorker Zoologischen Gesellschaft die vielfältig verwobenen Systeme tropischer Lebensgemeinschaften.

Tom begann gleich am nächsten Tag mit einer Arbeit, deren Ergebnisse wir alle mit Spannung erwarteten. Er hatte hier während einer Expedition sechs Jahre zuvor zahlreiche junge Senecien vermessen und markiert, um ihr Wachstum zu kontrollieren. Niemand wußte nämlich bislang, wie alt diese Gewächse werden. Nur eines war bei ihrer Größe klar: Anders als ihre kurzlebigen europäischen Verwandten, mußten sie viele Jahre überdauern.

Das Exemplar mit der Nummer 1 war in den sechs Jahren nur von 160 auf 193 Zentimeter gewachsen, Nummer 3 von 96 auf 122 Zentimeter und Nummer 5 von 284 auf 333 Zentimeter. Das waren sehr geringe Zuwachswerte. Tom fand mit seinen Meßdaten viele Anhaltspunkte dafür, daß die Senecien umso langsamer wachsen, je älter sie werden; auch das bestätigte die Vermutung, daß sie sehr alt sein mußten — wahrscheinlich 200 bis 300 Jahre. Wir sägten einen der völlig verholzten Blumenstengel durch, fanden aber, wie erwartet, keine Jahresringe, an denen sich das Alter wie bei einem Baum hätte ablesen lassen. Im Inneren verlief nur der für viele Blumen — und für einige Sträucher — typische, röhrenförmige Markkanal.

Von uns erhielt Tom für seine Arbeit wichtige bodenkundliche Werte. Mit einem PH-Meßgerät untersuchten wir jeweils am Standort seiner Pflanzen den Säuregrad des Bodens. Der durchschnittliche Wert beträgt 4,8 — entspricht also dem unserer sauren, wenig fruchtbaren Hochmoorböden.

Weshalb aber können hier dennoch Pflanzen in solcher Fülle und in solcher Größe wachsen? Eine der vielen Voraussetzungen für eine Antwort auf diese Frage war Gisela Dreylings Arbeit während der nächsten Tage. Sie machte sich an eine pflanzensoziologische Vegetationsaufnahme der Senecien- und Blumenwälder — eine Art Pflanzenkartographie, die dazu dient, die Zusammensetzung der Arten und die Dichte der Vegetation zu bestimmen. Für diese Arbeit hatte sie eine 2000 Quadratmeter große Fläche ausgewählt, deren Boden völlig mit teils meterdicken Moospolstern und Flechten bedeckt ist. Da in ihnen wiederum Gräser und kleine Blumen wurzeln, erreicht die sogenannte Gesamtdeckung des Bodens bereits 130 Prozent. Für das mittlere Vegetationsstockwerk der Doldenblütler, Lobelien und Strohblumen errechnete die Botanikerin eine zusätzliche Deckung von 23 Prozent, für das obere Stockwerk der riesigen Senecien 55 Prozent. Das ergibt zusammen eine Deckung des Bodens von 208 Prozent — ein höchst erstaunliches Ergebnis. In der Höhenregion der Alpen um 4000 Meter erreicht dieser Wert noch nicht einmal

Im 4000 Meter hohen Kitandara-Tal, an dessen Grund die Quellwässer des Nil fließen, wuchert ein Urwald von zwölf Meter hohen Senecien. Johanniskraut wächst zu 15 Meter hohen Bäumen empor. Den Beweis dafür, daß diese Riesengewächse wirklich Blumen sind, liefert der röhrenförmige Markkanal eines baumdicken Senecien-Stengels

ein Prozent. Schon in Höhen über 3000 Meter gibt es in den Alpen nur noch Steinwüsten oder ewigen Schnee.

Selbst der Deckungswert des üppigen Tropischen Regenwaldes beträgt „nur" 150 Prozent. Aus dem Vergleich mit den Daten unserer Expedition läßt sich der Schluß ziehen, daß die Senecien- und Riesenblumenwälder des Ruwenzori die größte Dichte pflanzlichen Lebens auf der Erde aufweisen.

Mit einem Belichtungsmesser entdeckten Anthony und ich, daß am Grunde dieser Wälder ähnliche Verhältnisse herrschen wie im Tropischen Regenwald. Nur zehn Prozent des Sonnenlichtes dringt noch durch das dichte Dach der Blätter und Blüten bis zum Boden. Und wie viele Pflanzen des Urwaldes, wenden auch viele Blumenarten hier gleiche Methoden an, um ans Licht zu gelangen. Lobelien haben sich hoch oben in humusgefüllten Gabelungen der Seneciestämme angesiedelt.

In diesen eigenartigen Hochgebirgswäldern leben auffallend wenig Insekten. Größere Arten scheinen völlig zu fehlen. Kein Schmetterling gaukelte durch die Luft. Kein Wunder: Insekten können in dieser Höhe kaum noch atmen. Im Unterschied zu Reptilien, Vögeln und Säugetieren besitzen sie keine Lungen. Ihr ganzer Körper ist von feinen Röhren, den sogenannten Tracheen, durchzogen. Durch sie gelangt der lebenswichtige Sauerstoff im wesentlichen aufgrund seines atmosphärischen Drucks zu allen Organen. Zusätzlich fördern die Insekten den Transport der Sauerstoffmoleküle durch die Tracheen, indem sie ihre Muskulatur rhythmisch zusammenziehen. In über 4000 Metern Höhe reicht

Die pflanzensoziologische Aufnahme eines 2000 Quadratmeter großen Areals in 4100 Metern Höhe zeigt, wie die Riesengewächse zueinander stehen. Das 20 Meter breite Fenster in diesem 10 Meter hohen „Treibhaus" öffnet den Blick auf drei Stockwerke einer Vegetation, welche die höchste Dichte auf der Erde aufweist.

① **Sphagnum (Torfmoos)**
② **Blattflechten auf Seneciestämmen**
③ **Helichrysum stuhlmannii (Strohblumen)**
④ **Peucedanum kerstenii (Doldenblütler)**
⑤ **Lobelia wollastonii (Lobelien)**
⑥ **Senecio nivalis (Senecien)**

aber der atmosphärische Druck nicht mehr aus, um größere Insektenkörper mit Sauerstoff zu versorgen.

Dieser Mangel an Insekten im Hochgebirge erfordert eine eigene Methode der Bestäubung von Blüten. Gewiß — manche Pflanzenarten werden durch den Wind bestäubt oder haben einen Mechanismus zur Selbstbestäubung entwickelt. Hier im Ruwenzori aber wird die Rolle zum großen Teil von kleinen Vögeln übernommen. Das Schwirren ihrer Flügel und der Gesang der Männchen, deren Gefieder mit seinem stahlblauen Grundton in allen Farben schimmerte, wenn — selten genug — die Sonne darauf fiel, erfüllte das ganze Kitandaratal. Mit ihren langen Schnäbeln, die in der Form dem Inneren der Blüten angepaßt sind, saugen sie den Nektar aus den Blüten der Riesenblumen und bestäuben sie dabei.

Mir fiel auf, daß die Lobelien im Kitandaratal blaue Blüten haben, obwohl für Nektarvögel, im Unterschied zu Insekten, die Lockwirkung von Blau gering ist. Das war am Verhalten der Vögel deutlich zu erkennen. Während sie die rotgelben Blüten der Johanniskrautbäume frei anflogen und vor ihnen wie Kolibris schwirrend den Nektar heraussaugten, suchten sie die blauen Nektarquellen der Lobelien kletternd an den Blütenständen. Diese Methode wirkt mühseliger, aber die anderen Blüten allein geben nicht genügend Nahrung her. Die blaue Blütenfarbe der Lobelien läßt darauf schließen, daß sie sich hier weit über jene Region hinaus verbreitet haben, in der die Insekten leben können, die sie normalerweise befruchten. Ihre ursprüngliche Farbe haben sie behalten, den Riesenwuchs jedoch erst unter den besonderen Bedingungen dieses Hochgebirges angenommen.

Dieser pflanzliche Gigantismus im Ruwenzori ist ein sehr komplexes Phänomen mit vielen Ursachen. Da sind

zunächst einmal die hohen Niederschläge, die große Mengen der für das Wachstum wichtigen Mineralsalze aus dem Gestein waschen und sie den Wurzeln der Pflanzen zuführen. Außerdem herrschen in diesem äquatornahen Hochgebirge, verglichen mit denen in anderen Breiten, das ganze Jahr hindurch bis in große Höhen relativ hohe Temperaturen.

Es fällt auf, daß der Riesenwuchs erst oberhalb 3000 Meter verbreitet ist, also in einer Höhe, in der beispielsweise in den Alpen nur noch Krüppelgewächse gedeihen. Die Verschiebung der Vegetationszonen im Ruwenzori nach oben nur mit einem milderen Kli-

Auch die Lobelien haben zahlreiche Anpassungen an das Klima des tropischen Hochgebirges entwickelt. Damit Blüten von Regen und Hagel nicht zerschlagen werden, hat eine der Arten kleine steife Schutzblätter ausgebildet. Eine andere Art schützt ihre Blüten gegen Frost und ein Übermaß an ultravioletter Strahlung durch gefiederte Blätter, zwischen denen Nektarvögel nach Nahrung suchen

ma erklären zu wollen, reicht jedoch nicht aus. Denn nicht allein die winterliche Kälte im Gebirge begrenzt normalerweise pflanzliches Wachstum, sondern auch die mit der Höhe zunehmende ultraviolette Strahlung, die den Zellkern zerstört.

Aber genau darin scheint die Antwort auf die Frage nach den Ursachen des Riesenwuchses zu liegen. Die dichte Wolkendecke, die meistens über dem Ruwenzori hängt, filtert einen großen Teil der gefährlichen UV-Strahlung aus dem Sonnenlicht heraus. Unter dem Schutz der Wolken und des milderen Klimas konnten die Pflanzen darum in viel größere Höhen vordringen als in anderen Gebirgen.

Die bis zu vier Meter hohen Blütenstände der Lobelia wollastonii sind dicht mit silbrigen Tragblättern überzogen, die in Aufbau und Aussehen große Ähnlichkeit mit Vogelfedern haben. Sie schützen die darunterliegenden Blüten nicht nur vor der nächtlichen Kälte und vor Niederschlag, sondern in den Trockenzeiten auch vor einem Übermaß an sichtbarem und an UV-Licht. Die Silberfärbung kommt durch die Reflexion der stark behaarten Tragblätter zustande.

Wenn auch während der zwei wolkenarmen Jahreszeiten starke UV-Strahlung bis zur Erdoberfläche dringt, so sind diese Zeiten doch zu kurz, um so viele Zellkerne zu zerstören, daß die Pflanzen ruiniert wären. diese Strahlung könnte jedoch genügen, um in den Chromosomen der Pflanzenzellen, die auch das Wachstum steuern, Mutationen auszulösen – eben auch den Trend zum Riesenwuchs. In einer Umwelt, die fast das ganze Jahr über wachstumsfördernd ist, könnte eine solche Einwirkung über viele Generationen die Pflanzen in den Gigantismus treiben.

Ein ganz anderer Grund für das üppige Wachstum offenbarte sich uns ein paar Tage später und 1000 Meter hö-

Schneeträchtige Wolken fallen in die von Flechten schwarz gefärbte Felswüste am Scott-Elliot-Paß ein. Sie entstand vor Jahrmillionen durch einen gewaltigen Bergrutsch von den Flanken des Mount Baker. Zwischen den Felsen blühen mit Bartflechten behangene, meterhohe Strohblumen

her, nämlich in den Gletscherfeldern des 5000 Meter hohen Stanley-Plateaus. Wir hatten es nach einer halsbrecherischen Klettertour über eine mit hausgroßen Felsblöcken bedeckte Hochfläche am Scott-Elliot-Paß erklommen. Die spaltenreiche, meist in dichten Nebel gehüllte Felswüste war sehr mühevoll zu überqueren, weil die Felsen über und über mit glitschigen schwarzen Flechten bewachsen waren. Außerdem machte uns die immer dünner werdende Luft zu schaffen. Vereinzelte, meterhohe Strohblumenbüsche, von deren Ästen lange, hellgrüne Bartflechten herabhingen, bildeten kleine Oasen inmitten einer düsteren, gespenstischen Landschaft.

Größe und Form der übereinandergetürmten Felsblöcke ließen erkennen, daß es sich nicht um Gletscherschutt handelt. Ich vermute, daß sie die Überreste eines gewaltigen Bergrutsches von den Flanken des Mount Baker sind, der durch Bewegungen der Erdkruste vor nicht sehr langer Zeit ausgelöst worden war.

Als wir endlich die Gletscher erreichten, bot sich uns ein weiteres Phänomen dar: Die Gletscher nämlich verdanken ihre Existenz dem Wasser und dem Feuer zugleich.

Der Elena-Gletscher zwischen den hohen Zinnen des Stanley-Plateaus hat eine schwärzliche Färbung und sieht so aus wie ein erstarrter Lavastrom. Nur Felder aus Neuschnee bilden weiße Flecken. An den Abbruchkanten des Eises läßt sich die eigenartige Beschaffenheit der Ruwenzori-Gletscher erkennen: Abwechselnd haben sich Asche und Schnee abgelagert. In der Trockenzeit transportiert der Monsun gewaltige Aschenmengen in das Gebirge, die von den riesigen Steppenbränden Ostafrikas stammen. In der Regenzeit legt sich eine Schneeschicht darüber, danach kommt wieder eine Aschenschicht – und so fort. Der Aschenregen, der seit undenklichen Zeiten zweimal im Jahr über dem Gebirge niederfällt, düngt die Vegetation und hat sicherlich zu ihrem üppigen Wachstum beigetragen.

Viele Botaniker sehen die Riesengewächse des Ruwenzori als das Relikt einer erdgeschichtlich uralten Flora an. Pollenfunde in Sedimenten beweisen, daß diese Flora einst viel weiter verbreitet war – als nämlich auf dem Kontinent noch ein regenreicheres Klima herrschte. Als Afrika auszutrocknen begann, zogen sich die Pflanzen auf das auch heute noch regenreiche Ruwenzori-Gebirge und in geringerem Maße auch auf die Inselberge des Mount Kenya und des Kilimandjaro zurück.

Eines unserer wichtigsten Expeditionsziele war es, die Regierung Ugandas davon zu überzeugen, daß das Gebirge unter Schutz gestellt werden muß, und zwar nicht nur, um die auf der Welt einzigartige Pflanzenwelt zu erhalten, sondern weil es eine wesentliche Rolle für die Ökologie und den Wasserhaushalt großer Teile Nord- und Ostafrikas spielt.

Die dichten Wälder mit ihrem Moosbewuchs halten nämlich in den Regenzeiten das Übermaß an Wasser wie ein Schwamm zurück und geben es dann gleichmäßig über das Jahr verteilt, also auch in den Trockenzeiten, an die vielen Flüsse ab, die letztlich alle den Nil speisen. Würde der Wasserspeicher Ruwenzori zerstört, so wären Flutkatastrophen in Regenzeiten, Dürre- und damit Hungerkatastrophen in den Trockenzeiten die Folge.

Freilich haben die Zerstörungen schon begonnen. Überjagung und die Feldwirtschaft, die an der breiten Basis des Gebirges den Urwald niederbrennt, haben bereits große Schäden angerichtet. Die Umwandlung des Ruwenzori in ein Naturreservat kann nicht ohne Zustimmung und Mitarbeit der Bakonjos erfolgen, die am Fuße des Gebirges leben. In erster Linie sie müssen davon überzeugt werden, daß sich der Schutz ihrer Umwelt auch wirtschaftlich auszahlt. Statt zu jagen, was immer weniger Erfolg bringt, könnten die Eingeborenen ihr Geld dauerhafter als Ranger, als Träger und Führer für Besucher verdienen. Wahrscheinlich wird aber Uganda allein nicht in der Lage sein, die Mittel für ein umfassendes Schutzprojekt aufzubringen. Internationale Hilfe und Zusammenarbeit ist erforderlich, auch mit dem Nachbarstaat Zaïre, der seine Seite des Gebirges schon vor Jahren unter Schutz gestellt hat.

Beim Abstieg durch das Bujukutal tauchte hinter uns fast lautlos eine Wilderergruppe auf, Bakonjos. Ihr Anführer erzählte mir, daß sie über den Stuhlmann-Paß aus Zaïre kamen, wo sie im Albert-Nationalpark wie üblich Elefanten, Flußpferde und Antilopen gejagt hatten. Vital und genügsam schleppten sie nun das über Lagerfeuern geräucherte und getrocknete Fleisch in Zentnerlasten nach Uganda. Meinen Einwand, daß sie eben jene Natur zerstören, von der sie leben müssen, verstanden diese Menschen nicht: Ihr Stamm hat immer gejagt.

Fünf Monate nach diesem denkwürdigen Treffen war ich wieder auf dem Weg ins Ruwenzori. Diesmal wollte ich den steilen Westabfall des Gebirges in Zaïre erkunden.

Morgens um fünf Uhr stand ich auf dem Marktplatz von Goma und schaute zu, wie das Dach des klapprigen Busses beladen wurde, für den ich mir am Vortage eine Fahrkarte besorgt hatte. In äquatornahen Breiten herrscht zu dieser Stunde das ganze Jahr hindurch noch tiefe Dunkelheit. Der rote Feuerschein an der Unterseite der Wolken, den man früher von Goma aus im Norden sah, war erloschen, seitdem der Schachtkrater des Vulkans Nyiragongo viereinhalb Jahre zuvor geborsten und der Lavasee ausgeflossen war.

Das Einsteigen dauerte mehr als zwei Stunden. Im Bus herrschte Chaos, aber wie in einem dreidimensionalen Puzzle aus Bauklötzen ordneten sich die Menschen mit ihren unzähligen Gepäckstücken dann doch zu optimaler Raumausnutzung. Schließlich saßen in dem Bus, dessen Kapazität auf einem kaum noch lesbaren Schild mit 48 Sitzplätzen und 20 Stehplätzen angegeben war, an die hundert Menschen mit mehreren Tonnen Gepäck. Mich hatte der Schaffner angewiesen, bis zum Schluß mit dem Einsteigen zu warten. Je mehr sich der Bus füllte, umso mehr fürchtete ich um meinen Sitzplatz.

Schließlich erhielt ich den letzten Platz gleich neben der einzigen Tür, die sich glücklicherweise nicht mehr schließen ließ. So schmal ich mich auch machte, ich nahm immer noch mindestens doppelt soviel Platz wie ein Afrikaner ein. Der doppelte Fahrpreis, den ich bezahlen mußte, war also gerechtfertigt.

Bei Sonnenaufgang ging die Reise endlich los. Ziel war das 300 Kilometer nördlich von Goma gelegene Butembo.

Die Landschaft am Grunde des Rift Valley zwischen Goma und dem Nyiragongo hatte sich in den letzten Jahren völlig verwandelt. Urwald, Bananen- und Kaffeeplantagen waren von Lavaströmen niedergewalzt und verbrannt worden. Das gebleichte Skelett eines Elefanten lag in einer Lava-Aushöhlung, deren Umrisse genau den Konturen eines Elefantenkörpers entsprachen. Die glutflüssige Lava mußte einst über das Tier, dem keine Zeit zur Flucht geblieben war, hinweggeschwappt sein. Als der Körper des Elefanten eines Tages verwest und zersetzt war, brach die Decke des Grabes in den Hohlraum ein und das Skelett kam ans Tageslicht.

Vereinzelt standen in der Landschaft noch abgestorbene Baumstämme, die vom Lavastrom nicht entwurzelt werden konnten und deren dichtes, hartes Holz sich als nicht entflammbar erwiesen hatte.

Aber das Leben hatte bereits begonnen, die Feuerwunden zu bedecken. Als Erstbesiedler sah ich überall Flechten, Farne und Gräser.

Nördlich der kleinen Stadt Rutshuru führt die Piste, die sich jetzt nach der großen Regenzeit in einem desolaten Zustand befand, auf einer Strecke von etwa 80 Kilometern durch den Albert-Nationalpark. Ich war erstaunt, abseits der Piste noch Ansammlungen von Gazellen und kleine Gruppen von Elefanten zu sehen, da ich annahm, daß dieses riesige Naturschutzgebiet wegen der Aktivität von Wilderern nur noch auf der Landkarte existierte.

Mehrere Brücken, denen man ansah, daß an ihnen seit Jahrzehnten keine Unterhaltsarbeiten mehr vorgenommen worden waren, mußten überquert werden. Um eine stand es besonders schlecht; der Fahrer forderte alle Insassen auf, auszusteigen und sie zu Fuß zu überqueren – er wollte nur mit dem auf diese Weise erleichterten Bus die Fahrt wagen. Das Aussteigen dauerte zehn Minuten, das Wiedereinsteigen auf der anderen Seite des Flusses mit viel Palaver eine Stunde.

20 Kilometer weiter wurde der Bus plötzlich von schwerbewaffneten Soldaten einer Anti-Wilderer-Patrouille gestoppt. Unfreundlich und unmißverständlich forderten sie alle Reisenden auf, den Bus zur Durchsuchung zu verlassen. Das Aussteigen dauerte diesmal nur wenige Minuten, das Einsteigen nur eine Viertelstunde – die Kongolesen haben Respekt vor ihrer Armee.

Inzwischen war es glühend heiß. Fast regelmäßig hielt der Fahrer an und kroch mit dem Schaffner unter den Bus, um mit gewaltigen Hammerschlägen irgend etwas Lebenswichtiges festzumachen, ich sah es mir lieber nicht an.

An der steilen Westflanke des Ruwenzori-Gebirges in Zaïre beginnt das Riesenwachstum der Pflanzen schon in 2000 Metern Höhe. Farne erheben sich auf baumdicken und geschuppten Stämmen 15 Meter hoch. Am Grunde dieses Waldes wachsen zwei Meter hohe Porzellanblumen

Die Piste verließ den Grund des Rift Valley, um in engen Schleifen die steile, westliche Bruchstufe zu erklettern. Ich mochte kaum aus dem Fenster schauen: Unterhalb fast jeder Serpentine bedeckten die Reste abgestürzter Fahrzeuge die Felsvorsprünge.

Aber alles ging gut, erstaunlich genug, trotz der Bremsen, die diesen Namen eigentlich nicht mehr verdienten. Nach vierzehnstündiger Fahrt erreichten wir spät am Abend Butembo.

In einem erbärmlichen Provinzhotel logierte ich zur Nacht, die ich besser in einer Hängematte im Wald verbracht hätte. Am nächsten Morgen fuhr ich weiter nach Beni, das bereits auf dem Breitengrad des Ruwenzori-Gebirges liegt. In diesem Ort verschaffte ich mir eine Mitfahrgelegenheit auf einem Lastwagen zum Dorf Mutwanga am Grunde des Rift Valley, direkt am Fuße des Ruwenzori.

Als wir nach wenigen Kilometern, kurz hinter Beni, den Rand der westlichen Steilstufe des Spaltentales erreichten, bot sich mir bei ungewöhnlich klarer Sicht ein überwältigender Anblick: 40 Kilometer entfernt stürzt der Ostrand des Rift Valley fast 5000 Meter in die Tiefe – es scheint, fast senkrecht. Deutlich war zu erkennen, daß das Ruwenzori-Gebirge wie ein Klotz durch die Kräfte im glutflüssigen Innern der Erde aus dem Niveau der östlichen Rift Valley-Schulter heraus-

Im Reich der Pflanzen sehen selbst einige Tiere wie Pflanzen aus. Um sich zu tarnen, ahmt eine Spinne eine abgebrochene Astgabel nach. Selbst die Bruchstruktur einer solchen Stelle, die Farbe und die Falten der Borke sind perfekt nachgestaltet

gebrochen und emporgehoben worden war. Der Koloß hat eine Nordsüd-Ausdehnung von nur 80 Kilometern. Klar sah ich das silberweiße Blitzen der großen Gletscher. Ich stand etwa dort, wo der große Forschungsreisende Stanley fast einhundert Jahre zuvor als erster Europäer die „mit weißem Salz bedeckten Gipfel eines hohen Gebirges" gesehen hatte.

Der Ostabfall des Ruwenzori in Zaïre gehört zum Albert-Nationalpark. In Mutwanga, auf der Rangerstation der kongolesischen Armee, erhielt ich einen Führer und zwei Träger. Als ich mich nach dem Zweck ihrer modernen Schnellfeuergewehre erkundigte, bekam ich die knappe Auskunft, daß die Wilderer aus Uganda ihre Raubzüge über die hohen Pässe des Gebirges hinweg bis in den Albert-Nationalpark ausdehnten, und daß sie gefährlich seien.

Stundenlang marschierten wir vom frühen Morgen an durch Kaffee- und Bananenpflanzungen. Die Kunde, daß ein Weißer in dieser entlegenen Gegend aufgetaucht sei, verbreitete sich in der dicht besiedelten Region mit unglaublichem Tempo. Kinder kamen in Scharen, um mich aus Verstecken am Wegesrand zu bestaunen. Die Bevölkerung war herzlich. In den Dörfern, die wir durchquerten, schenken mir Frauen erfrischende Maracuja- und Mangofrüchte.

Die Gipfel und Gletscher des Gebirges schienen nun direkt über mir zu hängen. War ich in Uganda stets vom 1500 Meter hohen Plateau des ostafrikanischen Hochlandes aus aufgestiegen, so mußte ich das Gebirge jetzt vom Boden des Rift Valley erklimmen, der hier nur 600 Meter über dem Meeresspiegel liegt. Je weiter wir uns der steilen, grünen Wand des Gebirges näherten, desto differenzierter wurden ihre Strukturen. Cañonartige tiefe Schluchten, von denen die fast senkrechten Bruchstufen der Rift Valley-Wand zerschnitten werden, führen in das Gebirge hinein.

Um zehn Uhr begannen sich Kumuluswolken an der Leeseite des Gebirges zu bilden. Ich beobachtete, wie die Wolkentürme in kurzer Zeit mehrere hundert Meter emporquollen. Als wir gegen Mittag das kultivierte Land verließen und den Bergurwald betraten, war das ganze Gebirge in dichte Wolken gehüllt. Es begann in Strömen zu regnen. Dieser Regen sollte mich, mit nur kleinen Pausen, eine Woche lang begleiten. Die Wolkendecke und das lückenlose Mosaik des vielstöckigen Waldes ließen nur noch wenig Licht bis zum Boden vordringen. Nasse Dunkelheit verschluckte unsere kleine Gruppe. Alle Blätter hatten Formen und Strukturen entwickelt, um das Übermaß an Regen abzuleiten. Dieser Urwald kam mir noch dichter und ursprünglicher vor als der auf der anderen Seite des Gebirges.

Am steilen Westhang scheint das Riesenwachstum der Pflanzen schon 2000 Meter tiefer zu beginnen. Zum unteren Stockwerk des Urwaldes gehören Baumfarne, deren zwei bis drei Quadratmeter große Blätter sich auf baumdicken, geschuppten Stämmen zehn bis 15 Meter über den düsteren Grund des Waldes erheben. Ich fühlte mich in die Steinkohlenwälder der Karbonzeit vor 350 Millionen Jahren versetzt.

Die Vegetation atmete die Feuchtigkeit wieder aus. Nebelschwaden zogen durch den Wald. Der Wald produziert letztlich die regenspendenden Wolken, die ihn erhalten, in einem geschlossenen Kreislauf selbst. Irgendwo in den Kronen, unsichtbar 50 Meter über uns, lärmten Schimpansen. Der Führer zeigte mir einige Meter abseits des Pfades das Skelett eines Schimpansen. Vor Jahren war er hier Augenzeuge eines Kampfes zwischen zwei Schimpansenmännchen gewesen. Das Tier, vor dessen Resten wir standen, war

Auf den treppenartigen, leicht zum darüberliegenden Hang geneigten Bruchstufen des Gebirges haben sich zahlreiche Seen aufgestaut. Der Schwarze See in Zaïre wirkt wie Spiegelglas. Den Kitandara-See in Uganda färben Algen grün

durch Bisse seines Rivalen getötet worden.

Der Pfad wurde immer steiler und war nun von dichter Bodenvegetation bedeckt. Oft kam ich nur noch auf allen Vieren voran. An vielen Stellen hätte ein Fehltritt oder Fehlgriff meinen Absturz bedeutet, so steil war das Gelände. Doch es ist leichter zu begehen als das in Uganda. Bodenlosen Morast und Moose gibt es an der Westseite des Gebirges nicht, da das Wasser hier schneller abläuft.

Nach dreitägigem Gewaltmarsch durch Ur- und Heidekrautwälder, die in Moospolstern fast ertrinken, erreichten wir das mehr als 4000 Meter hohe Kiondo-Plateau unterhalb der Gipfel- und Gletscherregion. Wir hatten an jedem Tag, in schwierigem Gelände, mehr als tausend Höhenmeter zurückgelegt.

Die östlichen und die westlichen Flanken des Gebirges sind völlig unterschiedlich geformt. Während die Bergrücken und die weiten Moortäler der Ostseite stark durch eiszeitliche Gletscher geprägt wurden, herrscht an der Westseite, der Innenseite des Rift Valley, Bruchtektonik vor. Als die emporgewölbte Erdkruste vor 20 Millionen Jahren mit zwei parallelen Rissen aufbrach und das Gesteinspaket dazwischen mehrere tausend Meter tief absank, bildeten sich an den standfesten, senkrechten Wänden des Rift Valley mehrere Bruchstufen.

Aus mehr als 4000 Metern Höhe blickte ich auf eine gewaltige Gesteinstreppe, die in Sprüngen von hundert Metern zum fernen Grund des Rift Valley hinunterführt. Die vergleichsweise schmalen Oberkanten dieser Stufen neigen sich zum Gebirge hin. Dadurch haben sich auf ihnen oft langgestreckte Seen gebildet. Da sie alle in unterschiedlichen Höhen und damit auch in unterschiedlichen Klimaten liegen, werden sie von noch wenig erforschten, unterschiedlichen Mikroorganismen besiedelt, die zusammen mit anderen Faktoren den Gewässern unterschiedliche Färbungen verleihen. Ein See ist milchweiß, einer grau, ein anderer sieht aus wie schwarzes Spiegelglas. Ich wollte versuchen, die Ufer des Grünen Sees in fast 4500 Metern Höhe zu erreichen, aber dazu muß ich vom Kiondo-Plateau, das nichts anderes als die Oberfläche einer der Gesteinsstufen ist, auf die nächsthöhere Stufe klettern.

Zusammen mit meinem Führer folgte ich einem schmalen Sims, das dicht von Riesenblumen bewachsen war. Auf halbem Wege kam eine kritische Stelle: Der Sims war unterbrochen. Von seiner Fortsetzung trennte mich ein fast senkrechter Felsvorsprung. Glücklicherweise hingen daran noch Haken und Seil einer früheren Expedition – würden sie halten?

Der Führer überwand das Hindernis schnell. Ich vertraute dem Seil nur eine Hand an, mit der anderen und mit den Füßen suchte ich Halt auf winzigen, schlüpfrigen Vorsprüngen. Ich litt in dieser dünnen Höhenluft unter Kopfschmerzen, Schwindel und Übelkeit. Eiskaltes Wasser rann über meine nackten Hände. Irgendwo 400 Meter unter mir in Wolken verborgen, lag der Schwarze See. Ich hörte, wie die Wassermassen des Grünen Sees mit einem fernen Grollen zum Schwarzen See hinabstürzten.

Der Anblick des fjordähnlichen Grünen Sees war unirdisch. Er könnte eher ein Gewässer auf dem Jupiter sein. Die Farbe und vollkommene Ruhe seiner Oberfläche ergab das Bild durchscheinender polierter Jade. Auf Simsen und balkonartigen Vorsprüngen seines senkrechten Ostufers, das die Felswand der obersten Bruchstufe bildet, wachsen Senecien, Johanniskrautbäume und Lobelien von einer Größe und Blütenpracht, wie ich sie bis dahin im Ruwenzori-Gebirge noch nicht gesehen hatte.

Im Land der gläsernen Vulkane

*Im äthiopischen Afar-Dreieck sind drei kontinentale
Platten der Erdkruste erst in geologisch junger Zeit auseinandergebrochen.
Dadurch entstand Raum für einen neuen, jungen Ozean — für das Rote Meer
und den Golf von Aden. Im Afar-Dreieck können Geologen trockenen
Fußes erkunden, wie ozeanische Erdkruste entsteht*

Der französische Vulkanologe Haroun Tazieff nähert sich, geschützt durch einen mit Metallfolie beschichteten Asbestanzug, im Krater des Erta Ale inmitten des Afar-Dreiecks einem mehr als tausend Grad heißen Lava-Ausbruch, um von der neu entstehenden ozeanischen Erdkruste Gas- und Materialproben zu entnehmen

Am Mount Dalol im Afar-Dreieck quillt Grundwasser empor, das zuvor über dem heißen Magma in der Tiefe erhitzt wurde. Auf seinem Weg durch die Erdkruste hat es Mineralsalze mit Eisenbeimengungen herausgelöst, die an der Oberfläche auskristallisieren

Am 6. Januar 1978 wurden Geologen über dem trockengefallenen Ozean-Boden des Afar-Dreiecks 150 Meter unter dem heutigen Meeresspiegel zum erstenmal Augenzeugen, wie zwei Platten der Erdkruste auseinanderwichen. Innerhalb weniger Stunden weitete sich zwischen der arabischen und der afrikanischen Platte ein 1,80 Meter breiter Spalt. An vielen Stellen wurde er durch emporquellendes Magma gefüllt

Als das Rote Meer sich aus dem Afar-Dreieck zurückzog, hinterließ es bis zu tausend Meter dicke Salzablagerungen. Verwitterung und Abtragung verwandelten diese Sedimente zu einem Labyrinth aus Zinnen und Schluchten, das sich nur aus dem Flugzeug überblicken läßt

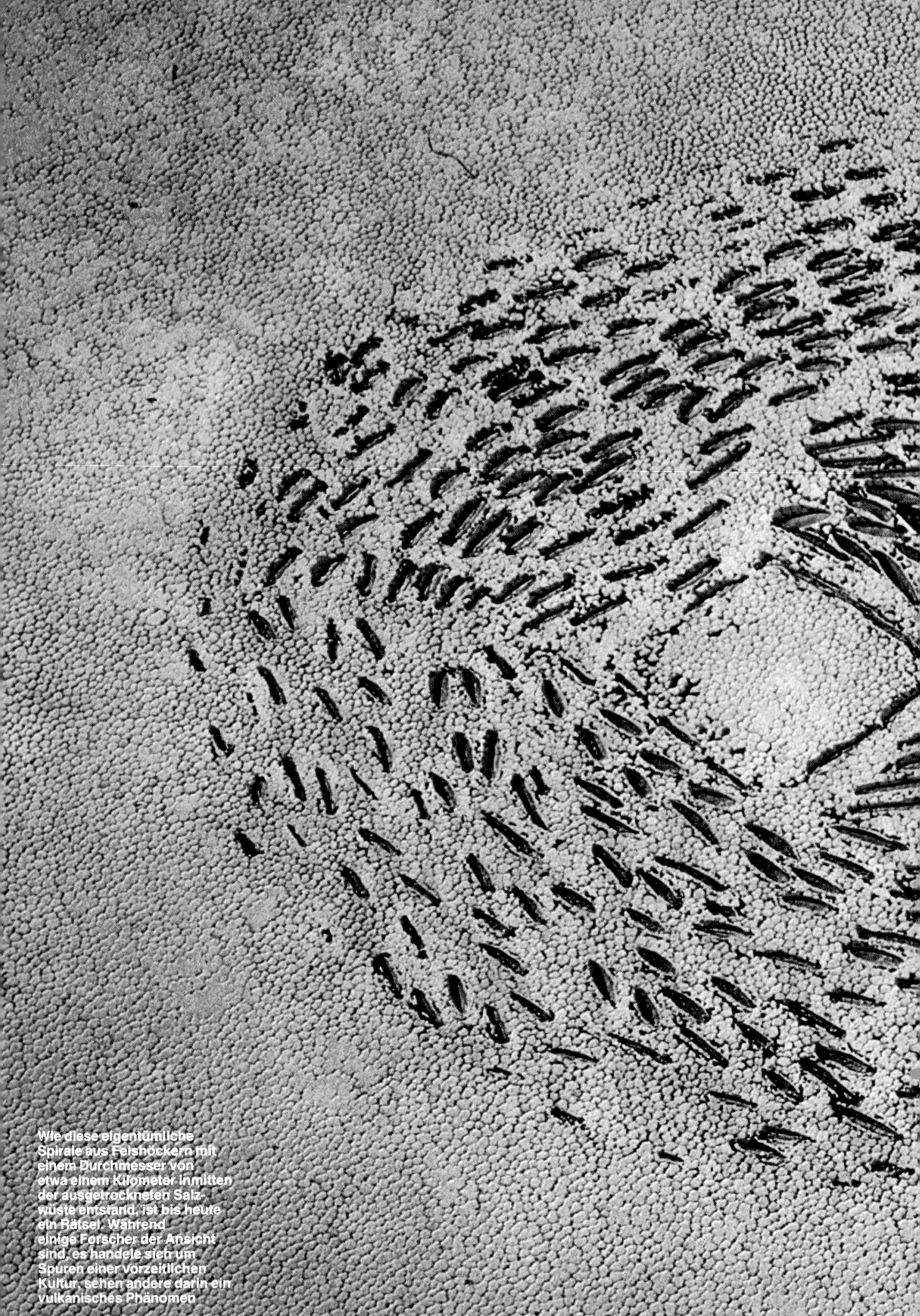

Wie diese eigentümliche Spirale aus Felshöckern mit einem Durchmesser von etwa einem Kilometer inmitten der ausgetrockneten Salzwüste entstand, ist bis heute ein Rätsel. Während einige Forscher der Ansicht sind, es handele sich um Spuren einer vorzeitlichen Kultur, sehen andere darin ein vulkanisches Phänomen

Mit unserem kleinen Hubschrauber waren wir beweglich wie eine Libelle. Er war das ideale, das einzige Vehikel, um den Ozeanboden am Südende des Roten Meeres zu erkunden, auf dem die kleine Republik Djibouti liegt.

Wir flogen langsam an der Südküste des Golfes von Tadjoura entlang, der den Golf von Aden nach Westen fortsetzt. Mit winzigen Bewegungen des Steuerknüppels, den er wie einen Schreibstift zwischen seinen Fingern hielt, folgte der Pilot der Küstenlinie so genau, als wollte er deren Kontur in der Luft nachzeichnen.

Die Küste ist eine steile, schwarze Wand aus Basalt. Alles ist von den Energien aus dem Innern der Erde und von der Sonne ausgeglüht und verbrannt. Der metallische Schlackenglanz des Gesteins zeigt, daß das Meeresufer einst aus einer glutflüssigen Schmelze erstarrte. An einigen Stellen entdeckte ich kleine Polster sogenannten Kissenbasalts, von dem die Geologen wissen, daß er sich nur unter Wasser und besonders in den cañonartigen Scheitelgräben der mittelozeanischen Gebirgsrücken formt, wo ständig neue ozeanische Erdkruste produziert wird.

Die schwarze Steilküste wird nahe dem Ufer von einem nur wenige Meter breiten Korallenriff gesäumt. Seine Knollen, Türme und Platten sehen durch das Wasser türkisfarben aus. Das tintenblaue Meer jenseits des Riffs zeigt an, daß das Basaltufer mit seinem Korallenbewuchs ohne Übergang steil in große Tiefen abstürzt.

Es gibt hier kein flaches Schelf — auch das ein Hinweis auf das geringe Alter dieser Küste und des angrenzenden Ozeans. Die flachen Schelfgebiete, die alten Küsten vorgelagert sind, entstanden im Laufe der langen Erdgeschichte durch das wiederholte Ansteigen und Absinken des Meeresspiegels, die ihrerseits auf das Abschmelzen und Anwachsen der polaren Eiskappen während der Eiszeiten zurückzuführen sind. Als der Spiegel der Weltmeere nach dem Ende der letzten Eiszeit um mehr als hundert Meter stieg, wurden die Sockel der Kontinente an vielen Stellen großflächig überflutet. Deshalb entsprechen die heutigen Küstenlinien meist nicht dem eigentlichen Rand eines Kontinents, der jeweils an einer Seite der Landmasse identisch ist mit jener Bruchkante, die entstand, als kontinentale Erdkruste zerbrach und auseinanderdriftete. Auch die Brandung und die auf dem Festland wirksamen Kräfte von Verwitterung und Abtragung, die Sand, Schlamm und Geröll durch Flüsse in Meere und Ozeane spülen, tragen über lange Zeit zur Bildung von Schelfen bei.

Unter mir sprang dichtgedrängt ein Schwarm silberner, heringsgroßer Fische in regelmäßigen Abständen aus dem Wasser. Vor ihm suchte sich ein Schwarm winziger Fische ebenfalls durch Luftsprünge in Sicherheit zu bringen. Aber da handelte es sich ganz augenscheinlich um einen Irrtum in der seit vielen Millionen Jahren währenden Freßkette der Meeresbewohner: Die vermeintlichen Jäger waren die Gejagten. Den noch größeren silberfarbenen Schatten hinter ihnen versuchten sie durch Sprünge aus ihrem Element zu entkommen. Auf diese Weise haben manche Fische im Verlauf ihrer langen Stammesgeschichte das Fliegen gelernt.

Ein großer Hammerhai patrouillierte langsam an der Außenkante des Riffs entlang, und eine Meeresschildkröte tauchte vor dem Schatten des Hubschraubers erstaunlich schnell unter die Oberfläche. Als wir eine schmale, flache Uferlagune überflogen, wurden zwei riesige schwarze Mantas aufgescheucht. Wie vorzeitliche Flugsaurier bewegten sich die Teufelsrochen mit ihren Flossen, deren Spannweite ich

Steile Bruchstufen und Verwerfungen flankieren den Golf von Tadjoura mit der von einer tiefen, klaffenden Spalte durchzogenen Vulkaninsel Gini Koma. Ihre Masse, die unter Wasser entstand und erst durch Hebungen des Ozeanbodens über die Meeresoberfläche gelangte, verteilt sich auf zwei auseinanderweichende Platten der Erdkruste

70 Kilometer westlich der Hafenstadt Djibouti wächst die Fortsetzung des Carlsberg-Rückens im Spalt zwischen Arabien und Afrika aus den Tiefen des Golfes von Tadjoura über Wasser empor. In seinem Scheitelgraben, der hier Assal-Rift heißt, quillt ständig Magma hoch und breitet sich aus. Es ist von steilen Bruchstufen flankiert, die durch die auseinanderweichende Erdkruste entstanden

auf mindestens vier Meter schätzte, knapp unter der Wasseroberfläche. Über ihnen machte ich einen Schwarm winziger, heller Punkte aus: Schmetterlinge versuchten die Meerenge zu überqueren, die vom Golf von Tadjoura in die isolierte Meeresbucht Ghoubbet al Kharab führt und dem Golf wie ein Blinddarm anhängt.

Beiderseits des Ghoubbet steigen die Basaltwände steil auf mehrere hundert Meter an. Vor uns tauchte eine Reihe schwefelgelber Vulkane auf, die wie Puddinge in der Bucht liegen.

Punktgenau landeten wir im flachen Krater eines größeren Vulkans. Die Reste abgestorbener Austernbänke und anderer Meeresfossilien im Krater und an den Flanken des Vulkans sowie seine abgerundete Form beweisen, daß er einst tief unter Wasser entstanden ist. Sein Kegel und die Kraterränder wurden von der Brandung abgetragen und gerundet, nachdem er erloschen war; dann hoben ihn vertikale Bewegungen der ozeanischen Erdkruste, deren Bestandteil er war, über die Wasseroberfläche empor. Schließlich begann eine immer tiefer klaffende Spalte die Vulkanmasse in zwei genau gleiche Hälften zu teilen.

Wir flogen weiter, jetzt nach Nordwesten. Genau in der Verlängerung der Vulkanreihe wächst ein Basaltrücken aus dem Meer, in seiner Längsachse aufgewölbt und von steil aufragenden Bruchstufen flankiert. Vor uns lag das Assal-Rift, westliches Ende vom Scheitelgraben des Carlsberg-Rückens, der sich aus den Tiefen des Indischen Ozeans durch den Golf von Aden, den Golf von Tadjoura und die Meeresbucht Ghoubbet al Kharab bis hierher erstreckt. Jene aus der Asthenosphäre empordrängenden Magma-

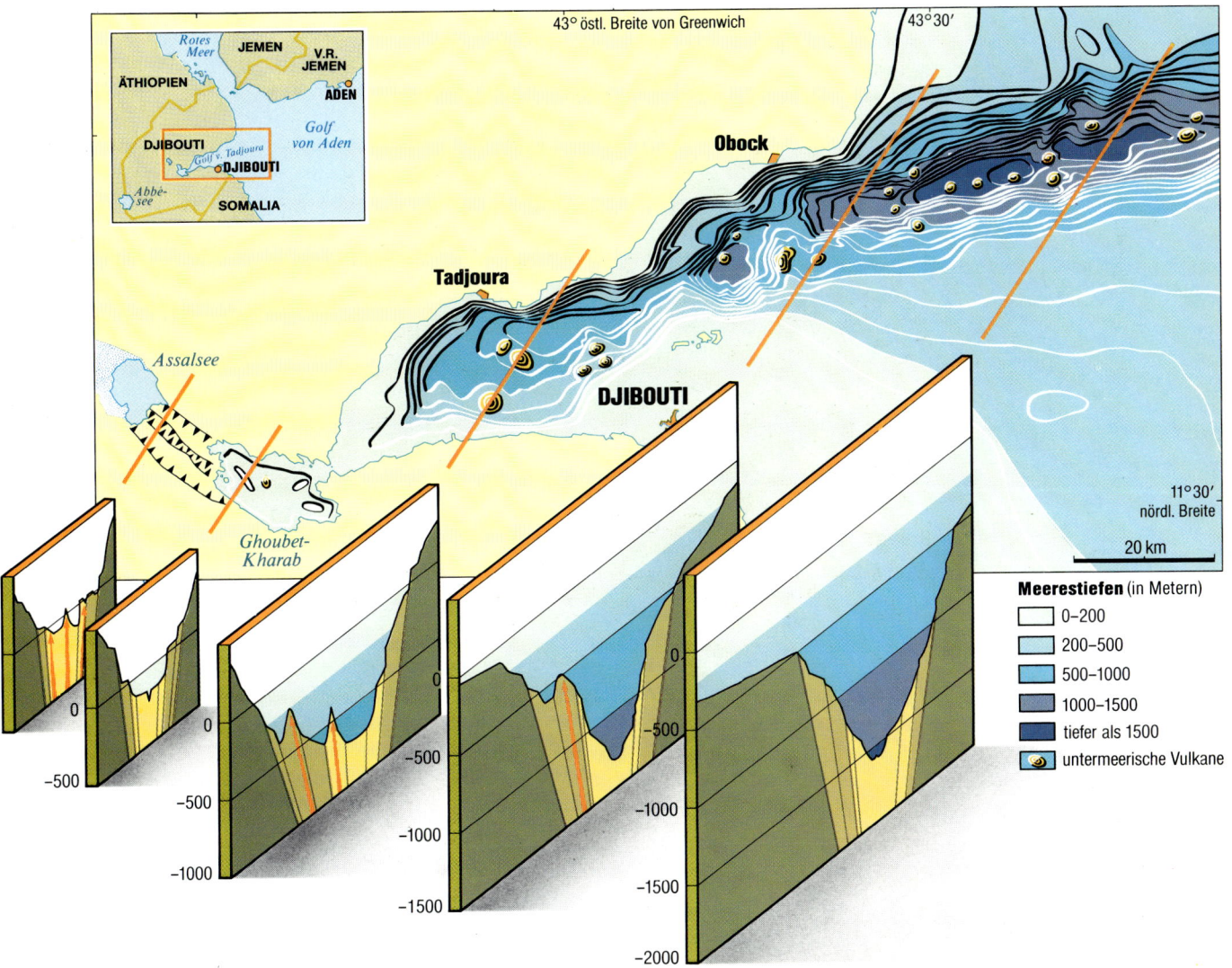

Die Grafik des Golfes von Tadjoura zeigt, wie sich vom Assal-Rift aus der junge Ozean weitet und vertieft. Das Profil des mittelozeanischen Rückens mit seinem Scheitelgraben spiegelt die Geschwindigkeit seiner Verbreitung

massen, die das Assal-Rift geformt hatten, hoben es auch über die Meeresoberfläche empor. Dadurch wurde sichtbar, was normalerweise dem menschlichen Auge verborgen bleibt, weil es sonst nur in mehreren tausend Metern Wassertiefe vor sich geht: die Entstehung ozeanischer Erdkruste. In dieser Hinsicht läßt sich das Assal-Rift mit Island vergleichen, wo ebenfalls das erdumspannende System der mittelozeanischen Gebirgsrücken mit seinen Scheitelgräben den Meeresspiegel überragt.

Aber im Gegensatz zu jener heißen Insel im kalten Norden liegt das Assal-Rift nicht inmitten eines alten Ozeans, dessen Geburt bereits vor fast 200 Millionen Jahren stattfand, sondern nahe einer aktiven triple junction: Es ist das Afar-Dreieck, wo drei kontinentale Platten erst in geologisch junger Zeit auseinandergebrochen sind und zumindest die arabische nach Nordosten abdriftet, womit sie Raum für einen jungen Ozean schafft – für das Rote Meer und den Golf von Aden (Karte Seite 136/137).

Der französische Vulkanologe Haroun Tazieff hatte während dreier französisch-italienischer Expeditionen zwischen 1967 und 1970 mit anderen Wissenschaftlern erkannt, daß im Afar-Dreieck Ozeankruste produziert wird. Diese Erkenntnis war erst möglich geworden, nachdem Forschungsschiffe das mittelozeanische Gebirgsrückensystem entdeckt hatten. Der Grund für die späte Erkenntnis im Afar-Dreieck war seine Unzugänglichkeit.

Es gibt dafür mehrere Gründe. Die Vulkanlandschaften sind chaotisch, für Fahrzeuge und oft auch zu Fuß für Mensch und Tier unpassierbar. Die Temperaturen gehören zu den höchsten auf unserer Erde. Und die nomadisierenden Stämme leben räuberisch. Man sagt den jungen Nomadenkriegern nach, daß sie alle Eindringlinge kastrierten und die getrockneten Genitalien ihren Mädchen als Trophäen zum Zeichen der eigenen Fruchtbarkeit überreichten. Diese Umstände hatten lange alle geplanten Expeditionen verhindert. Auch die schwere Bewaffnung mehrerer Expeditionen um die Jahrhundertwende half da nicht weiter. Die Gewehre weckten die Begehrlichkeit der Einheimischen. Die Expeditionen wurden in Hinterhalte gelockt und ihre Teilnehmer ermordet.

Zu den ersten Forschern, die aus dem Afar-Dreieck lebend zurückkehrten, gehörten die Italiener T. Pastori, G. Rosina und der Brite L. M. Nesbitt, die 1928 gemeinsam eine Expedition unternahmen. Wie hart und widerstandsfähig diese Männer waren, wird deutlich, wenn man erfährt, daß der Leiter der Expedition, T. Pastori, noch als Sechzigjähriger 1943 aus einem britischen Kriegsgefangenenlager in Kenia ausbrach und sich zu Fuß über Tausende von Kilometern durch Ost- und Nordafrika bis an die Mittelmeerküste durchschlug.

Nach den Erkenntnissen der Pastori-Expedition entstanden die ersten Karten des Afar-Dreiecks. Sie waren die Grundlage der Tazieff-Expedition ein halbes Jahrhundert später, der bereits ein Hubschrauber zur Verfügung stand.

Auch Alfred Wegener, der Vater der Theorie von der Kontinentaldrift, hat sich für die Forschungsergebnisse der Pastori-Expedition interessiert. Er wies darauf hin, daß das tiefliegende Afar-Dreieck völlig aus jungem Lavagestein besteht und schloß daraus: „Es scheint ein Gebiet zu sein, das sich zu einem Bruch erweitert, der von Ostafrika nach Norden verläuft und so das Rote Meer bildet. Dieser Gedanke wird vor allem durch den Verlauf der Küstenlinien beiderseits des Meeres suggeriert, dessen ansonsten akkurate Parallelität durch dieses Gebilde gestört wird. Wenn man das Afar-Dreieck herausschneidet, paßt aber auch die entgegengesetzte Ecke von Arabien perfekt in die Lücke."

Wegener hatte recht, konnte aber noch nicht wissen, daß sich der Boden des Afar-Dreiecks, den er in seinen Modellvorstellungen herausschnitt, durch neue ozeanische Kruste gebildet hatte, nachdem die Südwestspitze Ara-

Dieses Satellitenfoto vom Südausgang des Roten Meeres zeigt die Region, in der vor 20 bis 30 Millionen Jahren eine Platte der Erdkruste zerbrach, Arabien abdriftete und so Raum für einen neuen Ozean schuf

biens aus der Ecke herausgebrochen und abgedriftet war.

Während die mittelozeanischen Gebirgsrücken durch die empordrängenden und sich pilzförmig ausbreitenden Magmamassen aufgewölbt werden, entsteht ihr Scheitelgraben durch Dehnung. Das zeigt sich besonders deutlich im Assal-Rift, 70 Kilometer nordwestlich von Djibouti.

Ich flog über den Grund dieses tektonischen Grabens, der hier sechs Kilometer auseinanderklafft und beidseits von Bruchstufen flankiert wird, die wie eine gewaltige Treppe zu den Höhen des mittelozeanischen Gebirges emporführen. Diese Stufen entstanden ähnlich wie die im Rift Valley: Gewaltige Gesteinspakete rutschten hier wie dort durch Dehnung der Erdkruste in den Scheitelgraben ab. Den mit den metallisch glänzenden Schuppen ausgedehnter Lavaschollenfelder bedeckten Grund des Grabens durchziehen zahlreiche tiefe Spalten.

Sie sind ein augenfälliges Zeugnis dafür, daß hier verkrustete Platten auseinanderdriften. Deutlich ist zu erkennen, wie viele dieser Risse im Ozeanboden bereits von nachdrängendem Magma verschlossen wurden. Eine ebenfalls spaltenreiche Aufwölbung, die das Tal in der Mitte auf gesamter Länge durchzieht und von einer Reihe kleiner Vulkane besetzt ist, zeigt, daß sich hier besonders aktiv neue ozeanische Erdkruste bildet. Aus Spalten dieser Aufwölbung sind auf breiter Front Magmaströme nach beiden Seiten herabgeflossen – neuer Ozeanboden, der sich an den auseinanderweichenden Platten anfügt. Die Vulkankegel entstanden punktuell an Stellen, an denen besonders viel Magma emporquoll. Viele waren wie jener, den ich draußen im Meer eben besucht hatte, in zwei Teile geborsten. Sie strebten offensichtlich voneinander fort.

Am Vortage hatte ich vom Flugzeug aus über dieser Zentralspalte des As-

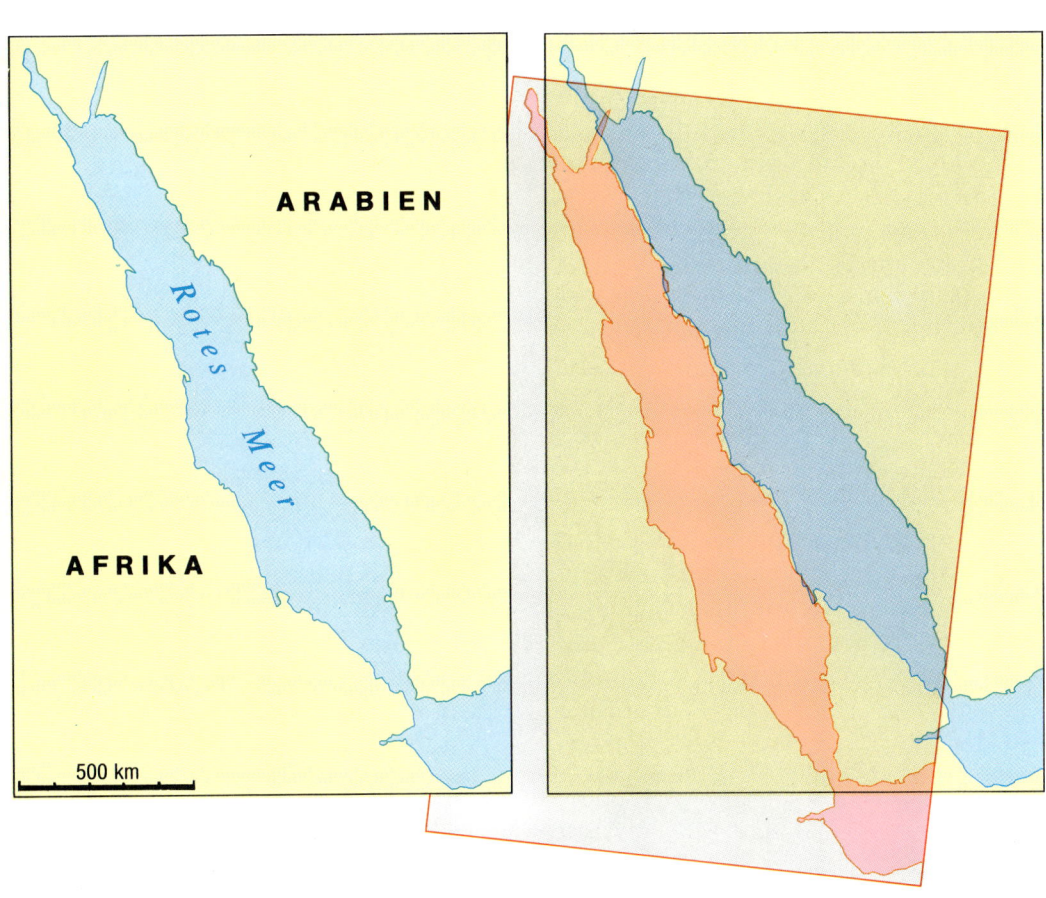

Als junger Ozean hat das Rote Meer noch keine ausgeprägten Schelf-Säume. Die Konturen der sich gegenüberliegenden Küsten passen genau aneinander – ein Beweis dafür, daß hier eine Platte der Erdkruste zerbrach und die Teile auseinanderdrifteten

sal-Rifts eine eigenartige Beobachtung gemacht. Ich sah, wie sich dort eine kleine Gruppe von Menschen mit einem länglichen, weißen Gegenstand durch die Landschaft bewegte. Was mochten sie auf diesem unwirklichen Ozeanboden zu schaffen haben?

Ich hatte mir die Stelle genau gemerkt. Und jetzt, mit dem Hubschrauber, bat ich den Piloten, dort zu landen.

Wir sanken in eine Schicht glühendheißer Luft. Je tiefer, desto schwerer fiel es mir, die Szenerie unter mir zu erfassen und die Höhe zu schätzen, die uns noch vom Ozeangrund trennte. Ich beobachtete, wie der Zeiger des Höhenmessers sank. Schließlich stand er auf Null – aber wir waren noch nicht gelandet. Kontinuierlich setzte er auf diesem Flug zum Ozeanboden seine Anzeige im Minusbereich der Skala fort.

Jetzt erst, als kleine glänzende Schuppen zu riesigen Lavaschollen anwuchsen, als sich kleine Risse und Spalten zu abgrundtiefen Schluchten auftaten, wurde mir bewußt, daß ich aus der Überschau der großen Flughöhe nur abstrakte tektonische Strukturen der Erdkruste betrachtet hatte, für deren Dimensionen meine Sinne keine Erfahrungswerte mehr besaßen.

Noch schwerer als die Einordnung der Landschaft fiel mir die Vorstellung, daß hier noch Menschen leben können. Und doch ist das, wie ich tags zuvor gesehen hatte, der Fall.

Der Druck der Luftsäule, auf der wir schwebten, wirbelte schwarze Vulkanasche auf; kaum merklich setzte der Hubschrauber auf – hundert Meter unter dem Meeresspiegel. Die Hitze war so intensiv, daß sie Angst machte. Diese höllische Temperatur wird nicht etwa, wie man zunächst aufgrund der vulkanischen Szenerie annehmen könnte, durch Energien aus dem Inneren der Erde hervorgerufen, sondern durch die Sonneneinstrahlung. Hier wurden schon Temperaturen von 56 Grad Celsius im Schatten gemessen – aber das ist ein rein theoretischer Wert: Es gibt kaum Schatten. Die Temperaturen können wesentlich höher sein; der Basaltboden heizt sich über 90 Grad auf. Im Afar-Dreieck vermutet man den Hitzepol der Erde.

Am Grunde des Assal-Rifts stand ich hundert Meter unter dem Meeresspiegel. Südöstlich, zur Meeresbucht von Ghoubbet hin, steigt das Terrain auf etwa fünfzig Meter über Normal-Null an. Nur deshalb wird das Rift nicht vom Meerwasser überflutet.

Ich trat an den Rand der Zentralspalte, welche die Aufwölbung inmitten des Rifts durchzieht. Sie war etwa zwei Meter breit. Der harte Schatten zwischen den schwarzen Basaltwänden verbarg mir die Tiefe. Sie erschien mir bodenlos. Hier stand ich am Ort eines höchst aktuellen und dramatischen Geschehens. Diese Spalte hatte sich erst im Jahre 1978 geöffnet. Damals, am 6. Januar, hatten die Instrumente der seismischen Forschungsstation von Arta nahe Djibouti, die normalerweise etwa ein Dutzend Erschütterungen der Erdkruste pro Tag registrierten, 900 Erdstöße innerhalb von nur 24 Stunden aufgezeichnet. Die Daten ergaben, daß der flache Herd der ungewöhnlich starken Aktivität im Assal-Rift lag.

Den Geophysikern der Station bot sich vom Hubschrauber ein einzigartiger Anblick. Sie sahen, wie der Boden des werdenden Ozeans aufriß und 1,80 Meter auseinanderwich. Aus der Spalte quollen stündlich 250000 Kubikmeter Magma, die sich mit einer Geschwindigkeit von 80 Kilometern pro Stunde beiderseits der Spalte ausbreitete. An einer Stelle wuchs vor den Augen der Wissenschaftler ein Vulkankegel mit einer langen, schlitzförmigen Krateröffnung empor.

Am Ende der Aktivitäten, am 14. November, hatten sich den auseinanderweichenden Platten 16 Millionen Kubikmeter neuer ozeanischer Kruste angefügt. Zum erstenmal in der Geschichte der Geologie waren Wissenschaftler damit Augenzeugen geworden, wie zwei Platten der Erdkruste auseinanderweichen und neue ozeanische Erdkruste entsteht. Ganz augenscheinlich waren zuerst die Spalten aufgebrochen und dann das Magma in ihnen aufgestiegen. Das war ein weiterer Hinweis darauf, daß nicht das in die Spalten eindringende Magma die Platten auseinanderdrückt, sondern daß die Platten an ihrer Unterseite durch Konvektionsströme auseinandergezogen werden, wobei sich Risse bilden, die sich dann mit aufsteigender Magma füllen.

Die Geophysiker vermuten die Oberfläche des aufsteigenden Magmapilzes im Assal-Rift so nahe unter der Oberfläche wie an kaum einem anderen Ort der Erde, nämlich in nur wenigen Tausend Metern Tiefe. Dafür spricht auch der im Rift gemessene sogenannte Wärmefluß, also die Eigenwärme, die von der Erde durch ihre Kruste abgestrahlt wird. Während der Mittelwert dieses Wärmeflusses auf dem Grund der Ozeane 1,3 Mikrokalorien pro Quadratzentimeter in der Sekunde beträgt, wurde im Assal-Rift ein Wert von 3,8 gemessen.

Innerhalb weniger Stunden hatten sich die Ränder der arabischen und der afrikanischen Platte um 1,80 Meter voneinander entfernt. Damit schien auch bestätigt, daß die Drift der Kontinente und die Weitung neuer Ozeane zwischen ihnen in kleinen Schüben geschieht. Nur über lange Zeit erscheint dieser Vorgang kontinuierlich. Die durchschnittliche Geschwindigkeit, mit der sich die arabische Platte nach Nordosten bewegt und sich das Rote Meer weitet, hat man mit zwei Zentimetern im Jahr berechnet.

Ich blickte mich näher um. Auf einem kleinen Aschenfeld zwischen zwei großen erstarrten Lavaströmen sah ich die Abdrücke von Kamelhufen – und stapfenweise die von Autoreifen: Sandalen der Eingeborenen, die wohl inzwischen überall auf der Welt ihr Schuhwerk mit Gummi aus alten Autoreifen besohlen. Die Spuren führten direkt zu der Stelle, an der ich am Vortage die Nomaden beobachtet hatte.

Dort machte ich eine unerwartete Entdeckung. Auf einem kleinen Vorsprung an der Innenwand der Spalte,

Die Inseln im Assal-See, dessen Oberfläche 150 Meter unter dem Spiegel der heutigen Meere liegt, erinnern in ihrer Form an Atolle. Es sind mächtige Gipsstöcke, die vom Seegrund pilzförmig an die Oberfläche dringen

269

Diese Aufnahme eines Landsat-Satelliten vom Afar-Dreieck wurde genau über dem Scheitelpunkt der triple junction gemacht, die am Abbé-See liegt. Hier laufen die Bruchstrukturen des ostafrikanischen Rift Valley mit denen des Golfes von Aden und des Roten Meeres zusammen

etwa einen Meter unterhalb des Randes, befand sich ein frisches Grab. Der Leichnam war unter aufgeschichteten Steinen bestattet. Welche tiefen mythologischen Einblicke in die Natur ihrer Heimat läßt die Afars ihre Toten in der Initialspalte eines neuen Ozeans bestatten? In wenigen Jahren wird das Grab von empordrängenden Magmamassen zugedeckt, in Jahrmillionen wird es Bestandteil des tiefen Grundes eines Ozeans sein.

Nach Nordwesten taucht das Assal-Rift unter die mit Salzen gesättigte dickflüssige Lauge des Assal-Sees, dessen Oberfläche 150 Meter unter der des Meeres liegt. Aus dem blauen Gewässer ragen kreisrunde weiße Inseln,

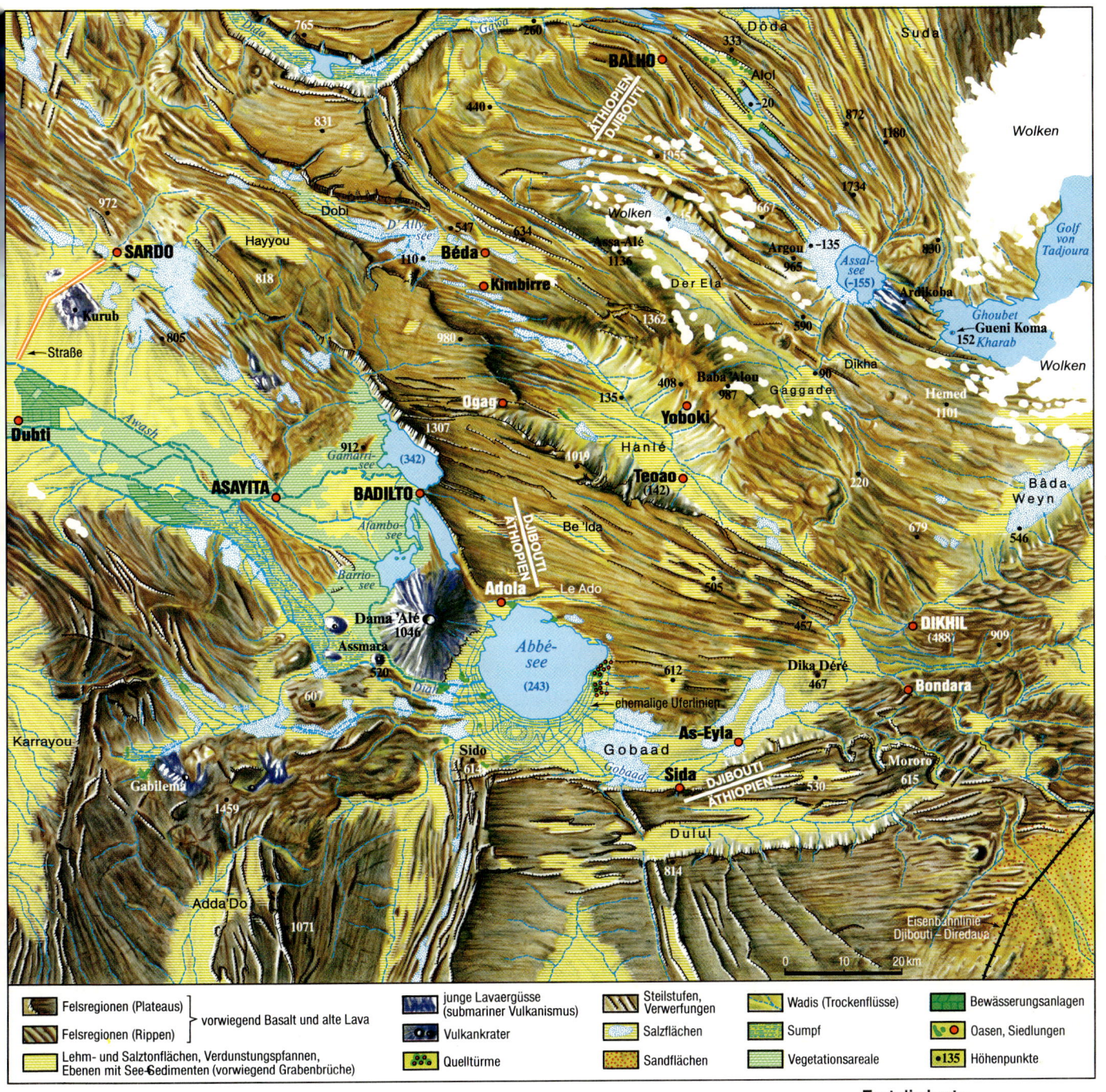

die der Form nach an Atolle erinnern. Es sind mächtige Gipsstöcke, die pilzförmig vom Grunde des Sees an die Oberfläche wachsen.

Im Tiefflug überqueren wir die völlig in silberweiße Salzkristalle erstarrte Westhälfte des Gewässers. Diese Salzwüste, viele Quadratkilometer groß, entstand durch den hier beständig aus östlichen Richtungen wehenden Monsun. In der Gischt der kleinen Brandungswellen und in der heißen Luft kristallisierte das Salz zu einem ständig wachsenden, massiven Ufersaum aus. Das grelle Licht der Sonne, die Reflexionen des Salzes und die unerträgliche Hitze vermischen sich zu einem blendenden Inferno, in dem die Orien-

Erst die kartographische Auswertung der Satellitenaufnahme, auf der Vegetationsflächen rot wiedergegeben werden, erlaubt eine Identifizierung der vielfältigen tektonischen Strukturen der auseinanderweichenden und hier neu entstehenden Erdkruste

tierung schwierig wird. Rechtzeitig vor der drohenden schwarzen Wand der südwestlichen Bruchstufe ließ der Pilot unseren Hubschrauber aus dem Scheitelgraben emporsteigen. Mit jeder Ziffer, die der Zeiger des Höhenmessers erkletterte, nahm die Temperatur ab.

Auf den treppenähnlichen Absätzen zwischen den einzelnen Gesteinspaketen, genau auf der Linie der tiefen Brüche, die sie trennen, ragen in langer Reihe eigenartige, stalagmitenförmige Gebilde zehn bis zwanzig Meter hoch auf. Sie erinnerten mich an schlanke Flaschen, die vom Wachs aufgepfropfter Kerzen überzogen sind.

Der Pilot ließ den Hubschrauber in der Luft stehen, damit ich die Gebilde betrachten konnte, denn eine Landung in diesem rauhen Gelände ist unmöglich. Ich erkannte, wie aus der Spitze der Türme Flüssigkeit sickerte. Diese merkwürdigen Formationen waren erst kürzlich von Geologen entdeckt worden. Es sind heiße Quellen, deren Wasser mit Mineralien angereichert ist. Sobald es aus den Spalten hervortritt, verdunstet es schnell. Die Mineralien kristallisieren aus und bilden die hohen Türme.

Dieses Quellwasser hat wahrscheinlich eine lange, vielleicht Jahrtausende während Wanderung durch die Gesteine der Erdkruste hinter sich, wo es Mineralien herauslöste. Es stammt vielleicht von den hohen, regenreichen Plateaus des Jemen, Somalias und Äthiopiens, die von den Magmamassen emporgewölbt wurden; damit brach im Scheitelpunkt der Aufdomung jene triple junction des Afar-Dreiecks auf, über deren Entstehung ich im 3. Kapitel ausführlich berichtete.

Welche Rolle dieses Wasser, das bis zu 70 Kilometer tief in die Erdkruste

Im ausgetrockneten Abbé-Salzsee zeichnen lange Reihen bis zu 20 Meter hoher tropfsteinförmiger Türme die Bruchstrukturen der Erdkruste nach. Sie entstanden durch die Ausscheidungen heißer Mineralquellen. Um ihre Basis haben sich grüne Oasen aus Schilf und anderen Pflanzen in einer sonst lebensfeindlichen Landschaft gebildet

eindringt, bei der Drift der Erdkrustenplatten spielt, muß erst noch erforscht werden. Es gibt gute Gründe für die Annahme, daß die Kraft der Konvektionsströme allein als Antrieb für die Drift der Kontinente und die Geburt von Ozeanen nicht ausreicht. Geologen vermuten, daß dieses Tiefenwasser unter hohem Druck und unter hohen Temperaturen zwischen der Erdkruste und der Asthenosphäre sozusagen als Gleitmittel eine entscheidende Rolle spielt.

Wie das funktioniert, wissen die Forscher noch nicht genau. Vielleicht ist es ein Effekt wie das Aquaplaning: Hierbei entsteht auf regennasser Straße zwischen dem Boden und den Reifen ein Wasserfilm, der die Bodenhaftung des Autos aufhebt.

Wir flogen über eine Region des Afar-Dreiecks, deren ozeanischer Grund viele Hundert Meter über den heutigen Meeresspiegel emporgedrückt wurde, und landeten in einem Camp, um den Hubschrauber zu betanken. Das Camp gehört zu den Versorgungsbasen einer Forschungsbohrung, an deren Turm wir kurz darauf vorbeiflogen. Das Gerät und die klimatisierten Wohncontainer sahen in dieser Landschaft aus wie die Kolonie einer wissenschaftlichen Expedition auf dem Mond.

Die Geophysiker hoffen, mit dieser Bohrung die unter der ozeanischen Kruste vermutete heiße Druckwasserschicht zu erreichen. Außer dem wissenschaftlichen Aspekt hat die Bohrung auch eine unabsehbare wirtschaftliche Bedeutung. Gebändigt, könnte das superheiße Wasser riesige Dampfturbinen antreiben, mit denen konkurrenzlos billig Millionen Kilowatt elektrischer Strom erzeugt werden. Haroun Tazieff hat denn auch

schon die Vision eines riesigen Industriezentrums für die ganze Welt am Rande des Afar-Dreiecks.

Auf unserem Flug weiter nach Osten überquerten wir unzählige Bruchstufen. Aus großer Höhe erkannte ich, wie diese tektonischen Linien vom Assal-Rift mehr und mehr auf die Linie des Roten Meeres einbiegen. Die Ansicht forschender Geologen, daß nämlich die Bruchstrukturen des Carlsberg-Rückens im Golf von Aden mit dem Grabenbruch des Roten Meeres durch das Afar-Dreieck in Verbindung stehen, wird hier anschaulich.

Während vor uns am Horizont der Abbé-See auftauchte, mündeten aus südlicher Richtung neue Bruchlinien in das Afar-Dreieck ein. Es sind die Ausläufer des ostafrikanischen Rift Valley, das neben dem Roten Meer und dem Golf von Aden den dritten Arm der gewaltigen triple junction bildet. Ihr Scheitelpunkt liegt unter der alkalischen Lauge des Abbé-Sees und seinen Ablagerungen verborgen. Das einzige, was die Bruchstrukturen sichtbar nachzeichnet, sind die Salztürme der heißen Mineralquellen, die aus dem See herausgewachsen sind. Der Abbé-See hat einen sehr niedrigen Wasserstand, und riesige, mit Quelltürmen übersäte Flächen liegen ganz trocken. Um die Basis der Quellen haben sich grüne Oasen aus Schilf und anderen Pflanzen inmitten einer sonst extrem lebensfeindlichen Landschaft gebildet. Auch die kilometerlangen Reihen dieser Quelltürme folgen der gebogenen Linie vom Golf von Aden zum Roten Meer.

Es ist noch nicht genau erforscht, wie der noch kontinentale Arm dieser triple junction, nämlich das Rift Valley, mit den zwei bereits ozeanisierten Armen im Untergrund des Afar-Dreiecks zusammentrifft. Das gegenwärtige Entwicklungsstadium spricht für die bereits beschriebene Hypothese, daß sich meistens nur zwei Arme einer triple junction zu Ozeanen weiten, der dritte Arm aber inaktiv wird und schließlich abstirbt.

Wenn das stimmt, wären die heutigen Aktivitäten im Rift Valley nur ein letzter Nachklang der Ereignisse, die vor 20 bis 30 Millionen Jahren zur Abspaltung und Abdrift der arabischen Platte führten und das Rote Meer sowie den Golf von Aden entstehen ließen.

Als wir mit dem Hubschrauber am Abbé-See die äthiopische Grenzlinie erreichten, mußten wir abdrehen. Zwar wäre ich gern auch in den geologisch interessanten Nordteil des Afar-Dreiecks geflogen, aber abgesehen von der politischen Barriere der Grenze hätte der Aktionsradius des Hubschraubers für eine derartige Exkursion nicht ausgereicht. Wie das Assal-Rift, liegt auch jene Region teilweise unter dem Spiegel des Roten Meeres und ist ebenfalls vulkanisch sehr aktiv.

Der tätigste Vulkan der Gegend ist der Erta Ale, der fast unausgesetzt neue ozeanische Kruste produziert. Im Gegensatz zu den gewöhnlich runden Kratern von Vulkanen quillt beim Erta Ale das Magma aus einer länglichen Öffnung hervor, die wie alle anderen Risse und Spalten der Region zur Achse des Roten Meeres ausgerichtet ist. Die chemische Zusammensetzung des Basaltmagmas ist typisch für jene der mittelozeanischen Gebirgsrücken.

Haroun Tazieff fand zahlreiche Beweise dafür, daß zumindest die Nordregion des Afar-Dreiecks noch vor zehntausend Jahren vom Meer überflutet war und als Teil des Roten Meeres betrachtet werden muß. Mehr als tausend Meter dicke Evaporitschichten, teilweise großflächig überflutet von Magmaströmen, hatten sich als Verdunstungsrückstände auf dem Grund der Senke abgelagert, während das Meer zwei Millionen Jahre lang immer wieder vorstieß und sich zurückzog. Ein Mitarbeiter Tazieffs fand eine von Meeresmuscheln verkrustete Steinaxt, deren Alter auf 200 000 Jahre geschätzt wurde. Die überzeugendsten Beweise dafür, daß das Afar-Dreieck einst von Meerwasser überflutet war, sind jedoch Korallenriffe und eigenartige abgeplattete Vulkankegel, wie man sie sonst nur in den Tiefen der Ozeane findet.

Die Forscher nahmen zunächst an, daß die abgeflachte Form dieser „Guyots" durch die Brandung entstanden war, als die Vulkankegel unter die Wasseroberfläche sanken, weil der Boden nachgab oder der Meeresspiegel stieg. Heute erklärt man sich die Entstehung der sonderbaren Formen jedoch durch die explosive Reaktion beim Kontakt glutflüssigen Magmas mit kaltem Wasser, wobei Lavafetzen weitflächig verstreut werden. Als die Forscher nämlich begannen, sich mit diesen eigenartigen Formen näher zu beschäftigen, fanden sie, daß die Vulkankegel aus Trümmern vulkanischen Glases bestehen, wie es sich auch bei Hawaii, Island und den Azoren beim Kontakt glutflüssigen Magmas mit Meerwasser bildet.

Die eigenartig abgeplattete Form der Vulkankegel im Afar-Dreieck erklärt sich durch ihre unterseeische Entstehung. Dort kommt es beim Kontakt der glutflüssigen Lava mit dem Wasser zu explosionsartigen Reaktionen, welche die Lavamassen zerfetzen und weitflächig zerstreuen. Dabei entsteht vulkanisches Glas in den Kegelstümpfen der Vulkane

Am Ende seiner Expedition resümierte Haroun Tazieff, daß es lediglich eine vorübergehende Phase in der Entwicklung dieses jungen Ozeans ist, wenn das Afar-Dreieck gegenwärtig nicht von Meerwasser überflutet wird.

Das Trockenfallen des Afar-Dreiecks wurde wahrscheinlich dadurch verursacht, daß sich der sogenannte Danakil-Block drehte, und zwar entgegen dem Uhrzeigersinn. Dieser Block ist ein kontinentales Splitterstück, von den Geologen auch als Mikroplatte bezeichnet, das bei der Abdrift Arabiens auf halbem Wege zurückblieb. Wie ein natürlicher, bis zu 2000 Meter hoher, 600 Kilometer langer und durchschnittlich 70 Kilometer breiter Deich riegelt es das Afar-Dreieck gegen das Rote Meer und den Golf von Aden ab. Die schmalen Verbindungen südöstlich am Assal-Rift zum Golf von Aden und nördlich über den Zula-Golf zum Roten Meer wurden durch Hebungen des mittelozeanischen Scheitelgrabens unterbrochen.

Mit diesem kleinen kontinentalen Puzzlestück, das sich überaus kompliziert aus einem Über- und Nebeneinander kontinentalen und ozeanischen Gesteinsmaterials aufbaut, verbinden sich für die Geologen noch viele Fragen. Wahrscheinlich hängt das Stück an seinem Südende noch mit der arabischen Platte zusammen, und dort liegt dann auch sein Drehpunkt. Offenbar stellt aber nicht die flache Enge von Bab el Mandeb am Eingang des Roten Meeres die Plattengrenze zwischen Arabien und Afrika dar, sondern sie verläuft, wie beschrieben, durch den Golf von Tadjoura und das Afar-Dreieck zwischen Afrika und dem Danakil-Block. Die Existenz dieser Mikroplatte der Erdkruste und ihre Drehung nach Westen hängt damit zusammen, daß die Achse des Afar-Grabens und die Zentralachse des Roten Meer-Grabens, die kurz vor der Straße von Bab el Mandeb endet, parallel zueinander verlaufen. Beide Gräben, die Ozeanboden produzieren, sind im Norden des Afar-Dreiecks etwa bei der Hafenstadt Massawa bislang nur durch einen quer verlaufenden Bruch verbunden. Den Danakil-Block dazwischen kann man als Keil ansehen, der durch seine Masse die Bruchlinien der Erdkruste ablenkt und zwei neue Bruchlinien entstehen ließ — oder auch als Splitter, der von den zwei sich weitenden Bruchsystemen um seinen Drehpunkt am Südende hin- und hergetrieben wird. Erst die erdgeschichtliche Zukunft wird zeigen, welche der beiden Bruchlinien sich letztlich durchsetzen wird.

Auf unserem Flug zurück nach Djibouti, als ich mich an den sonderbaren geologischen Strukturen sattgesehen hatte, fiel mir auf, daß der junge Ozeanboden des Afar-Dreiecks übersät ist mit Spuren verlassener Siedlungen: Steinkrale ohne Dächer. Dazwischen liegen häufig Grabanlagen, die ihrer Bauweise nach einer steinzeitlichen Kultur entstammen. An vielen Stellen des Rift Valley, besonders am Ostufer des Rudolf-Sees, und neuerdings auch im Afar-Dreieck wurden in vulkanischen Aschenablagerungen zahlreiche Werkzeuge, Knochen, ja selbst Fußspuren unserer fernsten, noch affenähnlichen Vorfahren entdeckt. Die Datierung dieser vormenschlichen Reste geht inzwischen bis nahe an drei Millionen Jahre zurück. Schon unsere Vorfahren müssen, wie wir heute, Augenzeugen der Entstehung eines Ozeans gewesen sein. Es ist für mich eine der faszinierendsten Fragen, ob und wie die Geburt von Ozeanen auf die Entwicklung des Menschen eingewirkt hat.

Als wir das Assal-Rift überflogen, erklärte sich der Pilot bereit, auf dem sonst unzugänglichen Danakil-Block für 30 Minuten zu landen. Wir schwebten vom Assal-Rift an senkrechten

Wänden und Schluchten zwei Kilometer empor. Noch schweißnaß von der Glut unter mir, begann ich plötzlich zu frieren.

Wir landeten auf einer kleinen Lichtung in dichtem Urwald. Ich hörte Vögel singen, sah bunte Schmetterlinge und glaubte zu träumen. Verwirrt ging ich in der kalten Höhenluft etwa hundert Meter durch einen bizarren Wald mit alten, knorrigen Bäumen und trat vorsichtig an den Rand eines tiefen Abgrunds. Nun blickte ich von der hohen Kante einer kontinentalen Platte direkt auf den Grund eines Ozeans — in das Assal-Rift 2000 Meter unter mir.

Der Urwald ist nur drei Qudratkilometer groß. Er verdankt seine Existenz den dichten Wolkenmassen, die das hohe Südende des Danakil-Blocks oft einhüllen. Kurz vor meinem Besuch war er von französischen Botanikern und Zoologen erstmals untersucht worden; sie entdeckten, wie erwartet, endemische Tier- und Pflanzenarten, also solche, die nur an diesem Ort vorkommen. Geologen schätzen, daß der Danakil-Block seit mindestens zwei Millionen Jahren isoliert ist. Das mußte zwangsläufig dazu führen, daß viele der Pflanzen- und Tierarten nach dem Ablegen dieser geologischen Arche Noah vom afrikanischen Mutterkontinent sich zu neuen Spezies entwickelten. Jener kleine Urwald wird sicherlich zu einer Art Wallfahrtsort für Biologen aus aller Welt werden; wie der Vater der Evolutionslehre, Charles Darwin, auf den isolierten Galapagos-Inseln im Pazifik, werden sie hier aufschlußreiche Studien über die Entstehung neuer Arten betreiben können.

Geologisch gesehen, liegt der Danakil-Block als Insel im Roten Meer. Dieses 2300 Kilometer lange und an seiner breitesten Stelle 350 Kilometer weite Meer ist die schlitzartige Öffnung eines in der Gegenwart entstehenden Ozeans. Aus einer Kette derartiger Schlitze muß auch der junge Atlantik vor etwa 170 bis 200 Millionen Jahren bestanden haben. Da das von Wüsten umschlossene Rote Meer kaum Süßwasserzuflüsse hat und jährlich eine Wasserschicht von zwei Metern seiner Oberfläche verdunstet, ist sein Salzgehalt wesentlich höher als der in den großen offenen Ozeanen.

Das Profil des Roten Meeres liefert ein einfaches Bild. Es zeigt einen breiten, ebenen, stellenweise von zahlreichen Korallenriffen besetzten Schelf, der in der Längsrichtung von einem tiefen, etwa 80 Kilometer breiten Trog geteilt wird. Der Grund dieses Trogs wird von einem cañonartigen, etwa 25

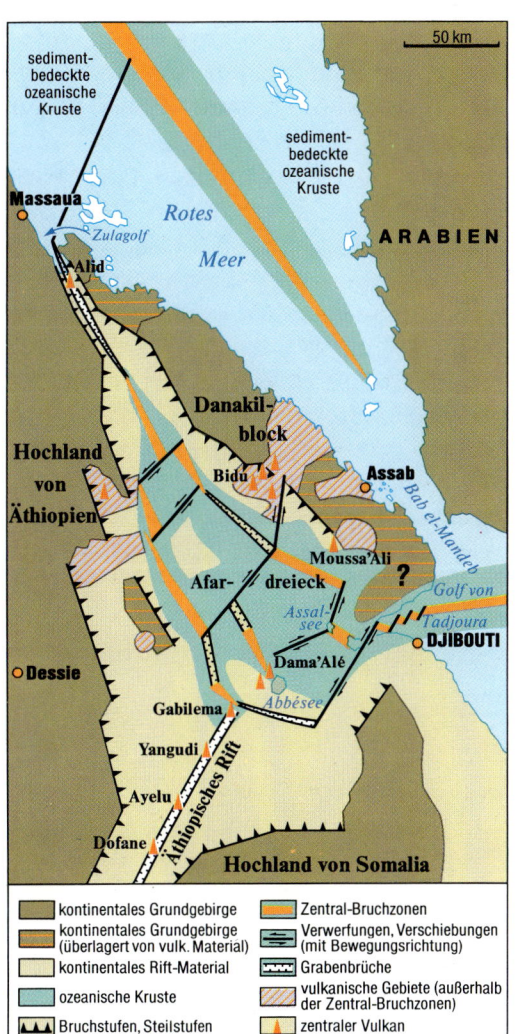

Die kontinentale Plattengrenze zwischen Arabien und Afrika verläuft offenbar nicht durch die Meerenge von Bab el Mandeb, sondern durch den Golf von Tadjoura und das Afar-Dreieck in Richtung auf die Hafenstadt Massaua. Der Danakil-Block, der den Ozeanboden des Afar-Dreiecks wie ein natürlicher Deich gegen das Rote Meer abriegelt, ist ein kontinentales Splitterstück, das nach der Abdrift Arabiens auf halbem Wege zurückblieb

Kilometer breiten Spaltental durchzogen, das bis in Tiefen von fast 3000 Metern abstürzt. Diese Zentralgräben des Roten Meeres sind durch die Ausbreitung neuer ozeanischer Erdkruste entstanden.

Unterwasseraufnahmen des Tiefseebodens zeigen alle Attribute des sea floor spreading: tiefe Spalten und Risse sowie junge Basaltströme mit der für Tiefseevulkanismus so typischen kissenförmigen Struktur. Die für die großen und älteren Ozeane typischen Gebirgsrücken beiderseits des Scheitelgrabens fehlen im Roten Meer jedoch. Wahrscheinlich reicht die Ausdehnung dieses jungen Ozeans dafür noch nicht aus.

Bis in unsere Tage waren die Geologen noch uneins, ob es sich bei den breiten Schelfsäumen des Roten Meeres wie in den anderen Weltmeeren um überflutete Kontinentalsockel handelt und nur die Zentralgräben sich durch Ausweitung des Ozeanbodens öffneten, oder ob die gesamte Breite dieses Meeres durch Weitung entstand. Diese Unklarheit wirkt erstaunlich, wenn man sich vor Augen hält, daß die sich gegenüberliegenden Küstenkonturen dieses Meeres so perfekt aneinanderpassen wie nirgendwo sonst auf der

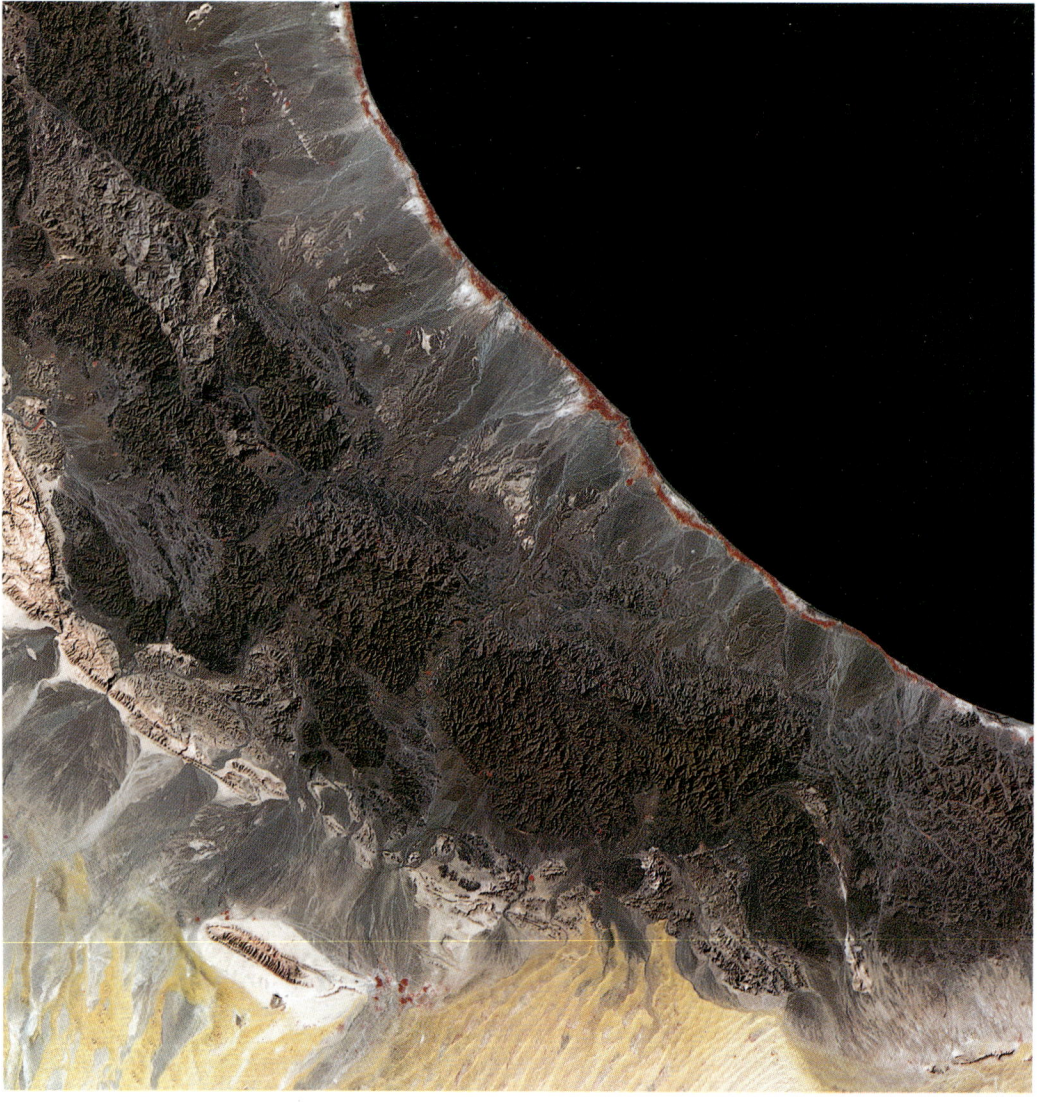

Auf der 180 Kilometer im Quadrat abdeckenden Aufnahme eines Landsat-Satelliten von Oman ist ein Stück basaltischer ozeanischer Erdkruste an seiner schwarzen Färbung zu erkennen. Dieser ehemalige Boden des Persischen Golfes wurde durch die Nordost-Drift Arabiens auf die kontinentale Platte geschoben

Erde – wenn man berücksichtigt, daß die arabische Platte nach Nordosten abdriftet. Bohrungen des Forschungsschiffes „Glomar Challenger" brachten schließlich Klarheit. Sie zeigten, daß der Meeresboden beiderseits der Zentralgräben nicht deshalb bescheidene Tiefen aufweisen, weil sie den flachen Rand von Kontinenten darstellen, sondern weil der Grund des Meeres von enorm dicken Ablagerungen bedeckt ist. Unter einer Oberschicht junger, weicher Sedimente drang der Bohrkopf in mächtige, harte Salz- und Anhydritschichten ein, die sich vor fünf Millionen Jahren durch starke Verdunstung im flachen Wasser abgelagert hatten. Darunter aber liegt basaltische Ozeankruste. Jene Schichten fehlen im Zentralgraben völlig. Das bewies nicht nur das junge Alter des Zentralgrabens, sondern auch, daß es bei der Öffnung dieses Ozeans eine lange Pause gegeben haben muß, während der das Rote Meer völlig austrocknete und die Salzablagerungen zurückblieben.

Die Austrocknung kann dadurch verursacht worden sein, daß sich die nur 120 Meter unter dem Meeresspiegel liegenden Schwelle von Bab el Mandeb zeitweise gehoben oder das Schleusentor des rotierenden Danakil-Blocks, der in der Gegenwart das Afar-Dreieck abschottet, sich zur anderen Seite geschlossen hat. In beiden Fällen wäre der Zustrom von Wasser aus den Weltmeeren in das Verdunstungsbecken des Roten Meeres unterbrochen gewesen. Während die erste Ausbreitungsphase, das Auseinanderbrechen von Afrika und Arabien, vor etwa 30 Millionen Jahren einsetzte, zeigt das in den Basaltströmen am Grunde der Zentralspalte bewahrte Muster magnetischer Streifung, daß die Verbreiterung vor zwei Millionen Jahren nach erneuter Überflutung wieder begann und seither mit einem Jahresdurchschnitt von zwei Zentimetern andauert.

Aber das Rote Meer kann sich nicht grenzenlos ausdehnen. Nie wird es so breit wie der Atlantik werden. Dafür ist nicht genügend Raum vorhanden. Die nach Nordosten driftende arabische Platte, die im Zentralgraben des Roten Meeres laufend Zuwachs erhält, schiebt die Reste eines alten, tektonisch abgestorbenen Ozeans, den Persischen Golf, zusammen. Der Boden des Persischen Golfes kehrt dabei in die Asthenosphäre zurück, indem er unter die asiatische Platte gedrückt wird. Beim Abtauchen staucht er den Rand der asiatischen Platte zusammen.

Oberirdisches Anzeichen dieses Vorgangs sind die Ketten des Zagrosgebirges im Iran und die dort häufigen verheerenden Erdbeben. Zugleich werden auch die mächtigen Sedimentschichten gefaltet, die sich während langer Zeit auf dem Boden des Persischen Golfes ablagerten. Da sie spezifisch zu leicht sind, um zusammen mit dem schweren basaltischen Ozeanboden in der Asthenosphäre zu versinken, stauchen sie sich im Untergrund zu Füßen des Zagrosgebirges auf. Die in ihnen enthaltenen Salzablagerungen werden zu mächtigen Domen emporgepreßt. Sie bilden undurchlässige Schichten, unter denen sich das ebenfalls in den Sedimenten enthaltene Erdöl sammelt.

In etwa zehn Millionen Jahren wird die fortdauernde Abdrift der arabischen Platte den Persischen Golf völlig geschlossen haben. Wie in der Gegenwart Indien, so wird auch die arabische Platte dann noch ein Stück in Asien hineinrammen, bis ihre Bewegungsenergie erschöpft ist. Die Schweißnaht dieses kontinentalen Zusammenstoßes wird ein hohes Faltengebirge sein.

Die Geburt eines neuen Ozeans, des Roten Meeres, bedingt nicht nur den Tod eines alten, sondern wir verdanken ihr auch die größten Erdöllager der Erde.

 # Leben in tiefer Finsternis

*Mit Tauchbooten fahren Wissenschaftler in die Tiefsee
zum mittelozeanischen Gebirgssystem und seinen Scheitelgräben. In diesen
Initialspalten der ozeanischen Geburt beobachteten sie die Entstehung
unermeßlicher Erzvorräte. Und sie entdeckten Lebensgemeinschaften,
die sich vom Sonnenlicht unabhängig gemacht haben*

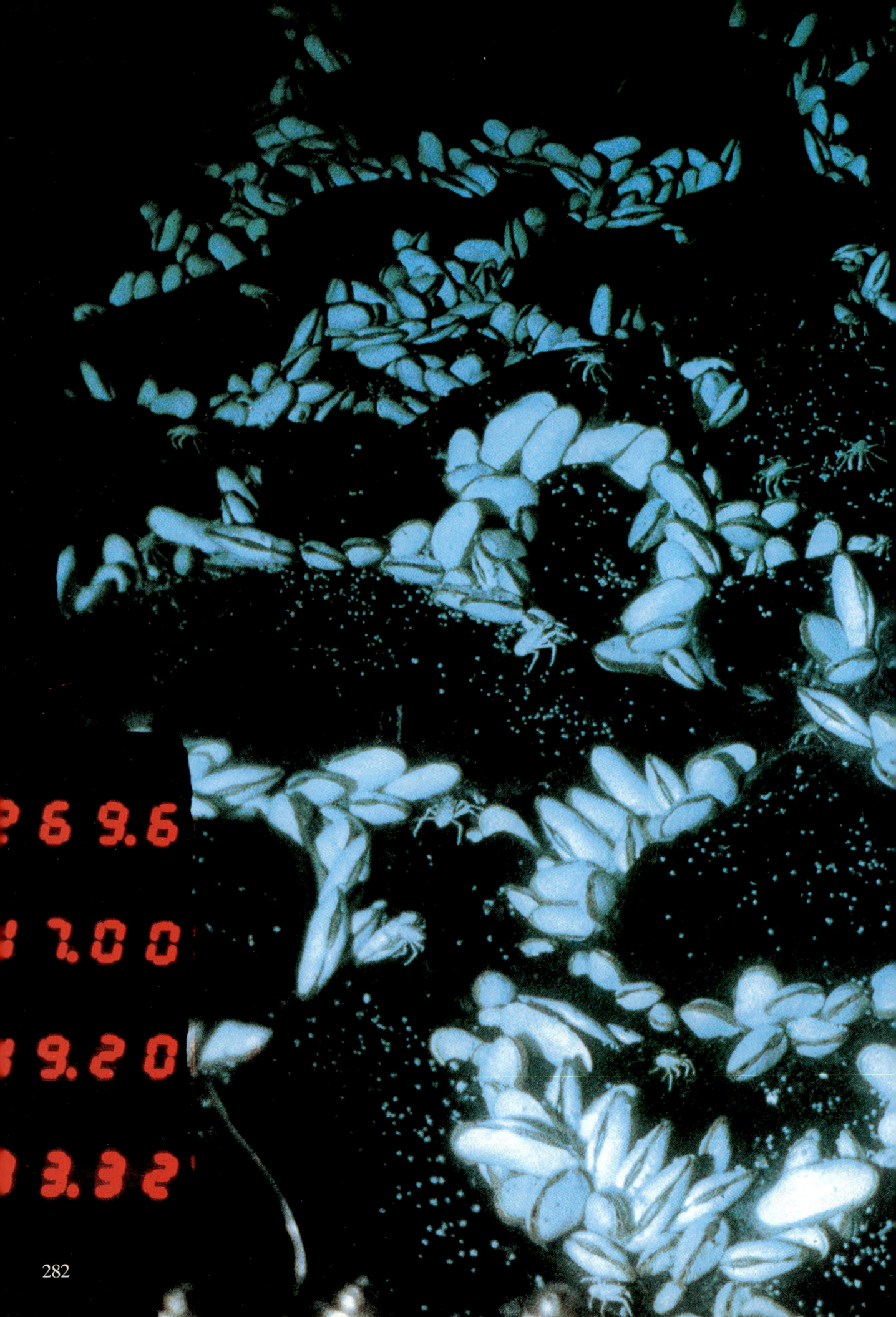

Fast drei Kilometer unter der Oberfläche des Pazifik leuchten Kolonien weißer Muscheln, die sich zwischen den kissenähnlichen Basaltbuckeln angesiedelt haben, im Scheinwerferlicht des amerikanischen Tiefseeforschungsbootes „Alvin". Die roten Zahlen links unten sind Angaben über Tauchtiefe, Höhe über dem Grund, Datum und Uhrzeit, die automatisch in jede Aufnahme eingeblendet werden

Aus Basaltkaminen, die in der Tiefe des Pazifik bis zu 15 Meter aufragen, quellen düstere Wolken. Es sind im heißen Wasser gelöste chemische Verbindungen von Schwefel und Metallen, die sich ringsum absetzen und neue Erzlager bilden. Die Kamine und die aus ihren Rissen emporgedrungene, durch Abkühlung geformte Kissenlava sind von eigentümlichen Lebensformen besiedelt. Einige sehen aus wie Spaghetti — es sind meterlange Eichelwürmer

Eine geisterhafte Erscheinung — mehr als ein Meter lang und wie mit aufgestellten Ohren. Biologen identifizierten sie später als einen Kraken, der seine Fangarme zusammengelegt hatte und mit ohrenartigen Flossen manövrierte. Das Wasser, das im Licht der Scheinwerfer milchig aus Rissen in der Lava quillt, wird durch Schwefelteilchen getrübt

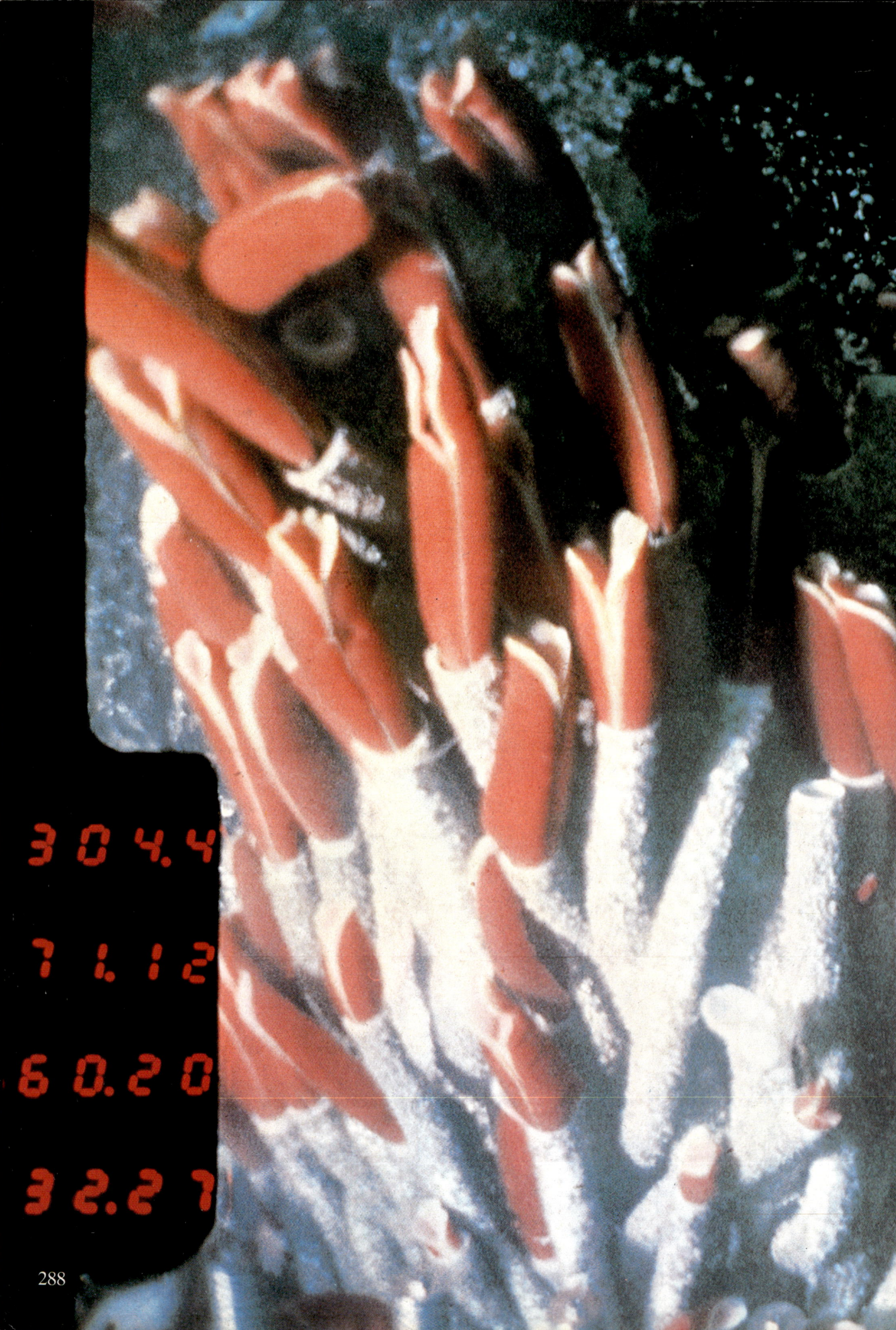

Röhrenwürmer mit roten Spitzen, mehr als zwei Meter lang, und bleiche Krebse gedeihen in dem warmen Wasser, das in mehreren tausend Metern Tiefe im Pazifischen Ozean aus der Erdkruste quillt. Alle diese Tiere haben sich von der Sonne unabhängig gemacht, deren Energie für ihre Verwandten in den oberen Wasserschichten unentbehrlich ist. Grundlage aller Nahrungsketten in diesen Oasen inmitten der sonst lebensfeindlichen Tiefsee sind Schwefelbakterien

Als Wissenschaftler am Ende der sechziger Jahre die Ausdehnung und Bedeutung der mittelozeanischen Gebirgssysteme mit ihren Scheitelgräben zu erkennen begannen, träumten sie davon, selbst in die Initialspalten der ozeanischen Geburt bis zu 3000 Meter tief hinabzutauchen, um mit eigenen Augen zu sehen, wie sich ständig neue ozeanische Erdkruste bildet. Fotos von Tiefseekameras und Gesteinsproben, die mit automatischen Greifern heraufgeholt wurden, bewiesen zwar eindeutig ihre vulkanische Natur. Aber die von Forschungsschiffen an langen Seilen zum Grund der Ozeane hinabgelassenen Gerätschaften waren oft nur sehr bedingt einsatzfähig. Weite Teile der chaotischen Tiefseelandschaft, die engen Spalten, Risse und die Vulkanschlote selbst waren ihnen unzugänglich. Die Geräte verhakten sich, Schleppseile rissen und die teuren Forschungswerkzeuge gingen verloren.

Der optischen Fernerkundung mit Foto- und Fernsehkameras sind außerdem durch die ewige Finsternis am Grunde der Ozeane enge Grenzen gesetzt. Lampen können im Vergleich zur Ausdehnung der geologischen Phänomene immer nur einen winzigen Fleck erhellen. So läßt sich die Unterwasserfotografie hauptsächlich für die Beobachtung von Einzelheiten einsetzen; ein Gesamtbild der Tiefseelandschaft war damit nicht zu bekommen.

Die Faktoren, welche die Ausbreitung von Lichtwellen im Wasser behindern, lassen aber Schallwellen ungehindert passieren. Deshalb wurden für eine großräumige Erkundung des Ozeanbodens Geräte entwickelt, die auf der Aus- und Zurückstrahlung von Schallwellen beruhen. Nachdem mit Hilfe dieser Echolote weltweit das System der mittelozeanischen Gebirgsrücken und ihrer Scheitelgräben aufgezeichnet worden war, wurden nach dem gleichen Prinzip arbeitende Seitensonarsonden an den Gebirgsrücken entlang und durch die Scheitelgräben gezogen. Mit Hilfe der seitwärts ausgesendeten Impulse „sahen" die Wissenschaftler diese Regionen der Erdkruste zum erstenmal aus einer anderen Perspektive. Inzwischen kann man bereits Flächenechogramme von weiten Gebieten des Ozeanbodens anfertigen, deren Aussagekraft die von Fotografien erreichen. Ein solches Flächenechogramm gibt die von den Signalen nicht direkt erreichten Bereiche des Meeresbodens als akustischen Schatten wieder. Dadurch erhalten die Forscher ein dreidimensionales Abbild des Ozeanbodens.

Der Wunsch der Geologen aber, in ganz junge, gerade entstandene ozeanische Erdkruste auf dem Grund der nur zehn bis 15 Kilometer breiten Scheitelgräben der mittelozeanischen Gebirgszüge hineinzubohren, blieb zunächst unerfüllt. Ohne den führenden Halt von mindestens 50 Meter dicken, jungen Sedimenten rutschte der Bohrkopf des Bohrschiffes „Glomar Challenger" auf dem blanken Basaltgestein immer wieder ab. Bohrungen waren daher nur auf gealterter, bereits von Sedimenten bedeckter Ozeanbodenkruste möglich, die schon vom heißen Ort ihres Ursprungs beiderseits weggedriftet war.

In der Scheitelgrabenregion vollzogen sich rätselhafte Vorgänge, deren Natur von der Meeresoberfläche aus allein durch Methoden der unbemannten geologischen Fernerkundung nicht zu entschlüsseln war. Sie nährte nicht nur die wissenschaftliche Neugier, vielmehr schien, was die Meßdaten zeigten, auch eine immense wirtschaftliche Bedeutung zu besitzen.

Im Jahre 1964 blickten die Wissenschaftler an Bord des britischen Forschungsschiffes „Discovery" gespannt auf ihre Meßgeräte. Die Wasserproben, die sie mehr als 2000 Meter tief aus dem Zentralgraben des Roten Meeres heraufbefördert hatten, waren selbst für dieses Meer zu warm und zu salzig. Das 44 Grad Celsius warme Wasser enthielt 256 Promille Salz, im Gegensatz zu dem Oberflächenwasser des Roten Meeres, das mit 38 Promille ohnehin ungewöhnlich salzig ist. Daß das Wasser des Roten Meeres umso wärmer und salziger wurde, je tiefer man es entnahm, war durch andere Forschungsschiffe schon seit langem bekannt. Bevor das neue, revolutionäre Weltbild der Plattentektonik entwickelt wurde, hatten manche sich das Phänomen damit zu erklären versucht, daß Wasser in seichten Küstenregionen durch Sonneneinstrahlung erhitzt wird, sich aufgrund von Verdunstung mit Salz anreichert, um dann durch seine gestiegene Dichte und Schwere abzusinken und in der Zentralrinne eine tiefliegende, heiße, salzige Schicht zu bilden.

Die Wissenschaftler auf der „Discovery" glaubten nicht mehr an diese alte Erklärung. Temperaturmessungen nahe der Stelle, an der sie ihre Wasserproben entnahmen, zeigten, daß der Wärmefluß – also der Hitzestrom aus der Asthenosphäre – hier größer war als an jeder anderen Stelle des Grundes. Während man sich die hohen Wassertemperaturen leicht mit vulkanischen Aktivitäten im Zentralgraben erklären konnte, blieben die Ursachen des hohen Salzgehaltes zunächst unbekannt. Chemische Analysen ergaben, daß das Salz keinesfalls aus den Sedimenten stammen konnte, welche die Zentralrinne des Meeres flankieren und entstanden waren, als das Rote Meer vor fünf Millionen Jahren völlig austrocknete. Das Salz in den Wasserproben mußte sich durch irgendeinen anderen Vorgang am tiefsten Grunde des Meeres angereichert haben.

Als ein Jahr nach den Messungen der „Discovery" das amerikanische Forschungsschiff „Atlantis II" in der Nähe des nach der „Discovery" benannten Tiefs ebenfalls Wasserproben entnahm, entdeckte man eine noch heißere und salzigere Wasserschicht. Sensationell war, daß das Wasser dieser Schicht viel mehr gelöste Metalle enthielt als normalerweise Meerwasser. So war der Gehalt an Eisen 5000mal, der von Mangan 25000mal und der von Blei 30000mal so hoch. Der Sedimentschlamm, den man dann mit hohlen Sonden aus der Tiefe förderte, war so heiß, daß man ihn nicht anfassen konnte. Er bestand aus einer Abfolge von bunten Metallverbindungen: Eisen-, Mangan-, Zink- und Kupferoxide sowie Sulfide.

Die Wissenschaftler verschiedener Forschungsschiffe ließen das neue „Atlantis II-Tief" nicht mehr aus den Augen. Es stellte sich heraus, daß Tempe-

Hohlbohrer, die in den Schlamm am tiefsten Grund des Roten Meeres getrieben wurden, förderten diese Bohrkerne zutage. Die Farbunterschiede lassen erkennen, daß sich nacheinander Metallverbindungen sehr unterschiedlicher Zusammensetzung abgelagert haben. Goldgelb zeigt sich das nach dem deutschen Dichter Goethe, der auch ein Naturwissenschaftler war, benannte Eisenhydroxid Goethit, rostbraun sind die Mischsedimente aus Silikaten, grauschwarz schließlich die Manganoxide

ratur, Metallgehalt und Gesamtvolumen der Tiefwasserschicht seit ihrer Entdeckung fünf Jahre lang ständig zunahmen. Berechnungen ergaben, daß inzwischen 3100 Liter des heißen, salzigen, metallhaltigen Wassers pro Sekunde hinzugekommen waren. Über seine Herkunft und über die Entstehung der metallhaltigen Sedimente konnten die Wissenschaftler zunächst nur spekulieren, aber allein schon die Entdeckung bedeutete eine Revolution der Vorstellungen über die Entstehung von Erzlagern in den Meeren.

Bei den Bohrungen der „Glomar Challenger" beiderseits der mittelozeanischen Gebirge im Atlantik, im Pazifik und im Indischen Ozean wurden unter den Sedimenten im Basalt der Bodenkruste ebenfalls umfangreiche Metallablagerungen quer über die gesamte Breite dieser Ozeane entdeckt. Sie mußten wie auf Transportbändern von ihrem Entstehungsort innerhalb der Scheitelgräben zusammen mit der Bodenkruste fortgewandert sein. Je weiter sie sich entfernt hatte, desto tiefer waren die Metalle unter Sedimenten begraben.

Langgestreckte Eisen-, Kupfer-, Blei- und Zinklager beiderseits der Küsten des Roten Meeres geben einen deutlichen Hinweis darauf, daß sie vor 20 Millionen Jahren zur gleichen Zeit entlang der Zentralrinne entstanden sind und in entgegengesetzte Richtungen auseinanderdrifteten, als sich dieses Meer öffnete und der Meeresboden sich ausbreitete. Inzwischen wissen die Geologen, daß viele große Erzlager auch der heutigen Kontinente unter Meerwasserbedeckung auf hydrothermalem Wege entstanden sind.

Geologen haben berechnet, daß allein im nur 60 Quadratkilometer großen „Atlantis II-Tief" immense Schätze lagern: 2,5 Millionen Tonnen Zink, 500 000 Tonnen Kupfer und 9000 Tonnen Silber, um nur einige der wertvollsten Metalle zu nennen. Im Frühjahr 1979 gelang ein erster Versuch, die begehrten Erze aus einer Wassertiefe von 2200 Metern zu fördern. Das deutsche Bohrschiff „Valdivia" schlürfte den Erzschlamm mit der Konsistenz von Schuhcreme durch ein Rohr an die Oberfläche. In mehreren Ländern wird seither an Verfahren gearbeitet, die Metalle industriell von dem Schlamm abzuscheiden.

Mit Beginn der siebziger Jahre starteten Amerikaner und Franzosen gemeinsam ein ehrgeiziges, vierjähriges Projekt zur Erforschung der mittelozeanischen Scheitelgräben durch bemannte U-Boote. Unter der Abkürzung FAMOUS – für „French-American-Mid-Ocean-Undersea-Study" – ging das Unternehmen in die Geschichte der Geowissenschaften ein. Zwei der wichtigsten Forschungsziele waren, die Entstehung der Bodenkruste zu beobachten und das Geheimnis um die Existenz der unterseeischen Metallager zu lüften.

Die Vorbereitungen der Tiefsee-Expeditionen ähnelten dem Apollo-Projekt, das zum erstenmal Menschen auf den Mond brachte. Bevor die Aquanauten hinab in die fremde Welt der ewigen Finsternis tauchten, war es erforderlich, genau wie bei Landeunternehmen auf fremden Himmelskörpern, das Zielgebiet 350 Kilometer südlich der Azoren durch unbemannte Fernerkundung zu kartographieren. Außerdem führte man die Besatzungen der U-Boote in Landschaften an der Erdoberfläche, deren Formen den zu erforschenden Gebieten in der Tiefsee ähnlich waren: ins Afar-Dreieck.

Wie die Astronauten, so mußten auch die Aquanauten in ihren Fahrzeugen die gewohnte Atmosphäre künstlich erzeugen. Aber im Gegensatz zu dem Vakuum des Weltalls herrscht in der Tiefsee ein Druck, der jedes normale U-Boot zerquetschen würde. Wissenschaftliche Neugier und Ehrgeiz, Erfahrungen beim Bau militärischer U-Boote und – nach der Entdeckung der Metallager am Ozeangrund – auch handfeste wirtschaftliche Interessen hatten aber die Technik von tiefseegängigen U-Booten weit vorangetrieben.

Wie das Fliegen, so war auch das Tauchen ein uralter Traum der Menschheit. Bereits im 4. Jahrhundert vor Christus hatte sich Alexander der Große in einer Art Glocke ins Mittelmeer versenken lassen. Mehr als 2000 Jahre später, 1776, baute der Amerikaner David Bushnell ein Tauchboot, mit dessen Hilfe man während des Unabhängigkeitskrieges Sprengladungen an britischen Kriegsschiffen anbringen wollte. Es war eine Art hölzernes, mit Ballast beschwertes Faß, dessen zwei Schrauben – eine für vertikale und eine für horizontale Bewegungen – mit einer Handkurbel angetrieben wurden. Im Jahre 1863, während des amerikanischen Bürgerkrieges, gelang es mit einem ähnlichen Tauchboot tatsächlich, ein Schiff zu versenken. Gegen Ende des 19. Jahrhunderts konstruierte Simon Lake, ebenfalls Amerikaner, die „Argonaut", das erste Gefährt, das den Menschen mit einer künstlich aufrechterhaltenen Atmosphäre unter Wasser trug. Die „Argonaut" konnte sich auf handbetriebenen Rädern über den flachen Meeresgrund bewegen. Der Durchbruch in der Technik zur Erforschung der Tiefsee gelang 1934, als William Beebe und Otis Barton mit ihrer „Bathysphäre" 923 Meter tief tauchten.

Aber die Stahlgußkugel der „Bathysphäre" konnte nicht unabhängig manövrieren. Sie wurde von einem Schiff an einem Seil hinabgelassen. Erst die von dem schweizer Physiker Auguste Piccard inzwischen entwickelte Bathyscaph besaß eigene Antriebsaggregate, die eine freie Beweglichkeit ermöglichten.

Im Jahre 1953 tauchte die Bathyscaph „Trieste" 3150 Meter tief. Sieben Jahre später erreichte Piccards Sohn Jacques mit der „Trieste" bei 10910 Metern im pazifischen Marianengraben den tiefsten Grund aller Ozeane. Wo die Phantasien ungezählter Generationen ein Heer furchtbarer Kreaturen vermutet hatten, sah Jacques Piccard im Schein seiner Lampen nur einen kleinen Wurm im Schlamm nach organischen Abfällen wühlen, die aus der lichtdurchfluteten Biosphäre der obersten Wasserschichten in die ewige Finsternis zu ihm hinuntergesunken waren.

Die Tauchfahrzeuge des FAMOUS-Projektes waren die französische „Archimede" und die amerikanische „Alvin". Die „Alvin" hatte ihre Leistungsfähigkeit bereits eindrucksvoll bewiesen, als sie 1966 vor der spanischen Mittelmeerküste bei einem Flugzeugabsturz verlorene Wasserstoffbomben in mehreren tausend Metern Tiefe fand. Eigens für das FAMOUS-Projekt bekam die „Alvin" eine neue Druckkugelkabine aus Titan. Sie war das größte Stück, das je aus diesem kostbaren Leichtmetall mit der Festigkeit von Spezialstahl gegossen wurde.

Am 2. August 1972 flutete die „Archimede" ihre Ballasttanks und sank mit einer Geschwindigkeit von 30 Metern pro Minute zum Scheitelgraben des mittelatlantischen Gebirges. Das Operationsgebiet war zuvor von den Forschungsschiffen „Discovery" und „Atlantis II" genau lokalisiert, vermessen und mit vier Schallbojen markiert worden. Wenn die auf dem Meeresgrund verankerten Bojen vom Tauchfahrzeug einen Echolotstrahl empfingen, sendeten sie ein eigenes Signal zum Mutterschiff nach oben. Dort ließ sich aus der Differenz der Schallsignale die Entfernung des Tauchfahrzeuges von den Bojen und damit seine Position genau bestimmen. Nachdem der Standort auf eine Karte des Meeresbodens übertragen worden war, wurde der Mannschaft über ein drahtloses

Telefon mitgeteilt, wo genau sie sich befand.

Als anderthalb Stunden nach Beginn des Abtauchens das Echolot anzeigte, daß die „Archimede" sich dem Grund näherte, schaltete der Steuermann die nach unten drehbaren Antriebspropeller ein, um das Boot abzufangen. Durch die Panzerglasfenster im Strahl der Bordscheinwerfer sahen die Forscher, daß sie an senkrechten, bis zu hundert Meter hohen Klippen entlang-

glitten, die sich in auffallend gerader Linie über eine große Distanz erstreckten. Sie befanden sich genau im Scheitelgraben, 2600 Meter unter der Meeresoberfläche.

Zum erstenmal sahen Menschen die Zone der ständigen Neubildung von Erdkruste in den Tiefen eines Ozeans. Entlang der Sohle des Scheitelgrabens ragten Vulkanschlünde auf, flankiert von mal zentimeter-, mal meterbreiten Rissen und Spalten. Sie reichten direkt in die nackte, noch nicht von Sedimenten bedeckte junge Lava hinein. Es wurde sichtbar, wie die Erdkruste regelrecht auseinandergezerrt worden war.

Überall waren aus den Rissen lange, schlangenförmige Lavawürste hervorgequollen, die über- und nebeneinander lagen und eigenartige Buckellandschaften bildeten. Diese Würste und Buckel entstehen, wenn das zähflüssige, heiße Magma aus der Erde quillt, rasch abkühlt und erstarrt. Schon früher hat man die Entstehung dieses Kissenbasalts unter Wasser an den Flanken der vulkanischen Inseln von Hawaii beobachten können.

Die Navigation in den cañonartigen Scheitelgräben wurde durch eine starke Strömung sehr erschwert, die das Boot hin- und hertrieb. Mehrmals scheuerte der Rumpf der „Archimede" rumpelnd an den rauhen Basaltwänden entlang. Die Männer fürchteten, die mit Leichtbenzin gefüllten Auftriebskörper könnten aufreißen.

Beim nächsten Abstieg kam es beinahe zu einer Katastrophe. Ausgerechnet am Grunde der Tiefsee wurde die Besatzung durch einen Brand bedroht. Die Stromspannung im elektrischen System des U-Bootes fiel plötzlich stark ab. Der Bug der „Archimede" zeigte steil nach unten. Durch einen Leitungsdefekt war eine Verriegelung gelöst worden, wodurch sich die 1,5 Tonnen Ballast am Heck des Bootes lösten. Wie ein Ballon begann das Boot langsam zu steigen. Zugleich ent-

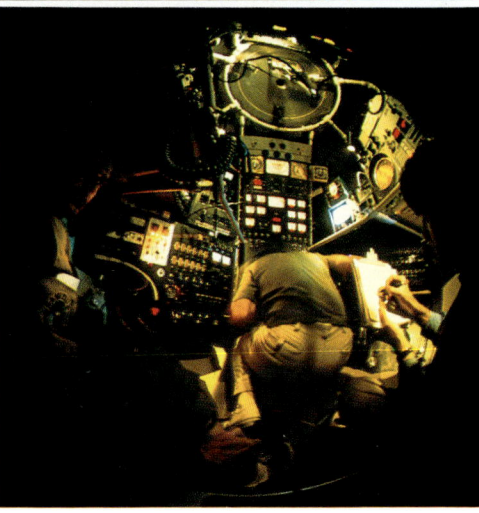

Kurz vor dem Start legt ein Taucher letzte Hand an die „Alvin". Sind die Ballast-Tanks geflutet, gleitet das Tauchboot sanft in die Tiefe – etwa 30 Meter pro Minute. Die drei Wissenschaftler in der engen, mit Instrumenten vollgestopften Titan-Kapsel haben sicherheitshalber Atemluft für drei Tage an Bord, doch ein Tauchgang dauert höchstens zwölf Stunden

wickelte sich dichter, beißender Qualm in der Kabine. Die Isolierung elektrischer Leitungen begann nach einem Kurzschluß zu schmoren. Die Männer überlebten mit Hilfe der für Notfälle eingebauten Sauerstoffmasken. Der Brandschaden an dem Boot war nur gering und konnte mit den Bordmitteln des Mutterschiffes rasch behoben werden.

Einen Durchbruch bei der Beantwortung der Frage, wie die riesigen Metallager entstanden, brachte die Tiefsee-Expedition im Atlantik jedoch noch nicht.

An Bord der „Archimede" war auch der junge amerikanische Naturwissenschaftler Robert Ballard, mit dessen Namen sich im weiteren Verlauf der Tiefseeforschung einige der wesentlichsten Entdeckungen im ausgehenden 20. Jahrhundert verbinden. Er gilt als der erfahrenste Tiefseeforscher. Dutzende gefährlicher Streifzüge mit der „Alvin"

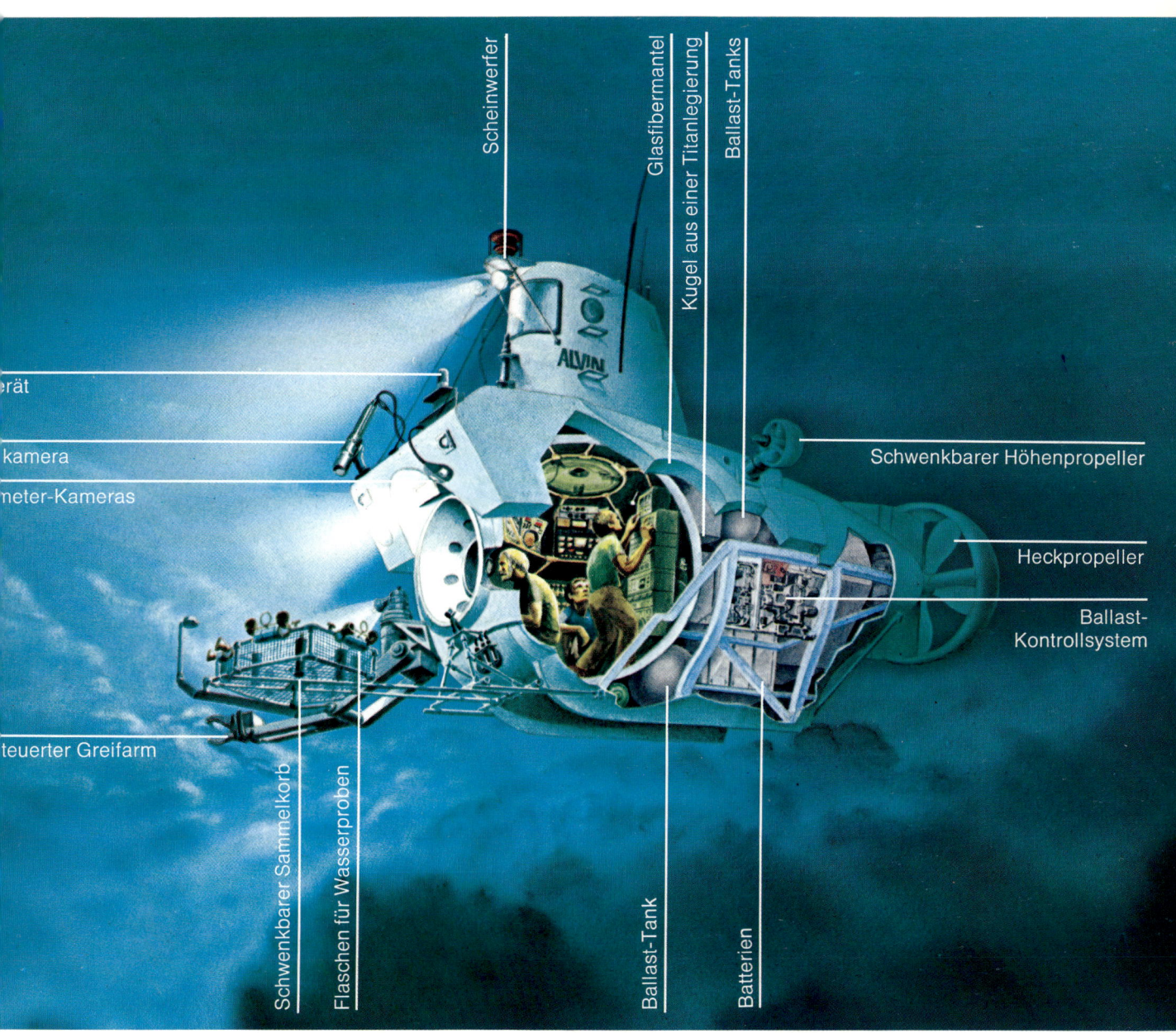

durch die dunklen Cañons bis zu 3000 Metern Tiefe liegen hinter ihm. Insgesamt hat die „Alvin" fast tausend Tauchgänge unter dem gewaltigen Druck der Tiefsee überstanden. Nur einmal wäre es auch bei ihr fast zu einer Katastrophe gekommen. Knapp 3000 Meter tief war sie in einer Felsspalte eingeklemmt. Mit starken Nerven und mit Fingerspitzengefühl bei der Bedienung der Propeller konnte die Crew das Boot nach mehreren Stunden aus der gefährlichen Falle lösen.

Nachdem ein Forschungsschiff im Scheitelgraben des Galapagos-Rückens im Ostpazifik Stellen mit heißem Wasser entdeckt hatte, die denen im Roten Meer glichen, brach Robert Ballard mit einer Expedition dorthin auf. Zunächst ließen die Forscher die zwei Tonnen schwere, unbemannte Forschungssonde „Angus" in den Graben hinab, der an dieser Stelle nur drei bis vier Kilometer breit ist, aber von seiner Oberkante bis zu seiner tiefsten Stelle 250 Meter abfällt. Die Sonde wurde mit Hilfe von Seilen immer knapp über den Grund gelenkt — prallte plötzlich gegen eine Felswand und rutschte in eine Spalte.

Im Nu kletterte die Zugspannung am Schleppseil von 3500 auf 7000 Kilogramm. Bei einer Belastung von 9000 wäre es gerissen und der für den Einsatz der „Alvin" unerläßliche „Kundschafter" verloren gewesen. Das in der Dünung rollende Forschungsschiff, an der „Angus" 2500 Meter tief hing, mußte mit höchster Präzision zentimeterweise manövriert werden. Und dann gelang das schier Unmögliche: Die Sonde konnte freigeschleppt werden.

„Angus" maß fortlaufend die Wassertemperatur und fotografierte alle zehn Sekunden mit Blitzlicht ein winziges Stück des Tiefseebodens.

Während Ballard den Einsatz der Sonde an Bord des Forschungsschiffes überwachte, kam es zu einem weiteren Zwischenfall, den der Forscher so schildert:

„Gelangweilt hockte ich nach Mitternacht im Instrumentenraum des Forschungsschiffes. Plötzlich — es war 0.37 Uhr — fuhr ich hoch: Die Zeiger des Fernthermometers schlugen aus. 2500 Meter tief unterm Kiel des Schiffes hatten die Fühler von ‚Angus' plötzlich einen höchst ungewöhnlichen Wärmestrom aufgespürt. Die Thermometer hatten eben noch nahe Null registriert, jetzt meldeten sie ein ganzes Grad mehr. Gespannt starrte ich auf die Instrumente. Nach drei Minuten fiel der Zeiger wieder auf seinen vorigen Stand zurück.

Dann wieder endloses, entnervendes Warten. Sechs Stunden dauerte es, bis ‚Angus' die Exkursion über insgesamt 16 Kilometer beendet hatte und ans Tageslicht zurückgekehrt war. Und 3000 Aufnahmen mußten erst noch entwickelt werden.

Schließlich erschienen die ersten Bilder auf der Leinwand. Außer bläulichem Wasser war auf ihnen so gut wie nichts zu sehen. Ich hatte nur die linke untere Ecke der Bilder im Visier, wo beim Belichten automatisch die Aufnahmezeit in roten Ziffern eingeblendet wird. 0.30 Uhr. 0.36 Uhr. 0.36 Uhr und 30 Sekunden, 40, 50 — nur die Lavakissen waren zu erkennen, die ich inzwischen schon tausendmal gesehen hatte. Dann aber — ich traute meinen Augen nicht — der Schnappschuß, der im Moment des Temperaturanstiegs aufgenommen war: Die Basaltkissen waren mit Hunderten von weißen und braunen, fast suppentellergroßen Muscheln bedeckt.

Darauf war ich nicht gefaßt: so viele Muscheln in dieser eigentlich lebensfeindlichen Tiefe?

Dreizehn Aufnahmen voller Leben hatte ‚Angus' gemacht, jede eine Sensation. Die restlichen Fotos zeigten wieder nur wüste Lavafelder.

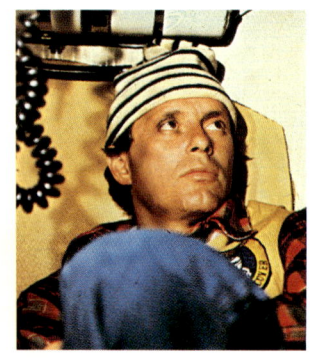

Der Amerikaner Robert Ballard gilt als einer der erfahrensten Tiefseeforscher. Dutzende Streifzüge mit dem Tauchboot „Alvin" liegen bereits hinter ihm

Eine wurmähnliche Kreatur, etwa ein Meter lang, wühlt im Schlamm am Grunde der Tiefsee auf der Suche nach Nahrung. Bis zur Entdeckung der Tiefsee-Oasen mit ihren eigenen Lebens- und Nahrungsketten nahm man an, daß alle Lebewesen am Grund der Ozeane darauf angewiesen seien, von oben aus der von Sonnenlicht mit Energie versorgten Biosphäre Nahrung in Form von Sinkstoffen zu erhalten

Immer aufs neue schaute ich danach die 13 Bilder an. Wovon ernährten sich diese Lebewesen? Licht dringt nicht tiefer als tausend Meter in den Ozean. Der Lebensraum der Algen, mit denen die Nahrungsketten des Meeres beginnen, beschränkt sich daher auf die oberen, sonnendurchfluteten Wasserschichten. Hier ernähren sich kleine Tiere von den Pflanzen und größere Tiere von den kleineren. Jene Tiere, die in großen Tiefen angetroffen werden, leben vom Abfall der Oberschicht: von toten Lebewesen und anderen organischen Partikeln, die langsam herabsinken. Aber die Zufuhr ist nicht groß und der Bestand an Tieren, der davon lebt, relativ dünn. Wovon also existieren die vielen Muscheln, die sich hier zusammendrängten?

Zu dieser Stelle, das war mir klar, mußte ich mit dem Tauchboot hinun-

Eine große See-Anemone lauert in der Tiefsee-Oase auf Futter, das sie mit ihren Tentakeln fangen kann. Die Tiefseeschwämme, die sich ebenfalls auf der Kissenlava verankert haben, bauen ihr filigranes Körpergerüst aus den gleichen Materialien auf, aus dem auch die Erdkruste besteht — Silikate. Sie ernähren sich von Schwefelbakterien, die sie aus dem Wasser filtern. Der vasenförmige Schwamm hat einen Durchmesser von einem Meter

ter. Ich wollte das fast Unglaubliche mit eigenen Augen sehen."

Zweieinhalb Kilometer tief im Pazifischen Ozean erblickte Ballard schließlich nicht nur Tausende jener riesigen Muscheln, sondern eine ganze Lebensgemeinschaft von Tieren, die sich von Pflanzen und damit von dem Energiespender Sonne unabhängig gemacht haben mußten – Leben wie auf einem anderen Planeten. Abgesehen von ihrer oft gewaltigen Größe, unterschieden sich die Tiefseekreaturen äußerlich kaum von den Meerestieren der sonnenbeschienenen Biosphäre.

Ballard sah Fische mit vertrauten Formen. Er sah Rochen, die auf ihren flügelähnlichen Flossen über den Basalt dahinglitten, kugelförmige Quallen, die im Gegensatz zu ihren Verwandten hoch oben durch ein Gespinst dünner Fäden am Gestein verankert waren, Würmer, die wie ein ausgeschütteter Topf Spaghetti auf der Kissenlava lagen, weiße, zum Teil über zwei Meter lange Röhren, in denen rote Röhrenwürmer saßen und sich bei einer Berührung durch die Greifarme der „Alvin" sofort in ihre Behausung zurückzogen. Er sah See-Anemonen, Seegurken, Tintenfische. Er sah, wie ganze Heerscharen von Krebsen ihr Revier zu verteidigen suchten, indem sie die „Alvin" angriffen.

Und dann entdeckte Ballard auch die Nahrungsquelle dieser Tiere: Aus Rissen und Spalten im Basaltboden strömte trübes, milchblaues, heißes Wasser. Im Licht der Scheinwerfer leuchtete es hell auf. Dieses Wasser lieferte die Antwort auf die Frage, wie sich in der ewigen Finsternis der Tiefsee so reichhaltiges Leben entfalten konnte.

Als die Forscher, zurück an Bord des Mutterschiffes, eines der Gefäße mit einer heraufgebrachten Wasserprobe öffneten, stieg ihnen der Geruch fauler Eier in die Nase – das Wasser enthielt große Mengen Schwefelwasserstoff. Woher stammte er? Wie war es zu erklären, daß es ausgerechnet am Grunde der Tiefsee Heißwasserquellen gab?

Ballard und seine Kollegen entwickelten eine kühne These: Meerwasser dringt durch Dehnungsfugen, wie man sie bereits im Scheitelgraben des Atlantik entdeckt hatte, in die ozeanische Erdkruste ein, heizt sich auf, wird mit Mineralien angereichert und quillt andernorts wieder empor.

Bislang hatte man angenommen, daß Mineralsalze der Meere allein vom Regen aus den Gesteinen der Kontinente herausgewaschen und dann von Flüssen ins Meer gespült wurden. Für die neue These sprach unter anderem, daß in dem heißen Wasser aus der Tiefsee eine hohe Konzentration von Radon 222 und Helium 3 vorhanden war. Diese Isotope konnten nur dem tiefen Erdinnern entstammen. Die neue These lieferte eine Erklärung auch für die heiße, salzige Wasserschicht in der Zentralrinne des Roten Meeres.

Wenn das Seewasser durch die Basaltkruste des Ozeanbodens wandert, löst es auch schwefelhaltige Substanzen aus der Kruste, die sich unter großem Druck und extremer Hitze zu Schwefelwasserstoff verwandeln, der als heiße Ursuppe ausströmt. Sie ist das Lebenselixier für sogenannte Schwefelbakterien. Unabhängig vom Sonnenlicht, betreiben diese ursprünglichen Lebensformen ihren Stoffwechsel und ihre Ernährung mit Hilfe des Schwefelwasserstoffs. Sie werden von anderen Lebewesen, hauptsächlich von Tiefseewürmern, gefressen und stehen somit am Anfang einer Nahrungskette, deren Energiequelle das Erdinnere ist, nicht die Sonne. Einige Forscher sind der Meinung, daß derartige Schwefelbakterien schon am Beginn der Entwicklung des Lebens in den Urozeanen vor vier Milliarden Jahren standen, als es noch keine grünen Algen gab, welche die Ernährung mit Hilfe der Energie des Sonnenlichtes erfanden. Die Nahrungssubstanz Schwefelwasserstoff war damals im Überfluß vorhanden. Er war eines der häufigsten Produkte der Urerde.

Fünf von warmem Wasser versorgte Oasen entdeckte Ballard im Scheitelgraben des Galapagos-Rückens inmitten der ansonsten kalten, wüstenhaften Weiten des Tiefseebodens. Er nannte sie „Muschelpfanne" I und II, „Pusteblumenland", „Austernbett" und „Garten Eden". Die „Muschelpfanne II" war jedoch abgestorben, vermutlich, als die Risse durch ihre eigenen mineralischen Ausscheidungen verstopften und kein nährstoffreiches Wasser mehr hervorquoll.

Nach Ballard erforschte sein Freund, der Biologe Fred Grassle, der ebenfalls am Ozeanographischen Institut von Woods Hole in den USA arbeitet, die Tiefsee-Oasen. Er fand, daß die verschiedenen Tierarten sich das nährstoffreiche Areal entsprechend ihrer Stellung in der Nahrungskette genau aufgeteilt haben und unterschiedliche Zonen um die Quellen bewohnen. Dem Forscher gelang es einmal, Krebse zu fangen und sie in einem gläsernen Druckgefäß lebend an die Oberfläche zu bringen. Drei Monate ertrugen sie darin das Leben an der Sonne. Die Wissenschaftler stellten fest, daß die Tiere nur unter einem Druck von mindestens 125 Atmosphären leben können. Doch eine Erklärung dafür, wie die Lebensgemeinschaft der Tiefsee-Oasen mit der nicht nur nahrhaften, sondern auch sehr giftigen Substanz des Schwefelwasserstoffs in ihrer Umwelt fertig wird, fanden die Wissenschaftler bislang nicht.

Auf ihren Reisen in die Welt der Tiefsee-Oasen entdeckten amerikanische und französische Forscherteams immer neue Tierarten. Eine dieser Kreaturen ist so fremdartig, daß sie nur nach ihrem Fundort benannt wurde: „21-Grad-Nord-Quelle-Fisch".

Dort tauchte eines Tages auch Robert Ballard mit der „Alvin". Mit an Bord waren der Steuermann Ralph Hollis und der französische Geophysiker Jean Francheteau.

Die Position 21 Grad nördlicher Breite, knapp 200 Kilometer vor der mexikanischen Küste, war durch besonders auffällige Temperaturanomalien berühmt geworden, die auf starke hydrothermale Ausbrüche schließen ließen. Es handelte sich um einen vergleichsweise winzigen Punkt im Scheitelgraben des ostpazifischen Rückens. Dieser ozeanische Gebirgszug, der durch den Grund des Südpazifik verläuft und ebenfalls Erdkruste produziert, taucht auf der Höhe von Mexiko unter den nordamerikanischen Kontinent. Wahrscheinlich hat der durch die anhaltende Öffnung des Atlantik nach Westen driftende Kontinent diesen tiefliegenden, schweren ozeanischen Teil der Erdkruste einfach überfahren. Die spreizende Kraft des ostpazifischen Rückens blieb aber auch unter dem Kontinent erhalten und reichte aus, den Golf von Kalifornien zu öffnen, wodurch ein langes Splitterstück von Nordamerika abgespalten wurde: die Niederkalifornische Halbinsel.

Als die „Alvin" mit Ballard und dem Forscherteam tiefer und tiefer sank,

Auf dieser mit einem Elektronenraster-Mikroskop angefertigten Aufnahme einer Gesteinsprobe, die in der Nähe einer Heißwasserquelle im Scheitelgraben des ostpazifischen Rückens entnommen wurde, wird der dichte Bewuchs aus Schwefelbakterien sichtbar, die am Anfang der Nahrungskette in den Tiefsee-Oasen stehen

streiften sich die Männer dicke Pullover über und setzten Wollmützen auf, um sich gegen die Kälte der Tiefsee zu schützen. Als sie schließlich den Grund erreichten, entdeckte Ballard etwas, was er im Scheitelgraben des Galapagos-Rückens nie gesehen hatte: Im Strahl der Scheinwerfer leuchteten bunte, gelb-, rot- und braungefärbte und zwei bis drei Meter hohe Hügel, gekrönt von Schloten, die bis zu 15 Meter aufragen und aus denen düstere Wolken hervorquellen. Robert Ballard erzählt darüber:

„Die Rauchwolken verschwinden aus dem Bannkreis unserer Scheinwerfer. Als wir jedoch noch näher heranfahren, regnet es schwarz auf uns herab. Ralph läßt die ‚Alvin' einen besonders hohen Kamin eng umkreisen. Dann rammt er absichtlich dessen Krone, sodaß sie zerbirst. Die stählernen Krallen des mechanischen Greifarms am Bug der ‚Alvin' packen eine Gesteinsprobe und legen sie in den Korb, den die ‚Alvin' wie einen Bauchladen vor sich herträgt.

Während wir in düsteren Wolken schweben, die sichtlich aus dem Innern der Erde kommen, lassen wir den Greifer das in einer Plastikhülle steckende Thermometer aus dem Bauchladen auflesen. Der Roboterarm soll es an einer Leine in den Schlot hängen. Doch das Gerät ist überfordert, seine Plastikhülle schmilzt in der Hitze. Wir können nur schätzen: Im Kamin müssen etwa 400 Grad Celsius herrschen."

Nie zuvor wurden höhere Temperaturen in der Tiefsee gemessen. Die Besatzung der „Alvin" konnte sogar ermitteln, wie die Kamine entstehen. Sie bilden sich nicht wie die Quelltürme im Afar-Dreieck durch mineralische Ausscheidungen, sondern entstehen, wenn große Mengen flüssigen Magmas rasch emporquellen und auf dem Grund des Scheiteltals zu glutflüssigen Tümpeln aufgestaut werden. Dabei erstarrt die Oberfläche dieser Tümpel. Nachdrängendes Wasser schafft sich Kanäle durch das Magma nach oben. Die Wände dieser Röhren werden durch das aufsteigende Wasser gekühlt und kristallisieren. Wenn sich neue Risse auftun, fließt das Magma aus, die Tümpeldecke stürzt ein und die Röhren, in denen weiterhin Wasser aufsteigt, stehen frei.

Analysen von Gesteinsproben aus der Umgebung der Kamine ergaben, daß sie fast alle wertvolle Metalle in großer Menge enthalten: Blei, Kobalt, Kupfer, Zink, Gold, Silber, Vanadium, Molybdän und Mangan. Die Metalle quellen, gelöst im heißen Wasser, zusammen mit Schwefel aus den Schloten empor und lagern sich als dicke Schichten auf dem Grund des Scheitelgrabens ab. Die Metalle, elementarer Bestandteil der glutflüssigen Erdmasse seit ihrer Entstehung, wurden zuvor durch den Wasserkreislauf aus dem erstarrenden Magma der ozeanischen Erdkruste herausgelöst. Nur ein Teil davon gelangt wahrscheinlich durch die Schlote bis auf den Meeresboden. Große Mengen werden wohl schon in den tiefen Rissen und Spalten, in denen das Wasser aufsteigt, ausgeschieden und bilden dort Adern aus Erz.

Die Crew der „Alvin" ist sicher, daß sie keine Zufallsbeobachtung gemacht hat. An vielen Stellen der 65 000 Kilometer langen Scheitelgräben des erdumspannenden mittelozeanischen Gebirgssystems bilden sich Erzlager, sogar weitaus mächtigere, wie die Untersuchungen im Roten Meer gezeigt hatten. Schätzungen besagen, daß etwa alle zehn Millionen Jahre das gesamte Wasser der Ozeane einmal durch die Erdkruste wandert, dabei Metalle aufnimmt und ausscheidet. Zum erstenmal waren nun Menschen in der Tiefe des Pazifischen Ozeans Augenzeugen geworden, wie die Erde diese Metalllager ständig aus ihrem heißen Innern ausschwitzt.

Die verlorenen Platten des Pazifik

*Die Ozeane offenbarten im Laufe ihrer
Erforschung eine unbeständige Natur. Die Kontinente dagegen
erwiesen sich als dauerhafte Gebilde. Im Kern existieren sie seit Jahrmilliarden
und erhalten stetig Zuwachs durch die Geburt und
den Tod immer neuer Ozeane*

Auf einem mit flüssiger Lava gefüllten Kratersee Hawaiis schwimmt eine silbern schimmernde feste Kruste, die durch Abkühlung entstand. Sie läßt sich mit den Platten der Erdkruste vergleichen, die den Boden des Pazifik bilden und auf dem glutflüssigen Magma des Erdinneren schwimmen

Dünnflüssige Lava ergießt sich vom Hang des Pacaya in Guatemala. Die an die Oberfläche dringende, aufgeschmolzene pazifische Bodenkruste hat den Vulkan auf eine Höhe von mehr als 2500 Metern wachsen lassen

Was die vulkanischen Aktivitäten aufbauten, wird durch die Kräfte der Verwitterung und Abtragung wieder zerstört. Niederschläge, die zu den höchsten auf der Erde gehören, haben die Flanken der Hawaii-Insel Kauai tief zerfurcht

Während eines Ausbruchs des Mauna Ulu auf Hawaii im Jahre 1969 ergoß sich dünnflüssige Lava in den 70 Meter tiefen erloschenen Nebenkrater Alo'i und füllte ihn auf.

Weite Flächen auf Hawaii, von erstarrter Lava bedeckt, ähneln einer Wüste. Immer neue Lavaströme verhindern, daß sich Pflanzen ansiedeln. Nur entlang tiefer Einbrüche in den Lavadecken, wo sich Wasser und Humus sammeln, bilden sich für kurze Zeit kleine Oasen

Aus den Flanken des explodierenden Vulkans St. Helens im amerikanischen Bundesstaat Washington quoll eine mehrere tausend Meter hohe Walze aus Asche und glühend heißen Gasen mit einer Anfangsgeschwindigkeit von 300 Kilometern pro Stunde. Der Fotograf konnte sich durch die Flucht mit dem Auto in letzter Sekunde retten

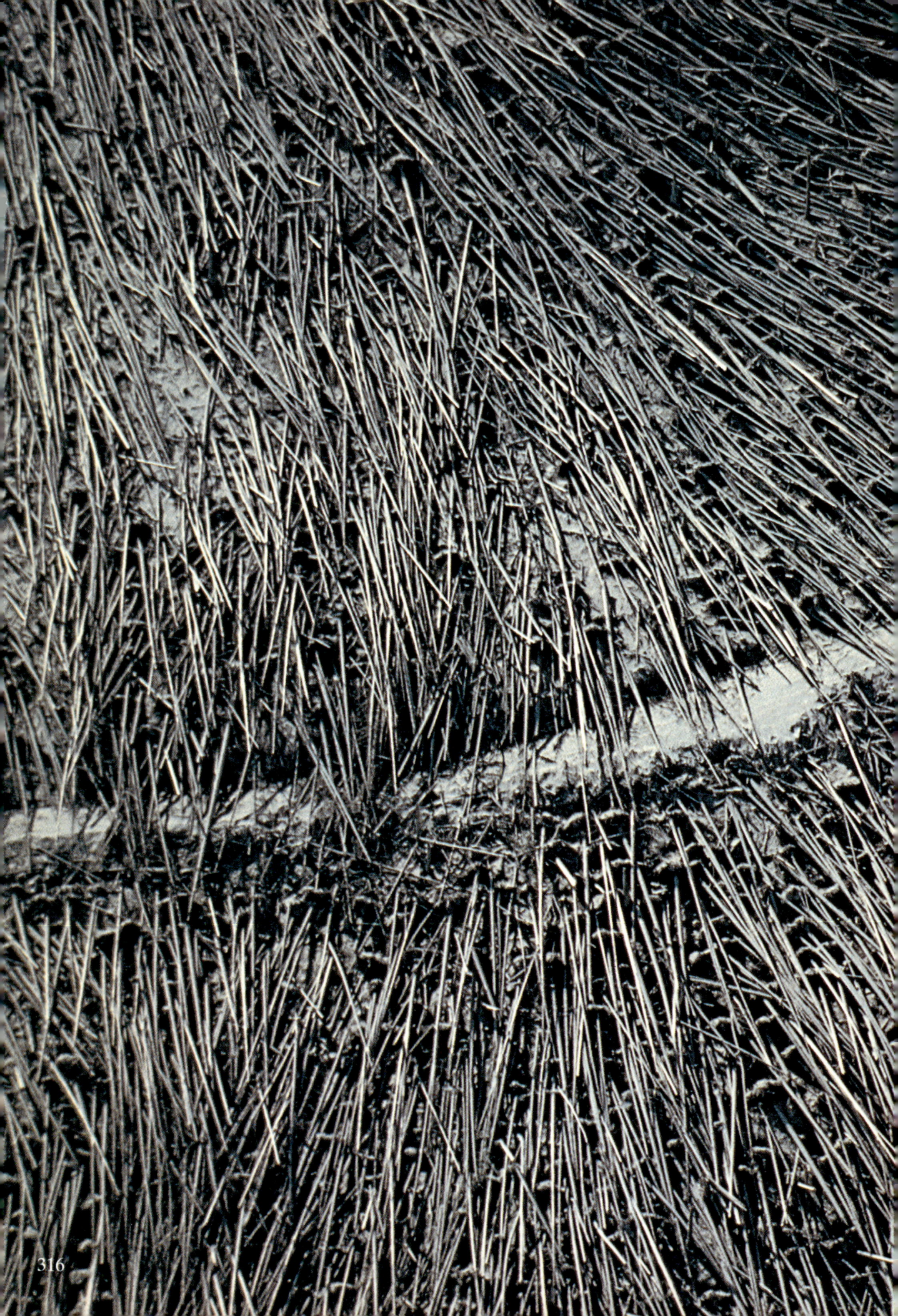

Die Feuerwalze des Mount St. Helens hinterließ einen Weg des Todes. Sie vernichtete binnen Sekunden 400 Quadratkilometer bewaldetes Bergland. Millionen von 50 Meter hohen Bäumen wurden umgeworfen

Als Rettungsmannschaften zwei Tage nach der Explosion diesen Campingwagen 20 Kilometer vom Mount St. Helens entfernt entdeckten, kam für die beiden Insassen jede Hilfe zu spät. Sie waren im Glutsturm erstickt

Die Katastrophe am Mount St. Helens forderte 60 Menschenleben. Schlammfluten fegten Häuser mit ihren Bewohnern ebenso davon wie Brücken und ganze Sägewerke

Durch die Explosion des Mount St. Helens wurden 300 bis 400 Millionen Tonnen Asche in die Atmosphäre geschleudert. Als sie niedersank, verwüsteten Staubstürme Dörfer und Städte, die hunderte von Kilometern vom Vulkan entfernt lagen

Drei Stunden nach der Explosion des Mount St. Helens überzogen Aschenwolken den kleinen Ort Ephrata im amerikanischen Bundesstaat Washington, 200 Kilometer von dem Vulkan entfernt

Die Doppelinsel Neuseeland südlich von Australien ist ein kontinentales Splitterstück im Pazifischen Ozean. Es ist teilweise noch von einem fossilen kontinentalen Rift Valley durchzogen

Charles Darwin erkannte im vorigen Jahrhundert während seiner Forschungsreise um die Welt im Pazifik als erster, daß Atolle auf den Flanken abgestorbener und versinkender Vulkane entstehen

Den gebirgigen Westen Nordamerikas könnte man mit einer steinernen Bugwelle vergleichen, die der nach Westen driftende Kontinent vor sich herschiebt. Über diese Gipfel und Grate im Glacier-National-Park in den Rocky Mountains verläuft die Wasserscheide des Kontinents

Da sich die Erde durch die Geburt immer neuer Ozeane nicht aufbläht wie ein Ballon, muß der Entstehung neuer ozeanischer Erdkruste entlang der mittelozeanischen Gebirgssysteme andernorts ein System gegenüberstehen, das diese Kruste wieder abbaut und vernichtet.

Im sechsten Kapitel habe ich beschrieben, wie die Öffnung des Roten Meeres auf Kosten eines alten, tektonisch abgestorbenen Ozeanrestes geht, des Persischen Golfs. Die arabische Platte, die durch die Weitung des Roten Meeres nach Nordosten wandert, drückt den alten Boden des Persischen Golfes unter den asiatischen Kontinent in die Asthenosphäre zurück. Dort wird er wieder aufgeschmolzen. Wenn man in erdgeschichtlichen Dimensionen denkt, ist abzusehen, wann der Persische Golf völlig geschlossen sein wird und die arabische Platte mit Asien zusammenstößt; deshalb läßt sich auch errechnen, bis wohin sich das Rote Meer maximal ausgedehnt hat.

Auch der sich bis heute weitende Atlantik verkleinert einen älteren Ozean, nämlich den Pazifik. Er, das bei weitem größte Weltmeer der Gegenwart, stammt von Panthalassa ab, einem vorzeitlichen, erdumspannenden Ozean, der den alten Großkontinent Pangaea umgab. Während dieser zerbrach und zwischen den auseinanderdriftenden Einzelteilen der Atlantik und der Indische Ozean entstanden, verteilten sich Land und Meer auf der Erde etwas gleichmäßiger. Als Folge davon schrumpfte der alte Superozean Panthalassa zum heutigen Pazifik.

Im Gegensatz zum Persischen Golf ist der Pazifik nicht nur immer noch riesig, er ist auch ein geologisch aktiver Ozean. Seine Tiefe wird von einem verwirrenden System jener Strukturen durchzogen, die ozeanische Erdkruste produzieren und dem durch die Weitung des Atlantik nach Westen driftenden amerikanischen Doppelkontinent entgegenwirken. Nord- und Südamerika scheinen, so gesehen, wie zwischen die Backen eines Schraubstocks geklemmt. Dieser Vorgang dauert seit 200 Millionen Jahren an.

Der Vater der Theorie von der Kontinentalverschiebung, Alfred Wegener, sah in den langen, hohen Gebirgsketten an der Westküste Amerikas von Alaska bis Feuerland eine Art steinerne Bugwelle des nach Westen driftenden Doppelkontinents. Einige Geologen zogen daraus den plausiblen Schluß, daß die Weitung des Atlantik und damit die Westdrift Amerikas nicht so sehr auf Kosten des Pazifik geht, sondern daß die Ausdehnung der atlantischen Kruste durch eine Zusammenfaltung der kontinentalen Kruste Amerikas ausgeglichen wird. Aber wie bei so vielen Dingen: Was auf den ersten Blick einleuchtend erschien, erwies sich bei genauer Betrachtung als unendlich kompliziert.

Im Gegensatz zu der schmalen kontinentalen „Bugwelle" Südamerikas ist fast die gesamte Westhälfte Nordamerikas auf einer Breite von 2000 Kilometern zu hohen Gebirgen verfaltet und gestaucht, und ein hohes Gebirge, die Rocky Mountains, erstreckt sich, von den Küstengebirgen durch tiefe Becken und hohe Plateaus getrennt, gar inmitten des Kontinents.

Die Gebirge Nordamerikas sind darüber hinaus viel zu kompliziert aufgebaut, als daß sie sich allein durch den Zusammenstoß und das Über- und Untereinanderschieben von nordamerikanisch-kontinentaler und pazifisch-ozeanischer Kruste gebildet haben konnten.

Je tiefer die Forscher während der letzten Jahre in die Wildnis der Gebirge zwischen Alaska und Mexiko eindrangen, um ihren geologischen Aufbau zu kartographieren, desto verwirrender wurde das Bild. Auf engstem

Raum lagen oft die verschiedenartigsten Gesteine nebeneinander, getrennt nur durch Brüche oder Verwerfungen. Häufig waren auch Lagerstätten verschiedenster Metalle im Westen des Kontinents. Was die Geologen dabei verblüffte, war die sehr unterschiedliche geographische Herkunft der Gesteine. Solche, die Fossilien aus Südostasien enthielten, lagen neben anderen, die versteinerte Überreste von Tieren und Pflanzen aus arktischen Regionen bargen. Hier waren also Fauna und Flora nicht auseinandergerissen worden, wie einst beim Zerbrechen des Superkontinents Pangaea, sondern zusammengefügt. Indem sie eine Verwerfungslinie überschritten, konnten die Geologen von einem Gesteinspaket, das einst Bestandteil einer inmitten des Pazifik entstandenen tropischen Vulkaninsel war, auf ein anderes Gesteinspaket stoßen, das ein Splitterstück eines bisher unbekannten Kontinents sein mußte. Die in den vulkanischen Gesteinen festgeschriebenen fossilen Magnetfeldlinien bestätigten die Befunde. Auf der einen Seite einer Verwerfung befand sich Gestein, das vor 350 Millionen Jahren mehr als 4000 Kilometer südwestlich seiner heutigen Position entstanden war. Ihm gegenüber lag Gestein, das vor 100 Millionen Jahren 1000 Kilometer nordwestlich entstand. Die Größe der unterschiedlichen Gesteinspakete reichte von weniger als tausend Quadratmeter bis zu mehreren zehntausend Quadratkilometern. Insgesamt wurden 200 von ihnen zwischen Alaska und Mexiko entdeckt.

Die Erkenntnis, daß der größte Teil der Gesteine im gebirgigen Westen Nordamerikas nicht mit den übrigen verwandt war, veranlaßte einen Geologen zu dem Ausspruch: „Diese Gesteine sind nicht Made in USA; sie müssen irgendwie importiert sein."

Als die Geologen ihre Forschungsergebnisse zusammentrugen, stellte sich heraus, daß diese „Importe" den nordamerikanischen Kontinent in den vergangenen 200 Millionen Jahren um 30 Prozent haben wachsen lassen. Unter anderen waren die gebirgigen Regionen der Staaten Washington, Oregon, halb Kalifornien und die Hälfte des kanadischen Bundesstaates British Columbia hinzugekommen, und gleich 50 ortsfremde Gesteinsfragmente waren am Aufbau Alaskas beteiligt. 25 Prozent der Gesteinspakete in der westlichen Hälfte des Kontinents erwiesen sich als Teile verschiedener, fremder, kontinentaler Krustenplatten; der Rest bestand aus ehemaligen vulkanischen Inseln und aus Teilen ozeanischer Krustenplatten.

Diese eigenartige Beschaffenheit der Westhälfte Nordamerikas ließ die Resultate der Tiefseeforschung im Pazifik während der sechziger und siebziger Jahre in einem ganz neuen Licht erscheinen.

Während dem südamerikanischen Kontinent auf seiner gesamten Länge der ostpazifische Rücken vorgelagert ist und die von ihm produzierte Kruste in einem Tiefseegraben unmittelbar vor der Küste unter den Kontinent gedrückt wird, fehlen diese beiden Großstrukturen vor Nordamerika weitgehend (Karte Seite 84/85).

Wie bereits im vorangegangenen Kapitel erwähnt, taucht der ostpazifische Rücken vor der Küste Mexikos unter den nordamerikanischen Kontinent. Wahrscheinlich hat der durch die anhaltende Öffnung des Atlantik nach Westen driftende Kontinent diesen tiefliegenden, schweren ozeanischen Teil der Erdkruste einfach überfahren – eine Theorie, die heute von vielen akzeptiert wird. Einige Geologen meinen, daß die tektonischen Kräfte des begrabenen ostpazifischen Rückens auch unter dem Kontinent noch ausreichen, um durch Spreizung die tiefen Becken und durch Hebung die hohen Plateaus zwischen dem Küstengebirge und den Rocky Mountains zu schaffen. Die Anhänger dieser Theorie sehen die Rocky Mountains, vergleichbar den Anden Südamerikas, als das eigentliche Küstengebirge des nordamerikanischen Kontinents an. Was westwärts davon liegt, sind die „importierten" Gesteinsfragmente.

Seit Nordamerika, nun schon 200 Millionen Jahre lang, unaufhörlich nach Westen driftete, überfuhr es die gesamte, östlich vom pazifischen Rücken ausgebreitete ozeanische Kruste auf einer Breite von mehreren tausend Kilometern, und dann auch noch den Rücken selbst. Während der überwiegende Teil des schweren, basaltischen Ozeanbodens dabei in die Asthenosphäre hinabdrückt und wieder aufgeschmolzen wurde, sammelte der Kontinent viele vulkanische Inseln und kontinentale Splitterstücke ein, die ihm auf der ozeanischen Kruste entgegengetrieben waren. Wegen ihrer geringeren Dichte konnten sie nicht von der Asthenosphäre verschluckt werden. Jüngster „Import" ist wahrscheinlich Vancouver Island vor der Küste von British Columbia.

Unter diesen Ansammlungen waren hin und wieder auch Fragmente der schweren, ozeanischen Kruste, die als Ophiolite bekannt wurden. Zusammen mit den Erzlagern, oft eingepreßt zwischen den leichten Gesteinen, wurden sie auf das kontinentale Floß gehoben und geschoben. Den mehr als drei Milliarden Jahre alten Urkernen des Kontinents wurden so 30 Prozent neuer Masse angeschweißt. Der schweren, unter den Kontinent abtauchenden ozeanischen Kruste entgegengesetzt falteten und erhoben sich die leichten Gesteine mit Teilen ozeanischer Kruste zu Gebirgen empor.

Die eingesammelten kontinentalen Splitterstücke waren eindeutig Überbleibsel des zerbrochenen Superkontinents Pangaea oder noch älterer Kontinente, die über den Superozean

Panthalassa verstreut zurückgeblieben waren. Einige der Teile Nordamerikas konnten tatsächlich als Stücke von Pangaea identifiziert werden.

Der nordamerikanische Kontinent erhielt auf seiner Drift nach Westen nicht nur Zuwachs durch horizontale Vorgänge, sondern auch durch vertikale. Die Entstehung der „steinernen Bugwelle" ist ein überaus komplizier-

Dieses Gebirge im Inneren Alaskas besteht aus Gesteinen, die Nordamerika während seiner Drift nach Westen einsammelte und seiner Masse angliederte. Die dunklen Schichten links sind Fragmente pazifisch-ozeanischer Erdkruste aus Basalt, die hellen sind Sedimente, die sich darauf abgelagert haben. Die Herkunft der roten Gesteine in der Mitte ist unbekannt; sie wurden bisher an keinem anderen Ort des Kontinents gefunden. Die Gesteine rechts davon enthalten tropische Fossilien. Die Geologen glauben, daß es sich um die Reste eines verschollenen Mikrokontinents handelt, der einst im Pazifik lag

ter Prozeß mehrerer ineinandergreifender Vorgänge in der Erdkruste.

Im Frühjahr 1980 wurden viele Menschen Zeugen eines derartigen erdgeschichtlichen Ereignisses. 60 von ihnen überlebten nicht, was sie sahen. Das dramatische Geschehen vollzog sich im Staate Washington, etwa 150 Kilometer von der pazifischen Küste entfernt, inmitten des Kaskaden-Gebirges.

Dieser Teil der „steinernen Bugwelle" des Kontinents ist durchsetzt von Vulkanen; einige ragen fast 4500 Meter empor. Sie gehören zu dem Ring Tausender Vulkane, die den Pazifik von Feuerland über Alaska und Kamtschatka in Ostasien bis zu den Philippinen umrahmen.

Die Vulkane des Kaskaden-Gebirges hatten seit mehr als einem halben Jahr-

hundert keine nennenswerten Eruptionen mehr gezeigt. In geologischen Zeiträumen gedacht, entspricht dies dem Bruchteil einer Sekunde. Zwischen 1832 und 1857 waren aus dem Krater des 2549 Meter hohen Mount St. Helens Qualm, Asche und ein weinig Lava gequollen; in den Jahren 1914 und 1915 war der Lassen Peak 150 Kilometer südlich der Grenze zwischen Oregon und Kalifornien wiederholt ausgebrochen. Die meisten Vulkane waren jedoch seit Menschengedenken ruhig gewesen. Ihre Kegel sind von dichten Wäldern bedeckt, ihre Krater bis zu 650 Meter tief mit Wasser gefüllt, und die höchsten Vulkane tragen Kappen aus ewigem Eis.

Der friedliche Schein war jedoch trügerisch. Besonders am Mount St. He-

Am 18. Mai 1980 um 8.32 Uhr zerriß eine Explosion mit der Energie von 500 Hiroshima-Atombomben die Nordflanke des Vulkans Mount St. Helens. Glutheiße Aschen- und Gasmassen schossen empor. Die Aufnahmen wurden im Abstand von etwa sechs Sekunden gemacht

lens entdeckten die Geologen mehr und mehr Anzeichen dafür, daß dieser Vulkan in den vergangenen Jahrtausenden häufiger und heftiger ausgebrochen sein mußte als andere Vulkane des Kaskaden-Gebirges. Da der Vulkan zum Teil dicht besiedelte Regionen mit den Städten Portland und Seattle bedrohte, beschlossen die Geologen, den potentiell gefährlichen Feuerberg zu überwachen und sein Innenleben sowie das des gesamten Kaskaden-Gebirges zu erforschen. 58 seismische Meßstationen wurden entlang des Höhenzuges aufgebaut.

Die Geologen brauchten nicht lange auf ein Lebenszeichen des Mount St. Helens zu warten. In den ersten fünf Jahren nach Installation des Meßnetzes 1975 wurden 44 kleine Erdstöße an dem Vulkan registriert. Dann folgte am 20. März 1980 ein Beben, das auf der Richterskala den schon sehr beachtlichen Wert von 4,2 erreichte – das stärkste seit der Errichtung der Meßstationen. Als die schweren Erschütterungen anhielten und der Herd der Beben immer näher an die Erdoberfläche direkt unter den Vulkan wanderte, waren die Experten überzeugt, daß große Mengen glutflüssigen Gesteins unter dem Kaskaden-Gebirge emporstiegen und ein Ausbruch des Vulkans unmittelbar bevorstand.

Am Mittag des 27. März, als dichte Nebelschwaden vom Pazifik das ganze Land verhüllten, war vom Mount St. Helens eine gewaltige Explosion zu hören. Ein Team von Geologen und Reportern flog sofort zum Vulkan, in der Hoffnung, daß die dichte Nebeldecke aufreißen und den Blick auf das Geschehen freigeben werde. Nach drei Stunden Flug über dem unsichtbaren Vulkan brach seine Spitze durch die Nebelbank: Die Eruption hatte einen neuen, 80 Meter weiten und 50 Meter tiefen Krater aus der Spitze des Vulkans herausgesprengt. Seine Schneekappe war von schwarzer Asche überdeckt, und in der Nordflanke des Kegels klafften tiefe, lange Risse.

Geologen, die sich am folgenden Tag mit Hubschraubern dem neuen Krater näherten, stellten fest, daß die Explosion durch verdampftes Grundwasser verursacht worden war, das sich über der empordrängenden Gesteinsschmelze erhitzt hatte. Die Wissenschaftler waren sicher, daß diese große Dampfexplosion nur der Beginn einer Kette von Ereignissen sein konnte.

Aus den Messungen und Beobachtungen schlossen die Experten auf eine nur geringe Ausbruchsenergie; so arbeiteten sie furchtlos weiter am Vulkan und legten in seiner Umgebung neue Observatorien an.

In der ersten Aprilhälfte verbarg anhaltend schlechtes Wetter mit Nebel, Regen und Wolken den Vulkan. Als Mitte April die Sicht wieder klar wurde, bot sich den Beobachtern ein unheimlicher Anblick: Die Nordflanke des Kegels war zu einer riesigen Beule angeschwollen, und man glaubte mit dem bloßen Auge zu erkennen, wie sie immer größer wurde. Thermographische Satelliten-Aufnahmen machten die heißen, aufsteigenden Gesteinsmassen im Untergrund sichtbar, welche die Beule aufwölbten.

Die Geologen landeten mit Hubschraubern auf der Beule. Während sich die Piloten mit laufenden Motoren für einen Alarmstart bereithielten, errichteten die Wissenschaftler Baken und Reflektoren, um das Wachstum der Beule aus sicherer Entfernung mit Theodoliten und Lasergeräten zu messen. Bis Mitte Mai war die von Rissen überzogene Gesteinsbeule fast 200 Meter hoch angeschwollen. Ihr Durchmesser betrug anderthalb Kilometer. Dampfausbrüche weiteten den Krater auf der Spitze immer mehr.

Vorsorglich hatten die Behörden schon Ende April alle Straßen im Umkreis von 30 Kilometern gesperrt. Die engere Region um den Vulkan wurde zur „Roten Zone" erklärt, die nur noch Wissenschaftler mit Genehmigung betreten durften. Die wogen auf eigenes Risiko die Lebensgefahr gegen die einzigartige Möglichkeit ab, zum erstenmal den Ausbruch eines Vulkans im Kaskaden-Gebirge aus nächster Nähe zu dokumentieren.

Um die „Rote Zone" wurde eine „Blaue" ausgewiesen, die ebenfalls nur mit Genehmigung und ausschließlich am Tage betreten werden durfte. Diese Regelung hatte die holzverarbeitende Industrie durchgesetzt, die ihre Produktion nicht unterbrechen wollte. Die Berg- und Waldwildnis des Kaskaden-Gebirges ließ sich damit natürlich nicht völlig abriegeln. Wanderer und Camper drangen bis in die „Rote Zone" ein. Auf sie wartete der Tod.

Die Wucht der Explosion hatte Massen des wasserdurchtränkten Vulkankegels zu Schlamm verwandelt. Noch Monate nach der Katastrophe, als der zerborstene Kegel des Mount St. Helens längst wieder mit Schnee bedeckt war, quollen aus ihm graue Schlammfluten hervor

Am 18. Mai um 8.32 Uhr sprach der Geologe David Johnston mit ruhiger Stimme in das Mikrophon seines Funkgeräts: "That's it" – Das ist es. Es waren seine letzen Worte. Sekunden später wurde er mit seinem Wohnwagen, der ihm neun Kilometer von der Vulkanspitze entfernt als Beobachtungsstation diente, von einer mit 300 Stundenkilometern heranrasenden Turbulenz heißer Gase, Wasserdampf und glühender Asche unauffindbar fortgeblasen.

18 Sekunden später ereilte ein ähnliches Schicksal seinen Kollegen Reid Blackburn, der seinen Beobachtungsposten in zwölf Kilometer Entfernung aufgeschlagen hatte. Die aschgraue Glutwalze, die aus der geplatzten Riesenbeule des Vulkans fast horizontal mit der Energie von 500 Hiroshima-Atombomben schoß, verwandelte binnen Sekunden 400 Quadratkilometer belebtes Bergland zu Wüste. Millionen von Bäumen wurden abgebrochen, und noch 20 Kilometer entfernt starben Menschen und Tiere auf der Stelle. Heiße Gase und glühende Asche verbrannten ihre Lungen. Die Temperatur ließ Autoreifen wie Luftballons platzen. Noch in 300 Kilometern Entfernung war die Explosion des Vulkans zu hören.

Der Feuerwalze folgten mehrere Flutwellen aus Gesteinstrümmern, Schlamm, Eisblöcken und Wasser, deren Masse man später auf drei Millionen Kubikmeter schätzte. Durch das Aufplatzen der Beule war die Nordflanke des Vulkans wie ein Teppich zu Tal gerutscht, und die Wucht der Explosion hatte Massen des wasserdurchtränkten Vulkankegels zu Schlamm verwandelt. Eine erste Schlammflut wischte den sechs Kilometer langen und zwei Kilometer breiten Spirit-See

Dieser zuvor mit Langholz tonnenschwer beladene Lastwagen wurde durch die Schlammflut fortgespült und um einen Baumstamm gewickelt

an der Basis des nun aufgerissenen Vulkankegels einfach aus und drückte das Wasser über die angrenzenden Bergrücken hinweg. Die Schlammfluten radierten mehr als 200 Kilometer Flußläufe und 26 Seen von der Landkarte, fegten Häuser, Brücken, Sägewerke, mit Baumstämmen schwerbeladene Lastwagen, ja ganze Höhenzüge ins Nirgendwo. An einer Stelle verschütteten die Schlammassen den Columbia-Fluß, der die Hafenstadt Portland mit dem Pazifik verband. 24 Schiffe flußauf steckten in der Falle.

Die Explosion des Mount St. Helens schleuderte 300 bis 400 Millionen Tonnen Asche achtzehn Kilometer hoch in die Atmosphäre. Als diese Wolken vom Wind nach Osten getrieben wurden, brach über großen Teilen der Staaten Washington, Oregon, Montana und Idaho mitten am Tage die Nacht an. Menschen gerieten in Panik. Als die Asche niedersank, bedeckte sie alles mit einer dicken schwarzen Schicht.

Die Rettungsmannschaften flogen über eine Landschaft, die so leblos wie die Oberfläche des Mondes schien. Sie klärten auch das Schicksal von Reid Blackburn auf: Ihm war es offensichtlich noch gelungen, zu seinem Auto zu fliehen, doch dann hatte der Feuersturm die Scheiben herausgeblasen. Der verbrannte Körper des Wissenschaftlers war auf dem Fahrersitz unter Asche begraben.

Die Besatzung eines jener Hubschrauber entdeckte aber doch noch Spuren von Leben. Unzweifelhaft hatten sich an zwei Stellen im aschenen Leichentuch der Landschaft die frischen Trittsiegel von Bibern eingeprägt. Die Tiere verdankten ihr Überleben der Angewohnheit, ihre Behausungen bis zu zehn Meter tief in die Ufer von Flüssen und Seen zu graben und den Eingang stets so zu legen, daß er unterhalb der Wasserlinie liegt. Nahe dem kleinen Ort Packwood, mehr als 50 Kilometer von dem explodierenden Berg entfernt, hatte ein Mann beobachtet, wie Biber noch etwa 30 Sekunden vor der Explosion plötzlich tauchten und ihre Bauten aufsuchten.

Welche Vorgänge in der Erdkruste waren der Katastrophe am Mount St. Helens vorausgegangen?

150 Kilometer hinter der Küste waren unter dem Kaskaden-Gebirge gewaltige Massen aufgeschmolzener pazifischer Ozeankruste emporgedrungen — das hatte zur Explosion des Mount St. Helens geführt.

In einem relativ kurzen Abschnitt im Pazifik vor Nordamerika, etwa 200 Kilometer vor der Küste von Oregon, Washington und dem südlichen British Columbia, liegt isoliert ein untermeerischer Gebirgsrücken mit Scheitelgraben. Man bezeichnet die dort entstehende, nach Osten abdriftende und unter Nordamerika tauchende ozeanische Erdkruste als Juan de Fuca-Platte. Sie erhielt ihren Namen nach dem spanischen Seefahrer, der dieses Gebiet vor 300 Jahren zum erstenmal befuhr. Obwohl die Juan de Fuca-Platte zu den kleinsten Teilen im Mosaik der Erdkruste gehört, ist ihr Werdegang doch repräsentativ für die meisten Krustenplatten (Karte Seite 111).

Von den heißen Stätten ihres Entstehens, also entlang der mittelozeanischen Gebirgsrücken mit ihren Scheitelgräben, driftet die neue Kruste seitwärts ab, wird kühler und damit schwerer, weil ihre Dichte zunimmt. Driftet sie einem leichten Kontinent entgegen, so bildet sich davor eine Tiefseerinne. In ihr versinkt die gealterte ozeanische Kruste mit der Konvektionsströmung wieder in die Asthenosphäre und wird nach Jahrmillionen langer Wanderung wieder aufgeschmolzen: Der Kreislauf ist geschlossen — die Bilanz zwischen Krustenaufbau und Krustenabbau ausgeglichen.

Als Geophysiker in der sechziger Jahren damit begannen, ihr globales

Modell der Plattentektonik auszubauen, entdeckten sie auch einen historischen Vordenker: den britischen Pfarrer Osmond Fisher, der nebenbei ein begeisterter und genialer Geologe war. In seinem mehrbändigen Werk „Physik der Erdkruste", das zwischen 1881 und 1891 erschien, finden sich viele Argumente, die in der Fachwelt siebzig Jahre später neu präsentiert wurden. Fisher widersprach der seinerzeit gültigen Lehrmeinung der Geologie, daß die Gebirge durch Schrumpfung der Erdkugel entstanden waren. Er war der Meinung, daß sich unter den Ozeanen geschmolzenes Gestein erhebt. Sichtbarer Beweis dafür waren ihm die vulkanischen Inseln inmitten aller Ozeane. Von dort, so glaubte er, treibe das Gestein, von fließenden Zellen flüssiger Materie bewegt, die in der Tiefe der Erde unter dem Ozeanboden zirkulieren – und die er Übertragungsströme nannte –, gegen die Küsten, wo es sich zu Bergketten erhebe, die parallel zu den Rändern der Kontinente verlaufen.

Fisher glaubte außerdem daran, daß die Erdkruste auf ihrem Weg in der Tiefe der Ozeane kühl und dicht wird und zurück ins Erdinnere sinkt, wenn sie den Rand eines Kontinents erreicht. Er schrieb: „Wo das geschmolzene Gestein auf einen Kontinent trifft und wieder in die Tiefe sinkt, können sich beängstigende Belastungen der Erde ergeben. Es ist bekannt, daß die Erdbeben, die Japan oft heimsuchen, ihren Ursprung auf der Seeseite tief auf dem Meeresboden haben. Das zeigt, daß der Boden des Ozeans in diesem Gebiet sehr unstabil ist, gerade so, als ob er absinkt".

Fishers erstaunlich genaue Vorstellungen beruhten unter anderem auf Beobachtungen und Beschreibungen des reiselustigen amerikanischen Schriftstellers Mark Twain 1866 inmitten des Pazifik auf Hawaii. Er hatte beobachtet, wie sich auf der glutflüssigen Oberfläche des Lavasees im Kilauea-Vulkan eine Kruste bildete, die von aufsteigenden Lavaströmen zerbrochen und auseinandergetrieben wurde, wobei die einzelnen Schollen abkühlten und wieder versanken.

Wie jedoch – parallel zu den tiefen Rinnen, in denen die abgekühlte Erdkruste absinkt – hohe und von Vulkanen durchsetzte Gebirge entstehen konnten: Dafür fand Osmond Fisher noch keine Erklärung.

Die Tiefseegräben, von denen einige tiefer ins Meer hinabreichen als der Mount Everest hoch ist, sind typisch für alte Ozeane, die von driftenden Kontinenten bedrängt werden. Tiefseegräben umrahmen den ganzen Pazifik – mit Ausnahme der Gebiete, in denen Nordamerika den ostpazifischen Rücken überfahren hat. Ein langer Graben zieht sich auch am Ostrand des Indischen Ozeans vor den vulkanischen Inseln Indonesiens entlang, wo die ozeanische Bodenkruste vom Ort ihres Entstehens am Carlsberg-Rücken nach Osten driftet und unter den asiatischen Kontinent gedrückt wird. Tiefseegräben haben sich aber auch mitten im Pazifik gebildet, wo die Bewegungen zweier ozeanischer Platten gegeneinander bewirken, daß die eine Platte unter die andere abtaucht. Die eindrucksvollsten Beispiele hierfür sind der 11000 Meter abstürzende Marianengraben und der fast genauso tiefe Tongagraben (Karte Seite 343).

Tiefseerinnen werden immer von langen Reihen von Vulkanen wie auf einer Perlenschnur flankiert, die für ihre Eruptionen berühmt und berüchtigt sind. Wenn sie sich, wie auf den Indonesischen Inseln, in dichtbesiedelten Gebieten ereignen, fordern sie furchtbaren Tribut an Menschenleben. Als im Jahre 1815 der Tombora auf der Insel Sumbawa explodierte, kamen 12000 Menschen um. Geschätzte 24 Milliarden Tonnen Asche mit einem Volumen von 80 Kubikkilometern

Auf Hawaii konnten Wissenschaftler zum erstenmal ausströmende Lava unter Wasser beobachten. Vom Mauna Ulu floß sie durch ein Netz von Gängen unter bereits erkalteter Kruste ins Meer. 20 bis 30 Meter unter Wasser kühlte die Lava ab und bildete brüchige Röhren, die der Feuerstrom im Inneren immer wieder bersten ließ

Während Südamerika westwärts driftet und die pazifische Bodenplatte nach Osten, verschwindet diese Platte mit einer „Geschwindigkeit" von einem Meter pro Jahrzehnt unter dem Kontinent.

Je nach Abtauchwinkel der ozeanischen Platten liegen die Vulkanketten 100 bis 300 Kilometer von den Küsten entfernt, also dort, wo die hinabgleitende Platte in der Tiefe zu schmelzen beginnt.

Durch chemische Umwandlung der Gesteine während der gewaltigen Schmelzvorgänge unter den Kontinenten entstehen, wie am Anfang der Erdentwicklung, auch ständig neue Mengen des typischen kontinentalen Baumaterials Granit. Wie die Lava, so bahnt sich auch der Granit in großen, glutflüssigen Blasen einen Weg an die Erdoberfläche. Dabei dehnt er sich aus, kühlt ab und erstarrt schließlich nahe der Erdoberfläche zu sogenannten Batholithen. Sie machen viel von jenem Granit aus, der am gebirgigen Aufbau der westlichen Hälfte Nordamerikas beteiligt ist; entstanden sind sie durch Schmelzvorgänge an der Unterseite des Kontinents, als dieser auf seiner Drift nach Westen mehrere tausend Kilometer pazifischer Bodenkruste überfuhr. Große Teile der Küstengebirge von British Columbia und das küstennahe Gebirge der Sierra Nevada in Kalifornien bauen sich aus Batholithen auf.

Auch der Werdegang der pazifischen Bodenplatte westlich des ostpazifischen Rückens konnte in jahrzehntelanger Arbeit aufgeklärt werden.

Beim Studium der Landkarte fällt auf, daß sich fast alle pazifischen Inseln, statt über die Weiten des Ozeans verstreut zu sein, entweder in langen, geraden Ketten inmitten des Ozeans, oder in langen, gebogenen Ketten an seinem West- und Nordrand aneinanderreihen. Und: Außer Neuseeland, das ein kontinentales Splitterstück ist,

Der Vulkan Shishaldin ist ein Glied in der langen Kette der vulkanischen Alëuten-Inseln im nördlichsten Pazifik. Sie gehören zu dem Feuerring tausender Vulkane, die fast den gesamten Stillen Ozean umrahmen

sind alle Inseln vulkanischen Ursprungs.

Als die Geologen die Beschaffenheit der Inseln untersuchten, fanden sie, daß sich die Vulkane gebogener Inselketten — wie die Marianen, Benin, Kurilen und Aleuten — aus andesitischer Lava am Rande von Tiefseegräben aufbauen, wo eine ozeanische Platte unter eine andere abtaucht. Die Vulkane der gradlinig verlaufenden Ketten — der Gesellschafts-, Gilbert-, Marshall- und Hawaii-Inseln, um nur die wichtigsten zu nennen — bestehen dagegen aus Lava ganz anderer Art und eruptieren viel weniger heftig.

Die Vulkaninseln der Hawaii-Kette sind die höchsten Erhebungen auf der Erde, denn zu den 4169 Metern, die sich die Hauptinsel über den Meeresspiegel erhebt, sind noch 6000 Meter bis zum Meeresgrund hinzuzurechnen. Auch an Masse übertreffen die Vulkane der Hawaii-Kette jeden anderen Berg der Erde. Während unzähliger Ausbrüche hat sich eine Lavaschicht über die andere gelegt, und da die Lava hier sehr dünnflüssig ist, entstanden breite Kegel mit flachen Hängen — Schildvulkane, wie die Geologen sagen. Der Basisdurchmesser von Hawaii beträgt auf dem Meeresboden 150 Kilometer, das Volumen der Insel 40000 Kubikkilometer.

Lange war die Entstehung der Hawaii-Kette wie die der anderen gradlinigen zentralpazifischen Inselketten rätselhaft, denn nur die Hauptinsel Hawaii, das südliche Endglied der Kette, ist vulkanisch aktiv. Die anderen

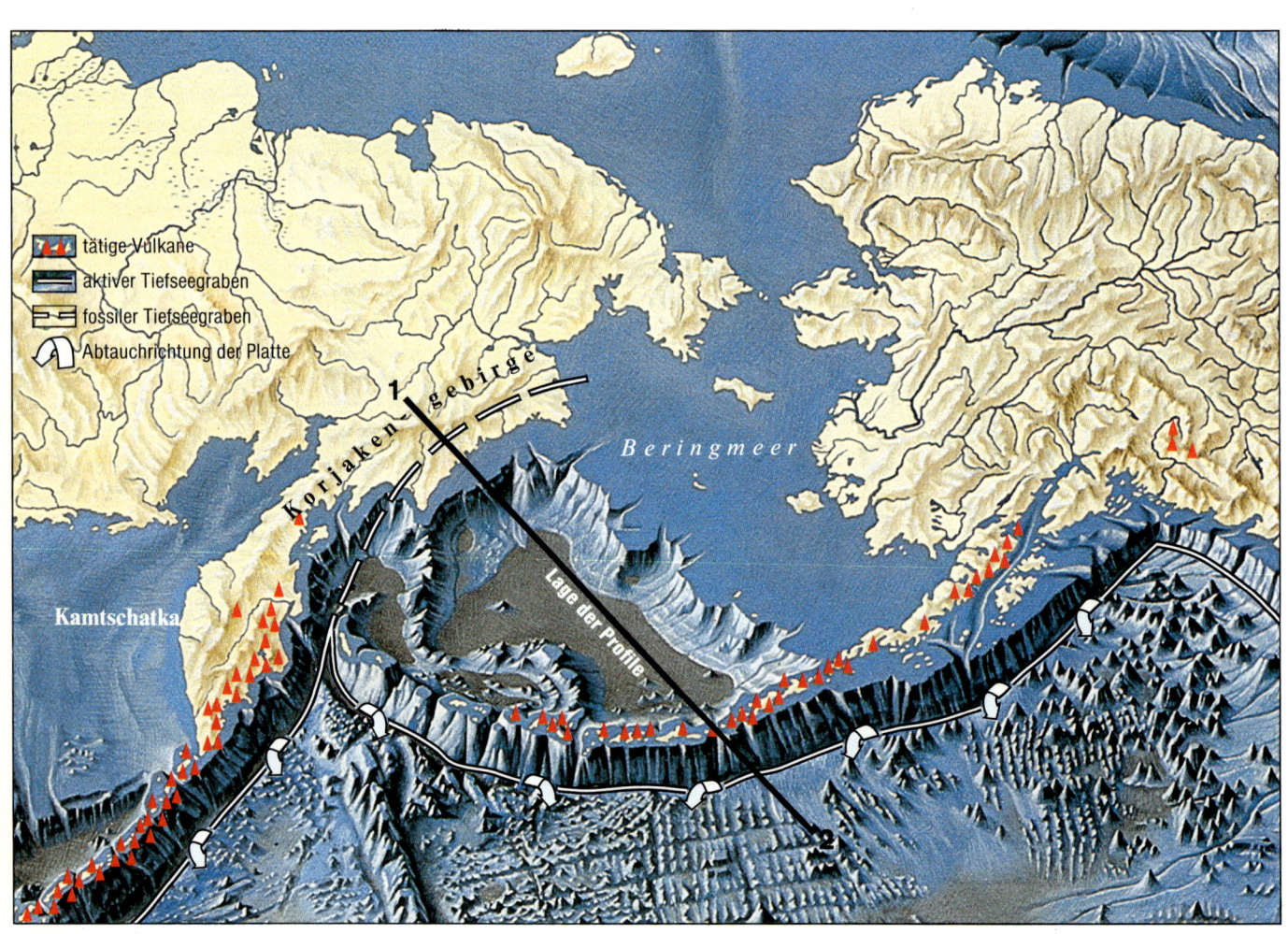

Inselvulkane sind erloschen, und je weiter man der Kette nach Norden folgt, desto mehr sind die Inseln durch Verwitterung und Abtragung gealtert. Je weiter sie von der Hauptinsel entfernt liegen, desto weniger ist von ihnen geblieben. Ganz im Nordwesten zeugen dann nur noch Korallenatolle an der Meeresoberfläche von der früheren Existenz feuerspeiender Inseln.

Sobald die Vulkane erloschen waren, besiedelten Korallen ihre Ufer und bauten ein Saumriff auf. Als die Vulkanruinen dann, der sie aufrichtenden Kräfte beraubt, durch ihr eigenes Gewicht wieder ins Meer zurücksanken, glichen die auf Sonnenlicht angewiesenen Korallentierchen diese Entwicklung aus, indem sie das Riff immer höher bauten – so entstehen Atolle.

Charles Darwin, der während seiner Forschungsreise um die Welt bereits im vorigen Jahrhundert als erster die Entstehung von Korallenriffen erkannte, beschrieb die Atolle als „leuchtendweiße Grabsteine an den Stätten toter, versunkener Vulkane."

Das fortschreitende Alter der Hawaii-Inseln von Süden nach Nordwesten konnte später mit Methoden der Altersbestimmung von Gesteinen bestätigt werden. Das Alter der Inseln nimmt von Null – bei der noch heute durch Lavaausbrüche ständig wachsenden Insel Hawaii – auf 5,6 Millionen Jahre bei der nördlichsten noch über den Meeresspiegel ragende Insel Kauai zu. Das Midway-Atoll, 2500 Kilometer von Hawaii entfernt, ist bereits 28 Millionen Jahre alt.

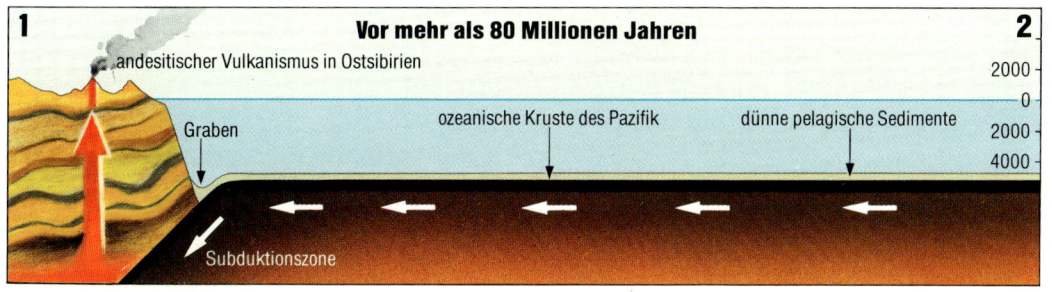

Bis vor etwa 80 Millionen Jahren tauchte der nach Norden driftende Boden des Pazifik noch unter die Kontinentalränder Alaskas und Ostasiens. Als sich dann weit vor der Küste ein Bruch in der Platte bildete, wurde ein Fragment ozeanischer Kruste nördlich davon isoliert: der Boden der heutigen Bering-See. Die Zone der Subduktion – des Abtauchens in den Untergrund – verlagerte sich nun südwärts zu dem neuen Bruch. Sobald die Subduktion entlang dem neuen Tiefseegraben begonnen hatte, stieg nördlich davon eine Reihe von Vulkanen auf – die Aleuten entstanden

Der einst geheimnisvolle Werdegang der Inselkette von Hawaii ist inzwischen bekannt. Alle Vulkaninseln lagen einst dort, wo heute das feuerspeiende Hawaii liegt, über einem „hot spot", einer stationären heißen Stelle in der Asthenosphäre unter der ozeanischen Erdkruste. Seit Millionen Jahren dringt hier in Intervallen Magma empor, während die pazifische Platte über ihm unabhängig nach Nordwesten driftet. Dadurch ist ein Vulkan nach dem anderen langsam aus dem Bereich des „hot spot" fortgewandert, erloschen und langsam zerfallen. Aus dem Alter der Inseln und ihrer Entfernung zum heißen Fleck läßt sich die Driftgeschwindigkeit der pazifischen Platte berechnen: etwa neun Zentimeter pro Jahr. Auch die Richtung dieser Wanderung während der vergangenen 70 Millionen Jahre konnten die Geologen rekonstruieren. Jenseits der Atolle wird die Inselkette durch eine Reihe unterseeischer Kuppen, den sogenannten Emperor Sea Mounts, verlängert.

Weil die pazifische Platte auf ihrer Drift kühler und schwerer wird und somit absinkt, liegen diese Vulkanruinen bereits tausende von Metern unter der Wasseroberfläche. Wo diese Vulkanstümpfe 42 Millionen Jahre alt sind, ändert sich die Richtung der Kette. Die Sea Mounts jenseits des Knicks sind von Süden nach Norden ausgerichtet; das zeigt eine frühere Bewegungsrichtung der Platte. Die älteste dieser Vulkanruinen entstand vor 70 Millionen Jahren über dem „hot spot". Seitdem wurde sie auf der pazifischen Platte 6000 Kilometer nach Norden bewegt und liegt heute vor dem westlichen Ende des Aleuten-Inselbogens. Eines Tages wird sie zusammen mit der pazifischen Platte in den Tiefseegraben vor dieser Inselgruppe hinabgleiten. Aufgeschmolzen, wird ihre Masse dann zur Entstehung neuer, andersartiger Vulkane in der Aleutenkette beitragen. Warum aber entsteht durch eine herabgleitende ozeanische Krustenplatte manchmal ein Inselbogen – wie der der Aleuten oder der Kurilen – während an anderen Stellen, etwa vor Südamerika, nichts dergleichen geschieht?

Es fällt auf, daß die Inselbögen alle im westlichen und nördlichen Pazifik liegen. Auch dafür konnten die Geologen eine Erklärung finden. Wo ein Kontinent die ozeanische Kruste bedrängt, wie in Südamerika, bildet sich ein Küstengebirge mit einem vorgelagerten Tiefseegraben. Wo jedoch die nordwestwärts wandernde pazifische Platte gegen einen Kontinent drängt – gegen Alaska und Asien –, bilden sich Inselbögen. Der Grund: Durch den permanenten „Auffahrunfall" knickt die ozeanische Kruste, nachdem sie anfangs unter den Kontinent gedrückt wurde, irgendwann schon weit vor der Küste ab. Ein neuer Tiefseegraben entsteht.

Das läßt sich besonders gut am Aleutengraben studieren. Bis vor etwa 80 Millionen Jahren tauchte der nach Norden driftende Boden des Pazifik noch unter die Kontinentalränder Alaskas und Ostasiens. Als sich dann weit vor der Küste ein Bruch in der Platte bildete, wurde ein Fragment ozeanischer Kruste nördlich davon isoliert, nämlich der Boden der heutigen Bering-See. Die Zone der Subduktion, also des Abtauchens in den Untergrund, verlagerte sich nun von den Kontinentalrändern südwärts zu dem neuen Bruch. Sobald die Subduktion entlang dem neuen Tiefseegraben begonnen hatte, stieg nördlich davon eine Reihe andesitischer Vulkane über der abtauchenden ozeanischen Platte auf – die Aleuten entstanden. Ihr Wall staute die gesamten von Asien und Alaska ins Meer gespülten Sedimente; damit wurde die isolierte ozeanische Kruste der Bering-See größtenteils unter mehreren tausend Me-

Auf der Halbinsel Kamtschatka im äußersten Nordosten von Asien feuern Dutzende von Vulkanen fast unablässig aufgeschmolzenen pazifischen Ozeanboden empor. Hier taucht die Erdkrustenplatte des Pazifik, die vor mehr als hundert Millionen Jahren entstanden ist, ins Erdinnere zurück

tern Sedimenten begraben. Dieser ehemalige Nordzipfel des Pazifischen Ozeans wurde dadurch so flach, daß sich während der letzten Eiszeit, als der Spiegel der Weltmeere um hundert Meter absank, zwischen Asien und Nordamerika eine Landbrücke bilden konnte, über die sich die ersten Menschen nach Amerika begaben.

Als die pazifische Platte vor etwa 42 Millionen Jahren ihre Bewegung nach Nordwesten änderte, verlagerte sich die Subduktionszone entsprechend westwärts zum Kurilengraben. Zeugnis von dieser neueren Entwicklung legen Dutzende von Vulkanen ab, die unablässig geschmolzenen Pazifikboden emporfeuern und am Nordende des Kurilengrabens die riesige ostasiatische Halbinsel Kamtschatka entstehen ließen.

Die Geologen haben errechnet, daß von der Kruste des Pazifischen Ozeans während des langen Alterungsprozesses 7000 Kilometer unter Nordamerika, ebensoviel unter Asien und 5000 Kilometer unter Südamerika verschwanden.

Aber obwohl alljährlich etwa zwei Quadratkilometer dieser Kruste aufgezehrt werden, schrumpft der Ozean nur mit einem Viertel dieser Rate, denn er wird nicht nur von den aktivsten Subduktionszonen der Erde umrahmt, sondern er besitzt ja auch noch eine Zone des Krustenaufbaus. Entlang des gesamten ostpazifischen Rückens wird neue ozeanische Erdkruste schneller produziert als an jedem anderen Ort der Weltmeere. 20 Zentimeter im Jahr.

Während die Ozeane im Laufe ihrer Erforschung ihre erdgeschichtlich relativ junge, unbeständige Natur offenbarten, erwiesen sich die Kontinente als dauerhafte Gebilde. Viele ihrer Kerne existieren seit dem Anbeginn der Welt. Da sie relativ leicht sind, können sie nicht wie die ozeanische Kruste versinken. So behielten sie über alle Zeit in ständig wechselnden Kombinationen ihren Platz an der Sonne.

Die Erforschung des Lebenslaufs der Ozeane beantwortete der Geologie auch die Frage nach dem Wachstum der Kontinente: Sie wachsen durch die Geburt und den Tod immer neuer Ozeane. Zusammenschübe von Krustenteilen, vulkanische Vorgänge und die Entstehung granitischer Batholithe haben die Urkerne der Kontinente, die vor etwa vier Milliarden Jahren entstanden, bis heute ständig wachsen lassen.

Wagen wir zum Schluß einen Blick in die Zukunft der Erde. Die Vorgänge im Erdinneren, die so langsam ablaufen, daß man eine Zeitspanne von 100 Millionen Jahren mit einem einzigen Tagesablauf im atmosphärischen Geschehen vergleichen kann, werden wahrscheinlich noch eine bis zwei Milliarden Jahre anhalten. Sie werden vielleicht Nordamerika weiter nach Westen treiben, bis es sich eines fernen Tages mit Asien vereinigt. Anstelle des Pazifik wird dann der Atlantik ein neuer Superozean sein. Entlang des Risses, der sich durch das Rote Meer und Ostafrika zieht, wird sich wahrscheinlich ein neuer Ozean weiten. Der nach Norden driftende afrikanische Kontinent wird das Mittelmeer schließen, und die Alpen könnten durch den Zusammenstoß von Afrika und Europa höher emporwachsen als der Himalaya.

Irgendwann aber, in fernster Zukunft, wird das Feuer im Innern der Erde, welches das Puzzle ozeanischer und kontinentaler Platten in Bewegung hält, Kontinente und Gebirge wachsen läßt, ausgebrannt und abgekühlt sein. Dann gewinnen die Kräfte von Verwitterung und Abtragung die Oberhand. Die Gebirge und Kontinente werden abgetragen, ihr Schutt in die tiefen Ozeane gespült.

Am Ende aller Zeiten wird die Erde eine ebenmäßige Kugel sein, bedeckt von einem flachen End-Ozean.

Nachtrag

Im September 1982 lag im westlichen Zweig des Rift Valley in Ost-Zaïre wieder ein ausgedehnter Feuerschein über dem Vulkan Nyiragongo. Die zwei Terrassen im Inneren des Kraters, in der Zeichnung auf Seite 45 dargestellt, waren fast vollständig zerstört. Nur noch schmale Segmente der ersten Terrasse waren vorhanden, so daß ich ungehindert vom Kraterrand auf einen See geschmolzener Lava mit einem Durchmesser von 200 Metern blicken konnte. Er lag 400 Meter unterhalb des Randes, umgeben von einer weitgehend erstarrten schwarzen Lavakruste. In der Mitte des Sees fanden permanent Eruptionen von einer Heftigkeit statt, wie sie meines Wissens am Nyiragongo noch nicht beobachtet wurden. Lava sprudelte domförmig bis zu 30 Metern empor. Wenn die riesigen Blasen in ihrem Scheitelpunkt aufplatzten, schossen Fontänen bis zu 70 Meter empor. Quadratmetergroße Lavafetzen wurden in die Luft geschleudert und klatschten mit ohrenbetäubendem Knallen in den See zurück. Drei Meter hohe Wellen, die von der Mitte des Lavasees aus gegen die Ufer liefen, ließen ihn wie einen im Sturm aufgewühlten Ozean erscheinen.

Die Eruptionen und Bewegungen der glutflüssigen Gesteinsschmelze waren so heftig, daß der Gipfel des Vulkans zeitweilig vibrierte. An zwei Stellen trat die Lava über das Ufer und überflutete die erkaltete Lavakruste des Kratergrundes großflächig. Nach diesen Beobachtungen ist anzunehmen, daß der Lavasee weiterhin unablässig im Schachtkrater emporsteigen wird. Der Druck seines Gewichts wird möglicherweise eines Tages wieder so groß, daß sich die Lava einen Durchbruch durch die Flanken des Kegels verschafft und über den Grund des Rift Valley ergießt.

Die heftigen Eruptionen im Krater des Nyiragongo und gewaltige neue Verwerfungen, die den Grund des westlichen Zweiges des Rift Valley durchziehen, zeigen, daß die Kräfte, die den afrikanischen Kontinent zerreißen und in erdgeschichtlicher Zukunft zur Geburt eines neuen Ozeans führen können, mit ungebrochener Energie aktiv sind.

An dieser Stelle möchte ich den französischen Vulkanologen Katia und Maurice Krafft danken. Von ihnen erhielt ich Informationen über die Ereignisse, die sich im Januar 1977 am Nyiragongo vollzogen und zu dem im ersten Kapitel beschriebenen katastrophalen Ausbruch führten.

Stichwort-Verzeichnis
(Kursive Seitenzahlen verweisen auf Bilder)

A
Abbé-See 274; *272*
Ablagerungen → Sedimente
Ablagerungschronologie 104, 106
Abstrahlung, Wärmeenergie aus dem Erdinnern → Wärmefluß
Abtragung 262, 349, 352
Adler 198, 200
Ähnlichkeiten, Tier- und Pflanzenarten entfernter Erdteile 96
Äschylos 229
Äthiopien 200, 272, 274
Ätna *20*
Afar 270
Afar-Dreieck 51, 144, 149 f, 265, 268, 272 ff, 292; *136 f, 151, 256, 259, 270, 275, 277*
Afar-Graben 276
Afar-Vulkane 275
Afrika 96, 114, 149 f, 228 ff
Agung 344
Akazien 138, 176
Aktivitäten, geothermale 150 ff
Aktivitäten, vulkanische 48 ff, 108 ff, 268 f, 291, 336 ff
Aktualismus 93 f
Alaska 333, 350; *335, 349*
Albert-Nationalpark 243 f, 247
Albert-See → Mobutu-See
Aleuten-Graben 350
Aleuten-Inseln 348, 350; *349*
Alexander der Große 293
Algen 151, 178 ff, 201, 298 f
Algen, blaugrüne 177, 179
Alo'i *311*
Alpen 115 f, 229, 236 ff, 352
Altersdatierung 106

Alterskarte *106*
Althing 112
„Alvin", Tauchfahrzeug 293, 295 f, 299 ff; *294*
Amitsoq-Gneis 59
Ammoniak 63
Anden 334, 344
Andesit 344, 348, 350
„Angus", Forschungssonde *296*
Anhydritschichten 279
Anorthosit-Schaum 58 f
Anpassung, Pflanzen an Klimabedingungen der tropischen Hochgebirge 232 f
Antarktis 51, 96
Antilopen 243
Antrieb, Kontinentaldrift 96 ff
Appalachen 114
Aquanauten 292
„Archimède", Tauchfahrzeug 293 ff
„Argonaut", Unterwasserfahrzeug 293
Arta 268
Asceraceae 235
Aschenwolken 341 ff
Asien 332, 342, 350 f; *349*
Assal-See 270 f; *269*
Assal-Rift 264 f, 267 ff; *264 f*
Asteraceae 235
Asterngewächse *211*
Asthenosphäre 60, 63, 94, 143, 145, 152, 264, 273, 279, 291, 332, 334, 341, 350; *343*
Atlantik 93, 97, 99 f, 105 ff, 149, 277, 292 f, 332 f, 352
„Atlantis II", Forschungsschiff 291, 293
Atlantis II-Tief 291 f
Atmosphäre 61 f
Atolle 349 f; *328*
Aufblähungshypothese 98 f
Ausbrüche, hydrothermale 300 f
Aufdomung 143 ff, 267 f, 272; *136 f*
Auftrieb, thermischer → hot spot
Aufwölbung → Aufdomung
Austernbänke, fossile 264
Austernbett 300
Australien 96
Awelull-Krater 60
Azoren 275, 292

B
Bab el Mandeb 276, 279; *277*
Bakonjo 228 ff
Bakterien 201
Bali 344
Ballard, R. 295 ff; *296*
Balzritual, Zwergflamingos 184 f
Bambus 43, 231
Bananen 43, 243, 247
Baringo-See 139 f, 189
Bartflechten 230, 242; *241*
Barton, O. 293
Basalt 59; *116* → Kruste, ozeanische, → Ozeanboden
Basaltkamine 301; *285*
Basaltkissen 262, 278, 294, 296; *285*
Basaltsäulen 112, 117
Basaltwände 262 f, 268, 294
Basso Narok → Turkana-See
Batholithen 346
Bathyscaph „Trieste" 293
Bathysphäre 293
Baumfarne 247
Baumfrösche 233
Beebe, W. 293
Beni 246
Benin-Inseln 348
Benioff, H. 344
Benue-Rift 149 f; *151*
Bering-See 350; *349*
Berry, E. 98
Beuteltiere 96
Biber 341
Bishnell, D. 293
Blackburn, R. 340 f
Blattflechten *238*
Blaualgen 177 f
Blei 291 f, 301
Blumenwälder → Riesenblumen
Blutschnabelweber 138
Bogario-See 189 ff; *190 f*
Bohrkerne *291*
Brahe, Tycho de 98
British Columbia 333 f, 341, 346
Brown, L. 189 ff,; *190*
Bruchstufen 140, 142 ff, 176, 186, 246 ff, 264, 267, 272, 274; *113*
Bruchspalte 94, → Rift Valley
Bruchtektonik → Bruchstufen, → Grabenbruch
Bruchtreppe → Bruchstufen

Brutplätze, Zwergflamingos 185, 188 ff
Büffel 44, 227
Bujongolo-Höhle 233
Bujuku-Tal 243; *226*
Buntbarsche 180, 188, 198, 204, 207
Butembo 243, 246

C
Cagni-Massiv 232
Canthaxanthin 179
Cardamom 43
Carex-Seggenmoore 233; *234*
Carlsberg-Rücken 100, 149, 264, 274, 342
Carnallit-Kristalle 157
Central Island 201 ff; *202*
„Challenger", Forschungsschiff 99; *99*
Cloos, H. 144 ff; *144*
Collobußaffen 43
Columbia-Fluß 341

D
„Dana", Forschungsschiff 100
Danakil-Block 276 f, 279; *277*
Dantes Inferno → Aktivitäten, vulkanische, → Nyiragongo
Darwin, Ch. 96, 277, 349
Darwin, G. 93
Diablo-Krater 60
Dirac, P.A.M. 99
„Discovery", Forschungsschiff 290 f, 293
Discovery-Tief 291
Djibouti 262, 267 f, 276
Doldenblütler 236; *238*
Doppelkontinent → Nordamerika, → Südamerika
Doyle, C. 48
Dreifachkreuzung → Triple junction
Dreyling, G. 227, 236
Drift der Kontinente → Kontinentaldrift
Driftgeschwindigkeit 97 f, 350
Druckwasserschicht 272 ff
Dumpalmen 207

E
Echolot 99 f, 290, 293 f
Edward-See 144, 228
Eichelwürmer *285*
Eigenwärme, Erde → Flut, thermische
Einstein, A. 99
21-Grad-Nord-Quelle-Fisch 300
Eisberg *95*
Eisen 291 f
Eisen-Nickel-Kern 58, 117
Eisvogel *181*
Eiszeiten 229, 249, 262, 352
Eldfell *86, 107*
Elefanten 43 f, 227, 243 f
Elementaita-See 182, 196, 198; *169, 182*
Elemente, leichte 57 f, 62

Elemente, radioaktive 58
Elemente, schwere 57 f, 63, 117
Elena-Gletscher 242; 225
El Molo 204 ff; 206
Emperor Sea Mounts 350
End-Ozean 352
Ephrata 324
Erdbeben 65, 106 f, 268, 279, 337 f
Erde, Entstehung 56 ff
Erdgeschichte 93 ff, 138 ff, 177 f, 229, 242, 262, 269 ff, 332 ff
Erdkern 343
Erdkruste 58 f, 62 ff; 343, → Kruste, kontinentale, → Kruste, ozeanische
Erdkruste, Bewegungen 94 ff, 138 ff, 229 f, 242, 262 ff, 332 ff
Erdkruste, Neubildung 294
Erdmagnetismus 102
Erdmantel 343
Erdnüsse 228
Erdöl 279
Erdspalte → Rift Valley
Erica arborea 232
Erta Ale 51, 274; 252
Erze, Förderung 292
Erzlager → Metallager
Evaporitschichten 274
Evolutionstheorie 96
Expedition, botanische 227 ff
Expeditionen, Lavasee 51 ff
Eyasi-Rift 146; 149

F
FAMOUS-Projekt 292 f
Fangtechniken, Vögel 180 f
Farne 228, 231, 244; 244
Farn, fossiler 96
Faustkeile 138
Feldforschung, zoologische 194 f
Feldspatkristalle 48
Fernerkundung, unbemannte 290 ff
Festlandsgebiete, Hebung 94
Feuergürtel → Vulkangürtel
Feuersee → Lavasee

Filterapparat, Flamingos 178 f
Fingals Cave 117
Fische 262, 299
Fischer 201 ff
Fischer, G. 138
Fisher, O. 342
Flächenechogramme 290
Flamingos 151, 176 ff; 166, 169, 186, 196
Flechten 44, 231, 233, 236, 242, 244
Fleetwood, D. 200
Fliegen 186 f, 201
Flußpferde 96, 207, 243
Flut, thermische 269, 291
Foraminiferen 105
Fossilien 93, 96, 106, 114 f, 117, 138, 264, 333
Francheteau, J. 300 f
French-American-Mid-Ocean-Undersea-Study → FAMOUS-Projekt
Freshfield-Paß 233 f; 226
Frösche 183

G
Galapagos-Inseln 277
Galilei, G. 92
Garten Eden 300
Gasplaneten 57
Gazellen 244
Gebirgsbildung 97, 114 ff, 229 f
Gebirgsrücken, unterseeische → Rücken, mittelozeanische
Gebirgs- und Scheiteltalsysteme, untermeerische → Rücken, mittelozeanische, → Scheitelgräben

Geier, 182 f, 198, 200
Gelai 143, 150, 192, 195
Gesellschafts-Inseln 348
Gesteinshaut → Lithosphäre
Gesteinsschmelze → Magma
Geysire 150 ff, 189, 191; 78, 80, 123, 125, 131, 135, 156, 190
Ghoubbet al Kharab 264, 268
Giant Causeway 117; 90
Gigantismus 239 ff
Gilbert-Inseln 348
Gini Koma 263
Gipsstöcke 271; 269
Giraffen 138, 176
Glacier-National-Park 330
Glas, vulkanisches 275; 275
Gleichgewichtszustand → Isostasie
„Glomar Challenger", Forschungsschiff 104 ff, 279, 290, 292; 103
Glossopteris 96
Gneis 59, 229 f
Gnus 143
Goethit 291
Gold 301
Golf von Aden 100, 262 ff; 136 f, 270
Golf von Kalifornien 300
Golf von Mexiko 105
Golf von Tadjoura 262 f, 276; 263, 265, 277
Goma 42, 65, 243
Grabenbruch 143 ff, 176, 274 ff
Graben, tektonischer → Rift Valley, → Rotes Meer
Gräser, 236, 244
Granit 59, 145, 229 f, 346
Grassle, F. 300
Gregory, J.W. 139 f, 143, 189; 139
Gregory-Rift 140, 144, 146, 176; 149
Griechenland 117
Grönland 59, 97 f
Großer Flamingo 177, 179, 193, 196, 203; 169, 179, 183
Großes Rift Valley 140 f, → Rift Valley
Grüner See 249

H
Hale-Mau-Mau 15
Hammerhai 262
Hannington-See → Bogario-See
Hawaii 50, 342; 34, 304, 312, 345
Hawaii, Inselkette 275, 294, 348 ff; 306, 309
Heezen, B. 102
Heidekrautgewächse 232; 215
Heidekrautwälder 232 f, 249
Heimaey 106 ff; 107, 109
Heißwasserquellen, Tiefsee 299
Helgafjell 108; 71
Helichrysum stuhlmannii 238
Helium 57
Helium-3-Isotop 299
Hemmerlin, F. 115
Heuschrecken 183
Hillaby, J. 204
Himalaya 114 f, 117
Hirten 138, 153, 204
Hitzepol 268
Hochgebirge, tropische 43 ff, 228 ff
Höhnel, L. von 138
Hollis, R. 300 f
Hot spot 152, 350
Humboldt, A. von 93
Hyänen 42, 182 ff; 185
Hydrosphäre 62 f

I
Ibanda 228, 235
Idaho 341
Indien 96, 114
Indischer Ozean 100, 114, 149, 264, 292, 332, 342
Indonesien 342 f
Initialspalten 112, 270, 290
Insekten 233, 238
Inselberge 228, 242
Inselbögen 346 f, 350; 343
Inselketten 346 f, 350; 344

Inseln, vulkanische 333 f, 342, 346 ff
Internationales Geophysikalisches Jahr 101 f
Iran 279
Irland 115, 117
Island 102, 106 ff, 265, 275; 82, 88, 101
Isostasie 94
Isotope 299

J
Jäger 204 ff, 227, 243
Jemen 272
Jökull 111
Jökullhlaup 111
Jölnir 110
Johanniskrautbäume 235, 239, 249
„John Murray", Forschungsschiff 100
Johnston, D. 340
Juan de Fuca-Platte 341
Jugoslawien 117
Jupiter 57, 63

K
Kabamba-Höhle 232; 226
Kabamba-Tal 232
Kaffee 243, 247
Kalifornien 333, 346
Kamasia-Scholle 140
Kamele 269
Kamine → Basaltkamine
Kampala 227 f
Kamtschatka 352; 13, 351
Karbon 96
Karisimbi 44
Kaskadengebirge 335 ff
Katastrophentheorien 93
Katastrophe, ökologische 198

Stichwort-Verzeichnis

Katende, A. 227, 232, 238
Kauai 349; *309*
Kavirondo-Rift 176
Kegelnester, Zwergflamingos *193*
Kenia 138 ff, 189, 200 ff
Kepler, J. 98
Kernverschmelzungen 56
Kertz, W. 98
Kieselalgen *105*
Kilauea 50, 342; *11, 17, 23, 146*
Kilimanjaro 143, 228, 242
Kilimanjaro-Trog 146
Kiondo-Plateau 249
Kissenlava → Basaltkissen
Kitandara-Hütte 235
Kitandara-See *248*
Kitandara-Tal 233 f, 239; *226, 237*
Kivu-See 42, 144
Klima, tropische Hochgebirge 47, 229 ff
Knickschnabel, Flamingos 179
Kobalt 301
Köppen, W. 94
Kohlendioxid 62 f, 152, 178
Kohlenstoff 63
Kontinentaldrift 92 ff, 146 ff, 262, 265 ff, 300, 332 ff
Kontinentalschollen → Platten
Kontinentalsockel 262, 278
Kontinentalverschiebungstheorie 93 ff, 344

Kontinente 94 ff, 332 ff, → Platten
Kontinente, Entstehung → Mutterkontinent
Konvektionsströme 53 f, 59, 97, 113, 117, 269, 273, 341
Kopernikus, N. 92, 98
Korallenriffe 262, 275, 277, 349
Kormorane 181
Kräfte, tektonische → Erdkruste, Bewegungen
Krakatau 344
Kraken *287*
Kraterhochland 143; *148 f*
Kraterseen 203 f; *304*
Kratone *62*
Krebse 299 f; *289*
Krokodile 203, 207; *172*
Kruste, kontinentale 60, 102, 113 f, 152, 332
Krustenkonturen → Küstenlinien
Krustenplatten → Platten
Kruste, ozeanische 98 f, 102, 104 ff, 150, 262 ff, 290 ff, 332 ff; *335*
Küstengebirge 334, 346, 350
Küstenlinien 93, 100, 262, 266, 278
Kupfer 291 f, 301
Kurilen-Graben 352
Kurilen-Inseln 348, 350

L
Längstäler, cañonartige → Scheitelgräben
Lake, S. 293
Landbrücken 94 f, 352
Lassen Peak 336
Lauge, alkalische → Laugenseen
Laugenseen 141 ff, 177 ff, 270, 274
Lavasee 46 ff, 243, 342
Leakey, L. 138
Leben, Entstehung 56, 61 f, 177
Lehmdome, Modellversuche 144 ff
Leopard 176
Leuchtkäfer 42

Lianen 43
Lilienthal, Chr. 93
Lithosphäre 60, 63; *343*
Lobelia bequaertii 232; *218*
Lobelia wollastonii 241; *238*
Lobelien 232 ff; *223, 238 f*
Löffler 180
Lunae Montes → Ruwenzori-Gebirge
Lyell, Ch. 93

M
Mäuse 183
Madagaskar 96, 149
Magadi-See 140 f, 143, 153 f, 178, 185 ff; *140 f, 145*
Magadi Soda-Company 195, 200
Magma 47 ff, 143, 145, 152 f, 230, 264, 267 ff, 294, 301, 350
Magma-Ozean *6 f*
Magnetfeld, irdisches 102 ff
Magnesium-Kalium-Doppelsalz → Carnallit-Kristalle
Magnetfeldlinien, fossile 334
Magnetfeld, solares 56 f
Malariamücken 180
Malawi-Rift 144, 149; *151*
Mangan 291, 301
Manganoxide *291*
Mango 247
Maniok 43, 228
Mantas 262
Manyara-See 146; *149*
Marabus 183 f, 198; *183*
Maracuja 247
Marianen-Graben 293, 342
Marianen-Inseln 348
Mars 57, 60
Marshall-Inseln 348
Massawa 276; *277*
Massai 138 f, 142, 153, 188, 198, 200; *199*
Massai-Mara-Wildreservat 143, 146

Mauna Ulu *18, 25, 36, 311, 345*
Meeresschildkröte 262
Merkur 57, 60
Meßdaten, Böden 236
Meßdaten, Erdkruste 102
Meßdaten, Pflanzen 233 ff
Metalle *285*
Metallager 292 f, 295, 301, 333 f
„Meteor", Forschungsschiff 100; *99*
Meteore 58
Meteoriten 59 f
Meteoritenkrater 60
Methan 63
Midway-Atoll 349
Mikeno 44
Mikroorganismen 249
Mikroplatten → Platten
Mineralquellen, heiße 272, 274; *272*
Mittelatlantischer Rücken 100, 102 f, 105 f, 112, 150, 293; *88, 113*
Mittelmeer 352
Mobutu-See 144, 228
Molybdän 301
Mombasa 139
Mond 57, 60
Mondgebirge → Ruwenzori-Gebirge
Monsun 154 f, 242, 271
Montana 341
Moore 232 ff
Moorpflanzen 233
Moose 43 f, 231 ff; *223*
Mt. Baker 242
Mt. Dalol *255*
Mt. Erebus 51
Mt. Kenya 228, 242
Mt. Kulal 204, 207
Mt. Meru 143
Mt. St. Helens 336 ff; *315, 317, 319, 321, 323 f, 337, 339 f*
Mubuku-Fluß 232; *226*
Muhaura 44
Muscheln 296 ff; *283*
Muschelpfanne I, II 300
Mutterkontinent 150
Mutwanga 246 f

N
Nahrungskette 178 ff, 298 ff
Nairobi 138 f, 142, 185, 191, 204
Naivasha-See 138
Nakuru-See 176 ff; *160, 162, 182, 186*
Nakuru-Nationalpark 177
Natron 150 ff; *127, 133*
Natrongeysire → Geysire
Natronlauge 177 ff
Natronschollen *154*
Natron-See 138, 141 ff, 176, 178, 182, 188, 191 ff; *121, 123, 148, 152, 193*
Naturreservat 242 f
Nektarvögel 239
Neptun 57, 63
Nesbitt, L.M. 266
Neuseeland 346; *326*
Newton, I. 98
Niederkalifornische Halbinsel 300
Ngorongoro-Krater 143; *148*
Nil 229, 232, 242
Nilbarsche 203 f, 207; *202*
Nilkrokodil *170*
Nimmersatt 180; *181*
Nische, ökologische 179
Nomaden 269
Nordamerika 97, 332 ff
Norwegen 115
Nyabitaba-Hütte 228
Nyamuragira *38*
Nyiragongo 43 ff, 144, 243; *45, 47 ff, 64*

O

Ökosystem 180
Ökosystem, Zerstörung 242 f
Ol Doinyo Lengai 142 f, 146, 154; *148, 152*
Olivin 58
Oman *278*
Omo 200
Ophiolithe 116, 334
Orchideen 228, 230 f
Oregon 333, 341
Ostafrika 138 ff, 176 ff, 262 ff, 352
Ostpazifischer Rücken 100, 300, 333 f, 342, 346, 352; *343*
Ozeanbecken 106, 115; *84 f*
Ozeanboden 94 ff, 262, 267 ff, 290 ff, 334
Ozeanboden, Ausbreitung → Sea-floor-spreading
Ozeane, Entstehung 92 ff, 143 f, 146 ff, 265, 269 f, 332
Ozeankruste, Entstehung 265 ff, 290 ff

P

Packwood 341
Pahoehoe *29 f*
Pangaea 92 ff, 139, 332 ff; *97*
Panthalassa 332, 334
Panzerechsen 203
Passat 140
Pastori, T. 266
Paviane 176
Pazifik 93, 97, 99 f, 102, 292 f, 296 ff, 332 ff; *344*
Pelikane 181 f, 198; *162*
Percy, W. 191
Perm 96
Persischer Golf 279, 332; *136 f, 278*
Peru-Atacama-Graben *343*
Peucedanum kerstenii *238*
Pflanzenarten, endemische 277
Philippia 232
Piccard, A. 293
Piccard, J. 293

Pilbara-Block *61*
Pilze 188
Piton de la Fournaise *27*
Plagioklas 58
Planeten, äußere 57, 63
Planeten, Entstehung 56 f
Planeten, innere 57
Planetensystem → Sonnensystem
Planetoidenring 57
Plankton 179
Platte, arabische 265, 269, 274, 276, 279, 332
Platte, asiatische 279
Platte, pazifische 346, 350 f
Platten 114 ff, 146 f, 276, 341; *111, 343*
Plattendrift → Kontinentaldrift
Plattengrenze 276
Platten, kontinentale 59 f, 146 f, 265, 277, 333, 352
Platten, ozeanische 333, 342 f, 348, 352
Plattentektonik → Kontinentaldrift
Pluto 57
Pluton 145
Podocarpus-Bäume 230
Pole, geographische 102
Pole, magnetische 102
Polfluchtkraft 96
Pollenfunde 242
Polygone *129, 135*
Portland 336, 341
Porzellanblumen *244*
Protoatlantik *114*
Ptolemäus, C. 229
Purpurbakterien 157, 178; *129, 156, 178*
Pusteblumenland 300
Pyroxen 58

Q

Quallen 299
Quelltürme 272, 274

R

Radiolarien *105*
Radon-222-Isotop, 299
Rädertierchen 179
Rapanea-Bäume *212*
Regenwald, Tropischer 42 ff, 227 ff
Regenwürmer 227
Regenzeiten 140 ff, 180, 242, 244
Reiher 180; *181*
Rendille 206

Reptilien 204
Réunion 27
Reykjanes-Rücken 102; *101*
Reykjavik 108
Riesenblumen 236 ff
Riesengräser, tropische → Bambus
Riesenwuchs → Gigantismus
Rift, äthiopisches 144
Rift Valley 138 ff, 176 ff, 229 f, 243 ff, 274, 276; *136 f, 151, 270*
Rift Valley, östliches → Gregory-Rift
Rinder 138, 142, 153
Ringterrassen 46, 49 f, 52 f
Ringwolken, kosmische 57, 60, 63
Rochen 299
Rocky Mountains 332 f; *330*
Röhrenwürmer 299; *289*
Root, A. 200
Rosapelikane 181, 198; *182*
Rosina, G. 266
Rotes-Meer 139, 144, 149, 262 ff, 291 f, 299, 301, 332, 352; *136 f, 266 f, 270*
Rotes-Meer-Graben 276
Ruderfußkrebse 179
Rudolf-See → Turkana-See
Rücken, mittelozeanische 100 ff, 150, 262 ff, 290 ff, 332 ff; *84 f*
Rugarambiro 41
Rukwa-See 144
Rutshuru 244
Ruwenzori-Gebirge 228 ff; *212, 216, 244*

S

Salzablagerungen 117, 279
Salze 141 ff, 176 ff, 270 ff
Salztürme → Quelltürme
„Sandey", Löschschiff 110
Satelliten-Aufnahme, thermographische 338
Saturn 57, 63
Sauerstoff 61, 63 f, 238 f
Saurier, Fußabdrücke 117
Savoia, L.A. di 229
Schachtkrater → Nyiragongo
Schäffer, R. 227
Schakale 182 ff
Scheitelgräben 100 ff, 144, 262 ff, 290 ff, 341; *84 f, 113*
Scheitelpunkt → Triple junction
Schelf 262, 277 f
Schildvulkane 348; *306*
Schilf 274
Schimpansen 247
Schlangenhalsvögel 181; *181*
Schmetterlinge 264, 277
Schminke, H.U. 104
Schöpfungsgeschichte 93
Schollenbewegungen → Kontinentaldrift
Schottland 114 f
Schreiseeadler 184; *184*
Schwarzer See 249; *248*
Schwefel *285*
Schwefelbakterien 299; *289, 300*
Schwefelwasserstoff 299 f
Schwerkraft, Erde 65
Schwerkraftkollaps 57 f, 60
Scott Elliot-Paß 242; *221, 226, 241*
Scott, R. 96
Sea-floor-spreading 103, 105 f, 278 f
Seattle 336
Sedimente 104 ff, 138 f, 150, 229 f, 242, 279, 290 ff, 344, 350 f

Sedimentschlamm, Metallgehalt 291 f
See-Anemonen 299; *298*
Seegurken 299
Seggen 233
Seismographen 106
Seitensonarsonden 290
Senecien 235 ff; *211, 223, 231, 237 f*
Senecio nivalis *238*
Senkungsgraben → Rift Valley
Serengeti 143
Shishaldin *346*
Shombole 143, 154
Siedlungen, steinzeitliche 276
Sierra Nevada 346
Silber 292, 301
Silberfliegen 188
Silikate 58; *291*
Skandinavien 114
Snider, A. 93
Soda → Natron
Sodageysire → Geysire
Sodaklumpen 199 f
Somalia 139, 272
Sonne 56 f
Sonnenstrahlung, Erde 60, 65
Sonnensystem, Entstehung 56 ff
Spaltental → Rift Valley
Sphagnum *238*
Spielnester, Zwergflamingos *191*
Spinne *246*
Spirale, Felshöcker *260*
Spirit-See 340
Spirulina platensis 177; *178*
Spitzbergen 115

Stichwort-Verzeichnis

Spuren, vormenschliche 276
Staffa *116*
Stanley, H.M. 229, 247
Stanley-Massiv *223*
Stanley-Plateau 242; *225*
Stickstoff 63
Storchenvögel 180, 183
Streifung, magnetische 102 ff, 279
Strohblumen 232, 236, 242; *223, 238*
Strokkur *78, 80*
Struhsacker, T. 235 f
Stuhlmann-Paß 243
Subduktionszone 350 f; *349*
Südamerika 96, 332 ff
Sueß, E. 96, 139
Süßwasserquellen, heiße 186 ff
Sumbawa 342
Sunda-Inseln 96
Surtsey 110; *9, 110*
Svoboda, A. 227
Syrtlingur 110

T
Tageszeitenklima 232
Tanganjika-See 144
Tansania 138, 141 ff; *148*
Tazieff, H. 51 ff, 265 f, 273 f, 276; *252*
Teleki, Graf 138 f; *139*
Temperaturanomalien 291, 296, 300 f
Tetley, B. 207
Teufelsrochen 262
Theorie der Kontinentaldrift → Kontinentalverschiebungstheorie
Thermikflug, Pelikane 182 f
Thomas, U. 227
Thorlákshöfn 108
Tiefengesteinskörper → Pluton
Tiefenmessungen 99 f
Tiefseeboden → Ozeanboden
Tiefseeforschung 290 ff, 333
Tiefseegräben 333, 341 ff; *343, 349*
Tiefseekreaturen 296 ff
Tiefsee-Oasen 300
Tiefseeschwämme *298*
Tiefwasserschicht 291 f, 299
Tierarten, endemische 277
Tierwanderung 143
Tilapia alcalica 188, 198
Tilapia grahami 180, 188
Tintenfische 299
Tombora 342
Tonga-Graben 342; *343*
Torfmoos *238*
Triple junction 144, 146 ff, 176, 265, 272, 274; *146, 149, 151, 270*
Triton 57
Trockenfisch 203, 228
Trockenzeiten 142, 154, 176, 180, 197, 200, 242
Türkei 117
Tugen 190
Turkana 201 ff; *172, 175, 201*
Turkana-See 139, 144, 200 ff, 276; *204*
Twain, M. 342

U
U-Boote → Tiefseeforschung
Überschwemmung 198, 200
Uganda 228 ff
Umpolung → Magnetfeld, irdisches
Ural 97, 116
Uranus 57, 63
Uratmosphäre 64 f
Urerde 58 f, 64, 300
Urgestein 229
Urheimat, Leben 61 f
Urkerne, Kontinente 60, 334, 352
Urknall 99
Urkontinent → Pangaea
Urkontinente 56, 58 f, 145
Urkruste 58 f, 117; *115*
Urmaterie 57 f
Urozeane 56, 59, 65, 177, 299
Urströmung 117
Urwald → Regenwald, Tropischer
Urwolke 56 f, 63

V
„Valdivia", Bohrschiff 292
Vanadium 301
Vancouver Island 334
Vegetationsaufnahme, pflanzensoziologische 236
Vegetationsstockwerke 236, 247
Venus 57, 60
Veränderung, ökologische 180
Versteinerungen → Fossilien
Verwitterung 229, 262, 349, 352
Vestmannaeyjar 108; *68, 73 f, 77*
Victoria-See 144 ff, 176
Viererkreuzung, Erdkruste 146
Virunga-Vulkane 44, 144
Vögel 42, 239, 277
Vogelarten, fischfressende 180 f
Vulkan, Ausbruch 65, 108 ff, 338 ff; *315, 337*
Vulkane 63 ff, 108 ff, 141 ff, 228, 243, 264, 266 ff, 335 ff; *306*
Vulkane, Überdruckventile 63
Vulkangürtel 335, 344, 346 ff

W
Wärmefluß 101
Wales 114
Washington, Staat 333, 335, 341
Wasserböcke 176
Wasserdampf 63 ff
Wasser, Kreislauf 62, 152 f
Wasser, Lebenselixier 61 f, 178 f
Wasserproben, Tiefsee 291 f, 299
Wasserstoff 56 f, 62 f
Wegener, A. 92 ff, 266, 332; *94*
Wells, H.G. 201
Weltbild, mittelalterliches 92
Williams, J. 198
Wipfler, K. 228
Woods Hole 300
Würmer 293, 299

Z
Zagrosgebirge 279
Zaïre 42 ff, 228 f, 243 ff
Zebras 186
Zentralgräben → Scheitelgräben
Zentralgranit, ostafrikanischer 145 f, 176
Zink 291 f, 301
Zonen, Erdbebentätigkeit 100, 344
Zula-Golf 276
Zungenfarn 96
Zwergflamingos 177 ff; *160, 162, 164, 191, 193, 199*

Literatur zum Thema

Amin, M.
Turkana See;
Landbuch Verlag, Hannover, 1981

Atlas zur Ozeanographie;
Bibliographisches Institut, Mannheim, 1968

Brown, L.
The Mystery of the Flamingos; Country Life Ltd., UK., 1959/1973

Buckle, C.
Landfarms in Africa –
An Introduction for Geomorphology;
Longman Group Ltd., UK., 1978

Cloos, H.
Hebung – Spaltung – Vulkanismus;
Verlag Geologische Rundschau, 1939

Cloos, H.
Gespräch mit der Erde;
Fischer Taschenbuch, Frankfurt a.M., 1957

Das afrikanische Rift Valley
– Die Wildnisse der Welt;
Time Life, Intern., Amsterdam, 1974/1976

Degens, E.
The Red Sea Hot Brines;
Scientific American 222/April 1970

Derry, D.R.
A concise World Atlas of Geology and Mineral Deposits;
Mining Journal Book Ltd., London/New York, 1980

Fisher, O.
Physics of the Earth's Crust;
Macmillan, London, 1889

Krafft, M.
Unsere Erde – ein lebender Planet;
Herder, Freiburg, 1981

Krafft, M. u. K.
Volcano;
Harry N. Abrams Inc., New York, 1975

Krafft, M. u. K.
Volcanoes Earths Awakening; Hammond Inc. Maplewood, New Jersey, 1980

McKenzie, D.P./Morgan, W.J.
Evolution of Triple Junctions;
Nature 224/1969

Motz, L.
Rediscovery of the Earth;
van Nostrand Reinhold Company, New York, 1975

Phinney, R.A.
History of the Earth's Crust;
Princetown Univ. Press, New Jersey, 1968

Stanek, B.
Planetenlexikon;
Hallwag, Bern, 1979

Sullivan, W.
Continents in Motion –
The New Earth Debate;
Mc Graw-Hill Book Company, New York, 1974
Deutsche Ausgabe: Warum die Erde bebt – Die unaufhaltsame Drift der Kontinente; Umschau Verlag, Frankfurt a.M., 1977 (diesem Werk wurde die historische Szene auf Seite 92 entnommen)

Tazieff, H.
Nyiragongo;
Cassell, London, 1979

Tazieff, H.
The Afar Triangle;
Scientific American 222/Februar 1970

Twain, Mark
Mark Twain Roughing it;
New York, 1962 (1st Ed. 1872)

The Cambridge Encyclopedia of Earth Sciences; Crown Publishers Inc./Cambridge University Press, New York, 1981

The Rand Mc Nally Atlas of the Oceans;
Rand McNally and Company, New York/Chicago.
Nachdruck von The Atlas of the Oceans;
Mitchell Beazley Publishers Ltd., London, 1977.
Deutsche Ausgabe: Der große Krüger Atlas der Ozeane;
Wolfgang Krüger Verlag, Frankfurt a.M., 1979

Wegener, A.
Die Entstehung der Kontinente und Ozeane;
Vieweg, Braunschweig, 1915. 2. Aufl. 1920, 3. Aufl. 1922, 4. Aufl. 1929, 5. Aufl. 1936, Nachdrucke 1962 und 1980

Zeitschrift: Natur und Museum, Frankfurt a.M., 1981/Heft 6 und 7

Verwendete Quellen für Karten und Graphiken:

Atlas zur Ozeanographie;
Bibliographisches Institut, Mannheim, 1968

Buckle, C.
Landforms in Africa;
Longman Group Ltd., UK., 1978

Burke, K. u. Whiteman, A.J.
Uplift, Rifting and the Breakup of Africa

Derry, D.R.
A concise World Atlas of Geology and Mineral Deposits; Mining Journal Book Ltd., London/New York, 1980

Krafft, M.
Unsere Erde;
Herder, Freiburg/Br., 1981

Motz, L.
The Rediscovery of the Earth; van Nostrand Reinhold Company, New York, 1975

Phinney, R.A.
History of the Earth's Crust; Princeton Univ. Press, New Jersey, 1968

Sullivan, W.
Continents in Motion;
McGraw-Hill Book Company, New York, 1974

The Rand McNally
Atlas of the Oceans;
New York/Chicago, 1977 (diesem Werk wurden sowohl Graphiken als auch die Texte der Seiten 343 und 349 entnommen)

Bildnachweis

Anordnung im Layout:
l. = links, r. = rechts,
o. = oben, m. = mitte,
u. = unten

Mohamed Amin/Camerapix: 206

Dr. H. Bäcker/Preussag: 291
James Balog/Bruce Coleman Inc.: 320–321
Peter Beard/Peter Schub Synd.: 172–173, 202 r.
Bild-Archiv der Österreichischen Nationalbibliothek, Wien: 139 o.
Jonathan Blair/Woodfin Camp: 170/171
Mark N. Boulton/Bruce Coleman Ltd.: 181 r.o.
Barbara Brown: 190 l.
Jane Burton/Bruce Coleman Ltd.: 183

Bob Campbell/Bruce Coleman Ltd.: 199 l.o.
Bob Campbell/Survival Anglia Ltd.: 191
D. Cavillon/Equipe Tazieff: 45 o., 50
C.R. Citron/Equipe Tazieff: 47
Bernhard Clausz: 246
CNEXO/CYAMEX: 284 l.o., 297, 298
Gerald Cubitt/Bruce Coleman Ltd.: 152 o.
David Cupp: 322/323

A.J. Deane/Bruce Coleman Ltd.: 181 r.m.
DeutscherWetterdienst/Instrumentenamt Hamburg/ Nachlaß Dr. Georgi: 94
DHI Hamburg: 99 außer l.o.
W.A. Duffield/US Geological Survey: 146–147

Earth Satellite Corporation: 278
Dr. Bernt Eichhorn, Dieter Zingel/Bildarchiv: 148 l., 185 m.o.
Victor Englebert: 174/175, 254, 258 o.

David Falconer/West Stock Inc.: 339
Georg Fischer/Visum: Klappenfoto
Klaus D. Francke: 3: 2. von o., 67, 90/91, 95 o., 107 u.
Michael Friedel: 308/309, 328/329

Kenneth Garret/Woodfin Camp: 103, 104 o., 105 o.
Werner Gartung: 160/161, 201
Uwe George: Titel l.o. und r.u., Vorsatz vorne und hinten, 3: 3. und 5. von o., 119, 122–135, 140–141, 145, 152 l., 154–156, 190 r., 193, 209, 210/211, 214–219 außer 219 l.u., 220–225, 230 r.–245, 248, 256/257, 263, 264 o., 272–273
Georg Gerster: Titel r.o., 255, 259 r.u., 260/261, 275 o. und m.u.
Robert Gillmor/Bruce Coleman Ltd.: 181 r.u.
Rick Golt/Photo Researchers: 312/313
Richard W. Grigg: Titel l.u., 35, 345
Bragi Gudmundsson, Icelandic Photo/© National Geographic Society: 70/71
Keith Gunnar/West Stock Inc.: 16/17

Ernst Haas: 8/9
Prof. Heinrich Harrer: 212/213, 219 l.u.

Fred Ihrt/Stern: 72/73, 109 u.
Institut für Fotoanalyse/ Dr. Brill: 104 u., 105 u.
Institute of Geological Sciences: NERC London: 116

S. Jonasson/Bruce Coleman, Inc.: 109 o.
David Keith Jones: 202 l.
David L. Jones/US Geological Survey: 335
Jeffrey Judd: 24/25, 30/31, 304/305

Manfred Kage: 178 r.
M. Philip Kahl: 162–165, 166/167 u., 168/169, 181 l.m. und l.u., 197
M. Philip Kahl/Bruce Coleman Ltd.: 179, 196
M. Philip Kahl/Photo Researchers: 182

LTC H.C. Kinne, Jr./Photo Researchers: 14/15
Krafft: 20/21, 38–41, 45 u., 48, 49, 52, 64/65, 86, 258 u., 259 o. und l.u., 264 u., 269, 316–317, 340
Krafft/Explorer: 26/27, 46 r., 54/55, 78–83, 87, 107 o., 230 l., 306/307, 347
Emory Kristof/© National Geographic Society: 294 o.
Reinhard Künkel: 192 l.

Hugo van Lawick/Nature Photographers Ltd.: 3: 4. von o., 159, 166/167 o., 185 außer m.o.
Robin Lehman/The Stock Market: 46 l.o., l.u., 51
Lee Lyon/Bruce Coleman Ltd.: 120/121

Walter Mayr: 112
Douglas Miller: 324/325
L.M. Myers/Bruce Coleman Ltd.: 95 u.

NASA: 266
NASA/Landsat/Dr. R. Haydn, ZGF München: 61, 270
Thomas Nebbia: 32/33

Robert S. Patton/© National Geographic Society: 68/69
Colin Pennycuick/Colorific: 187
Ralph Perry: 318/319
Donald W. Peterson/US Geological Survey: 18/19, 34
Goetz D. Plage/Bruce Coleman Ltd.: 181 l.o., 184

G.R. Roberts/Vision International: 326/327
Alan Root/Tierbilder Okapia: 199 r.o.
Gary Rosenquist/Earth Images: 314/315, 336–337
Royal Geographic Society London: 139 u.
Björn Rurikssón: 113

Ken Sakamoto/Black Star: 10/11
Dr. Frieder Sauer/Bruce Coleman Ltd.: 178 l.
Sidgwick and Jackson: 148 r.
Frank Siteman: 74–77
Stella Snead/Bruce Coleman Ltd.: 110
T. Spencer/Colorific: 199 u.
D.A. Swanson/US Geological Survey: 36/37, 310/311

Haroun Tazieff: 3: o. und 3. von u., 5, 53, 251–253, 275 l.u., r.u.
The Granger Collection, New York: 63
The National Maritime Museum, London: 99 l.o.
Prof. S. Thorarinsson/University of Iceland: 88/89
Dr. Robert I. Tilling/US Geological Survey: 22/23, 28/29

Universitätsbibliothek Freiburg/Br., Archiv der Geologischen Vereinigung: 144

Nicholas deVore: 3 u., 303, 330/331

Dr. Ray Weiss/S.I.O.: 3: 2. von u., 281
Woods Hole Oceanographic Institution:
Alvin External Camera: 282/283, 285, 288–289;
Dr. Robert D. Ballard: 294 u.;
Cayman Trough Project: 286/287;
Jim Childress/UCSB: 284 l.m.;
Al Giddings: 296;
J. Frederick Grassle: 284 l.u.;
E. Seling/M.I.T., C. Wirsen: 300

Christian Zuber/Bruce Coleman Ltd.: 205

Karten und Graphik:

© 1977 Mitchell Beazley Publishers, London: 103, 114 u., 343

Günther Edelmann: 45, 61 r., 62, 101, 106, 111, 114 o., 115, 136/137, 149, 151, 226/227, 265, 267, 271, 277, 344, 349

Hachette/Guides Bleus: 84/85, 348

Jörg Kühn: 6/7, 97, 295

Monika Polasz: 238

BÜCHER VON GEO

Bisher in gleichem Format und gleicher Ausstattung erschienen:

 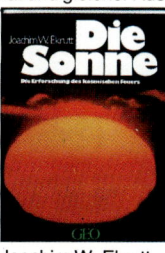  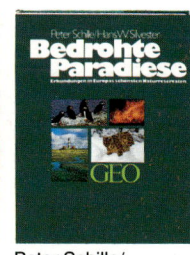 

Uwe George
DIE WÜSTE
Vorstoß zu
den Grenzen des
Lebens

Joachim W. Ekrutt
DIE SONNE
Die Erforschung
des kosmischen
Feuers

Peter-Hannes Lehmann/Jay Ullal
TIBET
Das stille Drama auf
dem Dach der Erde

Peter Schille/
Hans W. Silvester
BEDROHTE
PARADIESE
Erkundungen in
Europas schönsten
Naturreservaten

Loren A. McIntyre
DIE
AMERIKANISCHE
REISE
Auf den Spuren
Alexander v. Humboldts